# 한국 중등학교 문화 형성과정의 신제도주의적 해석

오영재 지음

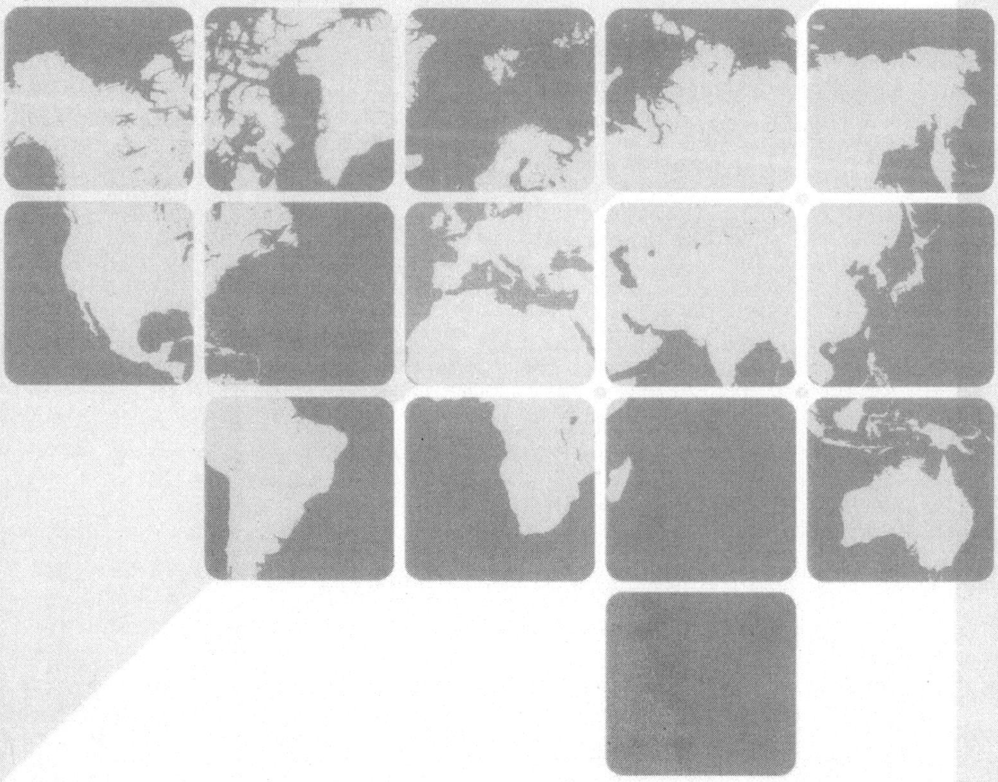

도서출판 원미사

이 저서는 2008년 정부(교육과학기술부)의
재원으로 한국학술진흥재단의 지원을 받아 수행된
연구임(KRF-2008-812-B00101)

# 머 리 말

학교문화의 중요성에 대한 한국 교육학계의 인식은 1990년대 초반에 들어서며 확산되기 시작했다. 그 이후로 지난 20년 가까운 기간 동안 한국 중등학교 문화의 특성을 밝히려는 질적 연구들이 꾸준히 이루어져왔다. 현재는 이러한 연구 성과들을 토대로 한국 중등학교 문화의 특성에 대한 이해가 어느 정도 이루어진 상태이기도 하다.

그러나 현상을 기술하는 데 그친 연구들이 주를 이룬 까닭에 정작 우리나라 중등학교가 왜 그러한 특정의 문화를 갖게 되었는지를 알기란 쉽지 않았다. 이러한 이유로 본 연구는 한국 중등학교가 오늘날과 같은 문화적 특성을 형성하게 된 과정과 영향요인에 주목하고자 하였다. 이는 과거의 문화형성과정에 대한 몰이해는 미래의 학교문화에 대한 통찰을 불러일으키기 어려울 뿐만 아니라 변화전략을 줄 수 없다는 문제의식에서 비롯된 것이다.

본 연구는 학교문화가 다양한 요인들의 복합적 · 역동적인 상호영향관계를 통해 형성 · 유지 · 변화된다는 점에 착안하여 신제도주의 이론을 토대로 진행되었다. 거시에서 미시에 이르는 여러 수준에서의 학교문화 형성 과정과 영향요인을 해석하려는 의도를 잘 살려낼 수 있을 것이라 판단되었기 때문이다. 물론 주관적 해석의 가능성이라는 해석적 연구패러다임 자체의 한계가 인정되기는 하나, 한국 학교문화 연구의 새로운 지평을 여는 데 일정한 기여를 할 것이라는 기대에는 변함이 없다. 이를 통해 중등학교 문화의 참모습에 보다 더 가까이 다가갈 수 있는 새로운 이론적 접근과 탐구논리를 추구하며 연구를 진행하였다고 생각하기 때문이다.

삶은 학습의 연속이고, 우리가 학습한 것들은 다시 생활로 형상화되는 것이 이상적이다. 한국 학교에서 이와 같은 삶과 학습 간의 선순환 문화가 더욱 강화되어야 한다. 배움이 도구화되고 가르침이 형식화되어 가는 학교문화는 혁신되어야 한다. 학생들이 배움의 의미와 생활의 즐거움을 느끼는 학습 공동체로서의 학교 변화가 절실하다. 본 연구는 그러한 삶과 학습이 선순환 하는, 학습 공동체적인 학교 만들기를 위해 선행되어야 할 우리 중등학교 문화의 특성과 형성과정을 이해하기 위한 종합적인 연구이다.

학문의 여정은 아득한데 반해 그 성취란 쉽지 않다. 창의적 발상을 통해 새로운 진실을 찾기란 매우 어렵기 때문이다. 그럼에도 불구하고 이 작은 학문적 결실을 통해 사람과 학교조직의 성장 가능성에 대한 신뢰, 학문의 무한함과 학자로서의 겸손함, 자유와 평등의 조화를 향한 사회공동체의 진보에 대한 확신을 공유하고 싶기도 하다. 독자 여러분들의 많은 질책과 조언을 바랄 뿐이다.

2013년 정초

세종시 연구실에서 오영재

# 차 례

## Ⅲ 문화적 특성 분석의 이론적 틀 : 신제도주의



## Ⅳ 중등 학생문화 형성과정의 영향요인 해석



## Ⅴ 중등 교사문화 형성과정의 영향요인 해석

Chapter I

# 서 론

1. 연구의 필요성
2. 연구의 목적과 연구방법

# I

# 서 론

## 1. 연구의 필요성

세계 각 국은 다양한 교육개혁정책으로 학교를 변화시키기 위해 경쟁적으로 노력하고 있다. 학교를 개혁하지 않으면 국가 사회의 밝은 미래를 기약할 수 없다는 공감대가 형성되고 있기 때문이다. 그러나 학교는 외부의 압력만으로 진정한 변화가 일어나기 어려운 사회이다. 학교는 그 구성원들이 변화의 긍정적 가치와 실현 가능성에 대해 공감하고, 자발적이고 적극적인 실천의지가 있을 때 소기의 변화가 일어나는 문화조직이다. 학교 구성원들은, 국가의 정치권력을 배경으로 변화를 강요하는 정책에 대응하는 전면 영역에서는 변화를 수용하는 것처럼 보이지만, 그것을 실천하는 후면 영역에서는 학교교육에 대한 자신들의 관점과 기준 그리고 현실적 여건에 따라 변화를 재해석하고 특유한 논리에 따라 수용, 변용, 왜곡, 저항하곤 한다.

그러한 점에서, 학교를 변화시키려면 학교 구성원들이 공유하고 있는 학교교육의 가치와 기대 그리고 학교에서의 삶과 행동의 정신적 표준이라 할 수 있는 학교문화에 대한 심층적 이해가 선행되어야 한다. 또한, 학교문화는 장기간에 걸친 학교 내외의 다양한 요인들과의 지속적인 상호작용에 의해 형성되고 변화하며, 학교의 주요 구성원들은 집단별로 독특한 하위문화를 형성한다는 점에 주목할 필요가 있다. 학교를 구성하는 하위집단 간의 관계 양상에도 문화적 특징이 나타날 뿐 아니라, 학교문화는 시대와 사회적 맥락 그리고 학교 소재지역이나 학교 수준에 따라 고유한 특성을 가지는 것이 일반적이다. 이는 학교문화 연구의 장기적 시각, 학교의 주요 교육주체들이 형성하는 하위문화와 그 관계성에 대한 이해, 학교문화 형성에 영향을 미치는 복합적 요인들에 대한 종합적 해석의 필요성을 보여주는 측면이다.

본 연구자가 조사한 바에 따르면, 중등학교 학생문화에 관한 연구는 중학교를 대상으로 한 이상우(2009), 양인실 및 김병찬(2010)의 연구, 일반계 고등학교를 대상으로 한 연구(최소영, 1996; 오영재, 2000; 박효정 · 연은경, 2003, 김복순, 2008)와 실업계 고등학교를 대상으로 한 연구(김석연, 2003; 김일동, 2004), 일반학교와 대안학교의 학생문화를 비교한 연구(최지현, 2005) 및 학생문화에 관한 선행 연구 결과를 문화적으로 재해석한 연구(오영재, 2000) 등 10편 정도가 있는 것으로 파악되고 있다. 학생문화에 관한 연구 역시 교사문화 연구와 비슷하게 주로 질적 연구방법을 사용하여 이루어져졌으며, 특정 시기에 국한되지 않고 간헐적으로 이루어져 오고 있다.

또한, 중등학교 교사문화 연구는 2011년 현재 중학교를 대상으로 한 연구 3편, 일반계 고등학교를 대상으로 한 연구 4편, 실업계 고등학교 대상 3편, 중 · 고등학교 대상 6편 등 총 19편 정도에 이르고 있다. 시기적으로는 1997년에 이루어진 고형일 · 이두휴의 연구를 제외하면 대부분이 2000년대 접어들어 이루어졌으며, 그 이후에는 특정 시기에 국한되지 않고 양은 적지만 꾸준히 연구가 이루어져 왔음을 알 수 있다.

연구방법은 교사문화의 특성상 거의 대다수 논문들이 한두 개 학교를 사례로 하는 질적 연구방법을 사용하고 있다. 연구결과 면에서는 주로 교사들이 수업, 행정업무, 학교 구성원 간에 형성되는 인간관계에 적용하고 있는 원리를 찾는 연구(오영재, 2001; 이혜영 외, 2001; 박미옥, 2003; 오영재 · 정지선, 2006; 이상철 · 주철안, 2007; 유은정, 2008)와 중등 교사들의 고유한 문화적 특성을 밝힌 연구(황석도, 2002; 김병찬, 2003; 김경미, 2004; 장하소, 2004; 박후남, 2005; 정병호, 2005; 이기운, 2006) 그 외 장거리 통근 교사들의 문화적 유형을 밝힌 연구가 있다(고형일 · 이두휴, 1997).

그 외 중등 학교장 문화에 관한 연구는 조용환(1999)의 연구, 신동원의 연구(2005) 그리고 김병찬의 연구(2006) 등 세 편 정도에 그치고 있는 것으로 보인다. 또한, 학부모 문화 연구는 학부모들의 자녀교육 지원활동에 나타난 학부모문화를 밝힌 이민경(2007) 및 이두휴(2008)의 연구, 학부모들의 학교 참여에 나타난 문화적 특성을 기술한 김지숙(2005)의 연구, 그리고 전문직 학부모들의 교육문화를 연구한 이향숙(2008)의 연구가 대표적이다.

여기서 주목되는 점은 한국 중등학교 문화 연구가 한 두 학교를 대상으로 1년 정도의 단기간에 걸친 질적 사례연구방법을 사용하여 학생, 교사, 학교장, 학부모들의 문화적 특성을 각각 독립적으로 기술 · 이해하고자 한 연구들이라는 점이다. 물론, 이들 연구들은 한국 중등학교 문화의 고유한 성질을 밝히는 데 있어 매우 중요한 학문적 기여를 하고 있는 것이 사실이다. 그러나 연구의 양에 있어서도 아직 적을 뿐 아니라, 각 하위문화 간의 관계성에 대한 이해나 중등학교 문화 형성에 영향을 준 학교 내외의 미시적 혹은 거시적 영향요인을 종합적으로 해석한 연구물을 찾기 어렵다.

한편, 본 연구에서 적용하는 분석 논리는 신제도주의이다. 신제도주의에서 다루는 분석대상의 수준은 거시적 차원의 국가 구조적 수준, 구체적 조직 간의 제도적 틀을 대상으로 하는 제도적 수준, 미시적 차원의 개별 행위자 수준의 분석을 포함하기 때문에 (Mahoney와 Snyder, 1999; Peters와 Pierre, 1998; 김윤권, 2004; 하연섭, 2003) 본 연구에서 해석하고자 하는 한국 중등학교문화의 형성과정에 영향을 미치는 거시적 · 중 범위 · 미시적 요소들과 그 상호관계 양상을 포착하는 데 적합하다고 판단하기 때문이다. 또한 신제도주의는 시차적 접근을 하기 때문에 기존 중등학교 문화 연구들이 취해왔던 단기적 전망이 아닌 장기적 시각에서의 문화현상 해석을 가능하게 한다.

본 연구에서는 국가 구조적 수준에서 정치권력의 이념적 성향을, 제도적 수준에서는 사회의 의식과 문화, 교육제도와 정책결정, 경제적 상황을 선정한다. 나아가 미시적 수준에서는 중등학교 하위집단들의 문화적 특성과 각 집단 하위집단 간의 상호 관계성을 해석하기로 한다.

## 2. 연구의 목적과 연구방법

본 저서에서는 신제도주의적 관점에서 한국 중등학교를 구성하는 하위집단들의 문화적 특성과 그 관계성의 형성과정을 기술하고, 나아가 그러한 문화의 형성에 영향을 준 미시적 · 중 범위 · 거시적 요인들을 종합적으로 해석하는 것을 목적으로 하며, 구체적인 연구문제는 다음과 같다.

첫째, 중등학교 학생, 교사, 학교장 각 집단들의 문화적 특성을 찾아낸다.

둘째, 중등학교 하위집단 간 관계의 문화적 특성을 설명한다.

셋째, 신제도주의적 시각에서 한국 중등학교문화의 형성과정에 영향을 준 요인들을 해석한다.

단, 본 저서는 한국의 초등, 중등, 대학교육 중 중등교육에 국한하기로 한다. 중등학교는 초등학교나 대학교육과 비교하여 교육목적, 학교의 조직구조, 인적 구성원들의 성향과 전문성, 학교 구성원들의 삶의 주기와 양상, 교육평가의 기준, 학부모들의 기대와 요구 등 많은 측면에서 다르다. 또한 중등학교는 초등학교와 대학교와는 상이한 학교문화를 형성 · 유지하고 있기 때문에, 학교 급별을 구별하여 집필하는 것이 더 타당하다고 판단하였다. 이러한 연구목적과 구체적인 연구문제를 그림으로 제시하면 [그림 Ⅰ-1]과 같다.

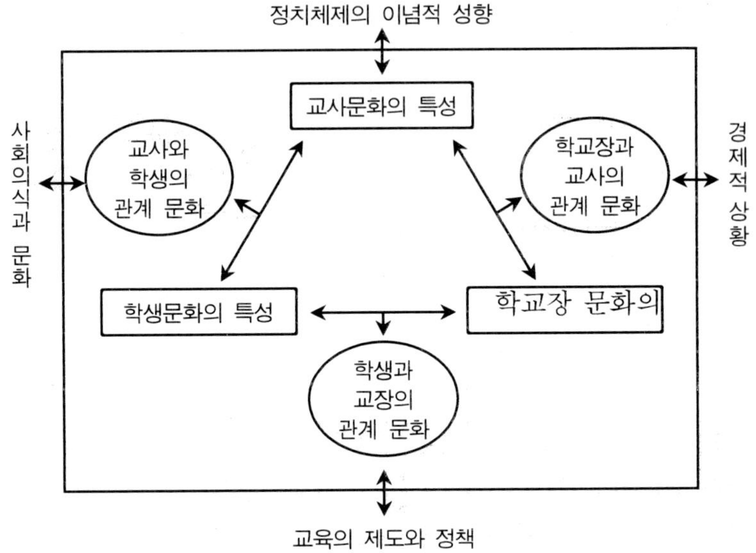


**[그림 Ⅰ-1] 본 연구의 목적과 필요성 모형**

한편, 본 저술에서 사용된 1차 자료는 1995년부터 2010년까지 약 15년 동안 발표된 국내 · 외 학술지 논문과 관련 저서, 석 · 박사 학위논문 및 연구보고서들이다. 그 외 1차 자료를 보완하기 위하여 필요한 경우 신문과 시사 잡지, 인터넷의 학교문화 관련 기사 자료들을 활용했다.

분석 대상이 되는 주된 자료의 수집 시작시기를 1995년으로 설정한 이유는, 1995년에 발표된 「세계화 정보화 시대를 주도하는 신교육체제 수립을 위한 교육 개혁 방안」과 그 후로 전개된 각종 개혁정책들이 한국 중등교육의 기본 틀을 바꾸어 놓았을 뿐 아니라, 중등학교의 문화적 지형 변화에 결정적 영향을 준 것으로 인식되고 있기 때문이다. 실제 '5.31' 교육개혁은 해방 후 이루어진 크고 작은 교육개혁정책들과 여러 면에서 차이가 두드러진 시도였다(신재영, 2005). 이 교육개혁은 기존의 개혁들의 실패요인들을 상당히 불식할 수 있을 정도로 의욕적이고 면밀하였다. 교육복지국가(Edutopia)라는 이상을 구현하려는 교육적 노력이 총체적으로 집약되었고, 중등학교교육과 관련하여도 기존의 어떤 개혁 시도보다 포괄적이고 전환적인 내용들로 이루어져 있다. 뿐만 아니라 '5.31' 교육개혁의 이념이라 할 수 있는 "시장 경쟁주의 원리에 입각한 학습자 중심 교육"(김 철, 2004: 33)은 국민의 정부와 이명박 정부에서 더욱 강하게 견지됨으로써 21세기 한국 중등교육 전반에 지속적인 영향을 주고 있다는 사실을 중시한 것이다.

본 연구자는 수집된 자료를 반복하여 읽고 해석하였으며, 본 연구자의 해석의 주관성을 최소화하기 위해 2011년 12월 초에 현직 중등 교사 3인, 학교장 2인으로 하여금 중등학교 문화 해석결과를 윤독하여 해석의 타당성을 확인하게 하고 필요한 부분을 보완하였다. 또한 최종적으로 질적 연구경험이 있는 교육학 전공 교수 2인과 문화사회학 전공 교수 1인과 함께 그 타당성을 확인하는 등 연구자 삼각검증을 통해 해석의 타당도를 높이고자 하였다.

Chapter II

# 한국 중등학교의 문화적 특성

1. 중등 학생문화의 특성
2. 중등 교사문화의 특성
3. 중등 학교장 문화의 특성
4. 중등학교 하위집단 간 관계 문화
5. 중등학교 문화적 특성 종합

# Ⅱ

# 한국 중등학교의 문화적 특성

중등학교의 문화적 특성을 파악하기 위해서는 기존 중등학교 문화에 관한 연구를 수렴할 수 있는 개념적 그릇이 필요하다. 이 때 학교문화의 수준을 구분하여 이해하고 종합하는 데 있어 Owens (1998)와 Hoy와 Miskel(2005)의 개념이 유용하다. Owens는 조직문화의 수준을 규범(norms)과 가정(assumption) 등 두 수준으로 구분한 반면, Hoy와 Miskel은 규범, 가치, 암묵적 가정 등과 같은 세 수준으로 나누고 있다. 이들 두 연구의 경우, 동일하게 규범은 한 집단에 의해 정당한 것으로 받아들여지는 행동의 법칙이나 기준을 의미한다. 예컨대, 규범이란 구체적으로 동료들을 지원할 것, 학교장을 비난하지 말 것, 자신의 규율문제를 처리할 것, 학생들에게 과외지도를 할 수 있을 것, 동료들을 알려고 할 것 등과 같은 행동의 기준이나 지침을 뜻한다.

반면, 규범과 같은 외현적 행동 이면에 존재하는 추상적인 것에 대한 구분과 개념 정의에는 약간의 차이가 있다. Hoy와 Miskel의 경우 추상적 수준을 암묵적 가정과 가치의 수준으로 구분하고, 암묵적 가정이란 인간의 본성, 인간관계, 진리와 실재 및 환경과의 관계의 본질에 대한 전제를 의미하며, 가치는 개방성, 친밀함, 신뢰, 협동 등과 같은 바람직함에 대한 개념을 뜻한다. 그러나 Owens의 경우에는 가정으로서의 조직문화는 행동의 규범과 달리 모든 문화 측면들의 저변에 깔려 있는 근본 가정들을 말한다. 근본 가정은 암묵적이고 무의식적으로 당연하게 받아들이는 것, 자주 말하거나 고려되지는 않지만 조직 내 사람들이 진리로 받아들이는 것이라고 함으로써(박은실, 2002: 23 재인용) Hoy와 Miskel의 암묵적 가정과 가치의 수준을 포괄하고 있는 것으로 해석된다.

한편, 우리나라에서 이루어진 중등 학교문화에 관한 연구 중에는 Hoy와 Miskel처럼 문화의 수준을 세분하여 접근한 경우를 찾기 어렵고 그 대부분이 문화의 수준을 명시적으로 구분하지 않은 상태에서 연구결과를 제시하고 있다. 그러한 측면을 고려한다면, Owens의 경우처럼 문화 수준을 가능한 단순하게 나누어 접근하는 것이 한국 중등학교 문화에 관한 연구들을 수렴해내기가 용이하다고 판단했다.

이러한 판단에 따라, 본 연구에서는 기존 한국 중등학교 문화에 관한 선행연구 결과들을 기술적(記述的) 내용과 추상적 내용으로 구분하여 해석하였다. 단, 학교문화의 특징을 해석하는 데 사용된 자료는, 해석의 타당성을 높이고 일반화 가능성을 최대화하기 위해 과학적 탐구논리와 분석방법을 사용하여, 학문적으로 검증된 연구물에 한하였다.

<표 Ⅱ-1> 중등학교 문화 해석의 틀

| 교육주체 | 해석 대상 | 문화적 특성 |
|---|---|---|
| 학생 | 학교 교육관, 학교 생활의 의미와 기대, 수업, 인간관계 | |
| 교사 | 학교 교육관, 학생관, 수업관, 교실 수업의 의미와 수업 행동, 생활지도, 행정 업무, 환경 변화 대응행동 | 학교 교육관, 수업, 행정, 인간관계 등에서 나타나는 문화적 특징 |
| 학교장 | 교육관, 교사관, 학생관, 행정관, 인간 관계, 환경 변화에 대한 인식 | |
| 학생, 교사, 학교장 간의 관계 | 학생, 교사, 학교장 간의 수업, 생활지도, 인간 관계 | 세 교육주체 간의 관계에서 나타나는 문화적 특징 |

## 1. 중등 학생문화의 특성

우리나라 학생문화에 관한 연구는 2010년 현재 중학교를 대상으로 한 연구 2편, 일반계 고등학교를 대상으로 한 연구 약 4편, 실업계 고등학교를 대상으로 한 연구 1편, 일반학교와 대안학교 비교 연구 1편, 기타 연구 등, 총 8편 정도 이루어져 온 것으로 파악되었다. 지난 15여 년 동안 고등학생들을 대상으로 연 평균 약 0.5편 정도의 학술적 연구가 발표된 셈이며, 사춘기에 접어드는 초등학교 고학년들에 대한 연구가 거의 전무하다는 점이 특기할 만하다. 학생의 성별, 학부모의 계층, 학교 소재 지역에 따른 학생문화의 유사점 내지는 차이점을 해석한 연구는 찾기 어려웠다.

<표 Ⅱ-2> 한국 중등 학생문화에 관한 선행연구 개관

| 연구 대상 | 연구자 | 연구 시기 | 연구방법 | 핵심 연구결과 |
|---|---|---|---|---|
| 중학교 | 이상우 | 2009 | 문화기술지 연구, 조사연구 병행 | 중학생들의 배움과 성적의 의미, 교사와 친구 관계, 중학생들의 독특한 일탈, 저항, 성, 놀이 문화의 특징 |
| | 양인실, 김병찬 | 2010 | 참여관찰, 심층면접 | 학원을 다니는 학생들의 학교생활: 학원수업 보충하기, 숨쉬기 |
| 일반계고 | 최소영 | 1996 | 심층면담 | 일반계 고등학생들의 생활과 이중적 문화양상 |
| | 오영재 | 2000 | 이차적 문화기술적 방법 | 고등학생들의 문제행동의 문화적 의미 |
| | 박효정, 연은경 | 2003 | 조사연구와 심층면접 | 중등학생들의 생활과 문화 실태 |
| | 김복순 | 2008 | 참여관찰, 심층면담 | 고등학생들의 일상문화, 행사문화, 일탈행동 |
| 실업계고 | 김석연 | 2002 | 설문조사, 집중관찰 | 공업계 학생문화의 내용과 성격 |
| 기타 | 최지현 | 2004 | 설문조사 | 일반학교와 대안학교 학생문화 비교 |

자료: 오영재(2009). p. 20.을 보완한 것임.

중학교를 대상으로 한 연구는 이상우(2009)의 연구와 양인실 및 김병찬(2010)의 연구가, 일반계 고등학교를 대상으로 한 연구로는 최소영(1996), 김복순(2008)의 연구들이, 실업계 고등학교를 대상으로 한 연구로서는 김석연(2002)의 연구가 대표적인 연구들이다.

주로 현직 교사들의 석사학위논문을 중심으로 이루어졌으며, 연구방법으로는 대표적 질적 연구방법인 참여관찰과 심층면접이 주로 사용되었으나 일부 연구에서는 2차적 문화기술적 연구방법 혹은 질적 연구와 양적 연구가 혼용되고 있기도 하다.

### 가. 학교를 보는 눈 : 대학 가기 위해 건너야 할 귀찮고 피곤한 징검다리와 같은 곳, 그렇지만 친구를 만나서 좋은 곳

학생들을 대상으로 왜 학교에 가는지를 직접적으로 질문한 사례는 별로 없지만, 학생들의 학교생활에 관한 연구 내용 중에 나타나는 것들을 중심으로 정리해보면, 사실 학생들은 왜 학교에 가는지를 궁금해 하지 않는다. '다들 가니까 안 갈 수 없어 그냥 간다'고 하는 표현이 더 적절하고, 나아가 할 수만 있다면 가고 싶지 않은 곳이 학교이다. 일부는 뚜렷한 목표의식으로 힘차게 발걸음을 내딛는 부류도 있겠지만 왜 학교에 가야 하는지, 왜 가고 있는 지, 무엇을 해야 하는 지에 대한 생각이 없어 보인다. 학교 등교는 본능이고 조건반사적이다(이상우, 2009: 97).

학생들에게 있어 학교는 자신들의 인생에 유익한 지식을 주고 풍성한 미래의 꿈과 희망을 주는, 그리하여 스스로 가고 싶은 곳이 아니라, 규칙으로 학생들을 구속하고 불필요한 지식들을 외우라고 강요하며 획일적인 잣대로 사람의 다양한 능력을 잘못 평가하는 통제적, 비효율적, 획일적, 억압적인 곳으로 인식되는 경우가 더 많다.

> 학교와 가정은 또 많은 학생들에게 자신의 꿈을 가로막는 장애물로 비쳐지기도 한다. 서울 ㅁ고 3학년 이 아무개(18)군은 전교에서 1~2등을 하는 그야말로 '범생이'다. 그

> 는 공부뿐만 아니라 교내 영화동아리 활동도 열심이고, 회지에 페미니즘에 관한 글을 쓸 만큼 사회문화 전반에 대해 관심이 많다. 그의 꿈은 뜻밖에도 세계 패션계를 주름잡는 일류 디자이너가 되는 것이다. 그러나 그의 꿈이 순탄히 이뤄질지는 미지수다. 학교에서는 '전교 일등이니 당연히 서울대를 가야 한다'고 말한다. 공무원인 아버지는 아들이 법대에 진학하기를 원한다.
>
> 이군은 "ㅇ대 의상학과에 진학 하고 싶지만 학교와 집안에서 그렇게 반대가 심하니 고민"이라면서 "차선책으로 서울대 불문과에 들어간 뒤 프랑스로 디자인 유학을 가는 것도 고려중"이라고 말했다. 한 고교생은 "우리나라 학교교육은 모두 대학진학만을 목표로 하고 이를 위해 틀에 박힌 교육을 하고 있다. 거기에다 똑같은 교복을 입힌다. 이건 수용소에 집어넣고 교육하는 거나 같다. 교육방식도 주입식이다. 학교가 끝나면 학원 아니면 독서실에 가서 공부를 한다. 이런 건 모두 다 부모들의 교육열이 낳은 우리에 대한 큰 범죄이다. 우리의 자유를 짓밟는 범죄다"라고 목소리를 높인다(한겨레 21, 1999년 7월호).

중등 학생들이 학교생활에 대하여 갖고 있는 이미지는 공장, 닭장, 정신병원, 군대, 감옥, 영안실 등과 같은 것들이다. 이 단어들이 함축하고 있는 강제성, 구속성, 획일성은 학교에 대한 학생들의 시각을 그대로 드러내주고 있다. 학생들은 학교에서 요구하는 획일적인 가치관과 삶의 기준을 수용하도록 요구받고 강한 거부감을 느껴 다양한 저항행동을 하기도 하지만 대체로 체념하고 수용하면서 생활한다. 그것은 학생들이 학교를 자신들이 원하는 삶과 연결시켜주는 곳으로 생각하기 때문이 아니라, 참고 극복해내야 할 대상 혹은 한시적으로 머무는 임시수용소처럼 생각하기 때문이다.

그럼에도 불구하고, 중등 학생들이 학교에 가는 제일 중요한 이유는 대학에 가기 위해서는 반드시 통과해야 하는 불가피한 관문이기 때문이다. 즉, 학생들이 대학에 가기 위해 '가기 싫지만 참고 이겨내야 할 대상'이 중등학교인 것이다. 학교는 가기 싫어도 가야 하는 곳이며, 학생들은 학교를 시험 치르고 좋은 성적 얻어 원하는 대학에 가기 위해서는 피할 수 없는 통과의례로 생각한다는 의미이다. 요즈음 고등학생은 말할 나위가 없고 심지어 중학생들에게 왜 학교에 가느냐고 질문하면 대학가기 위해서 간다고 할 정도로 한국의 중등학교는 대학을 가기 위해 건너야 할 귀찮고 피곤한 징검다리와 같은 곳으로 인식되곤 한다. 그 징검다리를 힘들게 건너 만나는 대학이 그 동안 참고 유예했던 아름다운 청소년기의 삶을 보상해주고 자신의 미래의 빛나는 인생을 보장해주는 마술 호로병인양 생각하며…….

> 14세 조카에게 질문을 던졌다. "너 왜 공부하니?" 반복되는 물음에 조카의 대답은 언제나 똑같다. "그래야 좋은 대학을 갈 수 있고, 좋은 대학을 가야 좋은 직장에 얻을 수 있고, 그래야 돈 많이 벌 수 있고, 또 그래야 결혼해서 잘 살 수 있고, 또 또 그래야…" 보통 아이들에게 들을 수 있는 뻔한 답변이다. 요즈음에는 그 좋은 대학을 들어가기 위해 좋은 고등학교 · 중학교가 조건으로 등장하고 있는 추세다.

> 초등학생이 〈정석수학〉을 마스터하고, 토익과 토플시험을 치르는 이른바 선행학습의 열풍은 그 단면에 불과하다. 과거와 달라진 것이 있다면 과거엔 어떤 대학이든 대학 그자체가 목표였지만, 현재는 '좋은' 대학이 목표라는 점뿐이다(뉴스메이커. 2002년 11월호).

> 내가 어른이 됐을 때는 좀 더 편하게, 좀 더 자유롭게, 하고 싶은 공부를 하는 학교였으면 좋겠다. 더 이상 대학이 탈출구 같은 곳이 아니었으면 좋겠다. 우리는 종종 대학만 통과하면 될 것처럼 말한다. 어쩌면 시작일지도 모르는데. 매미가 또 울기 시작하면서 날 유혹한다. 어차피 지고 가야 할 짐이라면, 꼭 걸어야 할 길이라면 열심히 걸어보려고 한다. 현재에 대한 모든 생각과 판단을 잠시 유보한 채로 말이다. 전남 ㅅ고 3학년(한겨레21. 2003년 8월호).

한편, 중등 학생들이 학교에서 갖는 즐거움 중의 하나가 자신이 당면한 문제와 고민을 함께 얘기하며, 수다도 떨고 청춘의 풋풋한 비밀수첩을 같이 들여다볼 수 있는 친구를 만나는 일이다. 물론, 학교에서 만나는 학생들이 모두 친구로 생각되는 것은 아니다. 자신과 경쟁해야 하는 관계로 인식되거나, 자신의 공부를 방해하는 친구도 있다. 좋은 친구는 더욱 드물다. 그렇지만, 친구를 만나고 사귀는 데 있어 학교만 한 곳이 없다. 즉, 중등학생들에게 있어 학교가 주는 중요한 의미 중의 하나가 친구를 만나고 사귈 수 있는 기회를 주는 곳이다.

연구자: 학교는 너에게 어떤 곳이니?
이보람: 학교는 저에게 웃음을 주는 곳이에요. 우리 반 애들은 웃기는 애들도 많고 친구들도 다 재미있어요.
연구자: 학교가 즐겁다는 얘기니?
이보람: 학교는 친구들도 많고 쉬는 시간에 친구들하고 수다도 떨고 신나게 놀 수 있어요. 학원에서는 놀 시간이 없어요. 재미있는 일도 하나도 없고, 웃기는 애들도 학원에 가면 신기하게 다 얌전해져요.
연구자: 학원에도 친구들이 있잖아?
이보람: 학교 친구들이 훨씬 더 좋아요. 학원 친구들은 학원에서 만나는 게 전부고 학원 끊으면 다시 안 말날 사이잖아요. (2008. 10.11 심층면담).

연구자: 학교는 너에게 어떤 곳이야?
강성철: 학교는 공부도 하지만 친구를 사귀는 곳이에요. 친구를 사귀고 친구들과 노는 곳!
연구자: 학원에서는 친구를 못 사귀니?
강성철: 애들하고 말할 시간이 없어요. 계속 공부만 하니까. 저는 수학학원에서는 웃어본 적이 없어요. 세 시간 동안 정자세로 앉아서 계속 문제 풀고 오답하고, 설명 듣고 그것만 해요. 조금만 움직여도 "너 왜 움직이니?" 면박하고, 정말 저니까 견디는 거지, 웬만한 애들은 못 견뎌요.

연구자: 그럼 학교에서는 다르니?
강성철: 네. 우리 반 애들은 웃기는 애들도 많고 정말 재미있어요. 학교에서 친구들과 놀지 못하면 진짜 힘들 거예요. (2008. 6. 심층면담) (양인실, 김병찬, 2010: 136-137).

무엇보다 중등학생들이 마음을 터놓고 대화할 수 있는 사람이 친구 외에는 별로 없다는 데 문제가 있다. 부모도 교사도 아이들의 여러 가지 고민과 문제 그리고 가슴 속에 품은 고운 꿈과 애틋한 비밀을 말할 수 있는 전폭적인 신뢰를 얻지 못하고 있다. 우리나라 청소년들에게 행복감과 동시에 좌절감을 주는 요인이 친구/인간관계와 성적/대학입시 관련 성취이며(서은국, 2007), 청소년들이 가장 선호하는 상담대상이 학교 친구라는 사실은 예나 지금이나 변함이 없다.

### 나. 선호하는 수업: 재미있는 족집게 수업

학교의 교육적 기능과 사회적 책무는 수업을 통해서 이루어진다. 학생들이 학교에 가는 공식적 이유는 공부를 하기 위해, 즉 수업을 받기 위해서이다. 즉, 수업은 학교의 중핵 활동이며, 학생들의 학교생활 대부분도 수업시간으로 채워지고 있다.

수업은 일반 정규수업과 보충수업으로 구성된다. 그 밖에 학업과 관련한 활동은 야간에 이루어지는 자율학습이 있다. 정규수업은 전 과목을 대상으로 하고 보충수업은 수능시험과목이 대상이다. 시간배당은 수능시험에서 배점이 높은 국어, 영어, 수학이 가장 많다. 공식적인 시간표에서 학업과 관련이 없는 활동으로 이루어지는 것은 특별활동시간이다. 이는 학생들이 자신의 관심과 흥미에 따라 스스로 선택하게 되어 있는데 학교의 특별한 지원 없이 형식적으로 이루어지기 때문에 학생들에게는 별 의미 없는 활동에 지나지 않는다. 출석을 체크하기 때문에 할 수 없이 참석하는 실정으로 때로는 특별활동시간에 빠져 다른 활동을 하기도 한다(최소영, 1996: 30).

한편, 수업은 교과를 배우고 가르치는 전문적 행위이다. 수업을 한다는 의미는 교과를 가르친다는 뜻이며, 학생들이 학교에서 공부를 한다는 것은 바로 이 교과를 학습한다는 것을 말한다. 우리나라 중등학생들은 고등학교 1학년까지 국민공통교육과정을 이수하는 동안 대부분의 교과들을 의무적으로 배우게 되며, 일부 선택교과를 수강할 수 있도록 되어 있다. 사실, 선택교과라야 컴퓨터와 한문 등으로 극히 제한되어 있어 '선택'이라는 개념 자체가 무색한 수준이다. 예컨대 미국 중등학교인 경우, 이 선택교과가 음악(합창, 기악, 밴드 등), 세계 언어, 의사소통, 문화학, 비교학, 학교와 지역사회, 평생학습, 컴퓨터 응용, 웹 디자인, 문예창작, 산업공학, 리더십, 가사, 미디어 연구, 웅변 및 토론, 봉사활동 등, 상당히 풍부하여 학생들이 각자의 흥미에 따라 교과를 선택할 수 있도록 운용되고 있다. 그에 반해 우리의 경우에는 선택할 수 있는 교과가 극히 제한되어 있어 사실 무늬만 선택교과에 그치고 있는 실정이다.

이러한 상황에서, 우리나라 중등학생들은 어떤 수업을 선호하고 그 이유는 무엇인가? 학교에서 배우는 지식의 가치에 대하여 어떤 평가를 하는가? 학생들의 수업문화를 체계적인 해석 틀에 기초하여 다룬 연구물이 많지 않아 일반화시키기에는 무리가 있지만, 지금까지 나온 학생들의 수업문화에 관련된 내용을 보면 크게 두 가지 특징을 보여주고 있다.

하나는, 학생들이 학교를 '대학 가기 위해 건너야 할 귀찮고 피곤한 징검다리와 같은 곳'으로 보는 시각과 관련되는 것으로써, 대학에 가는데 도움이 되는 주요 과목 수업을 가장 선호한다. 비 주요과목에 대해서는 큰 가치를 부여하지 않는다. 바꾸어 말하면, 학생들이 선호하는 수업은 말 그대로 대학 진학과 관련된 주요 과목에서 좋은 성적을 낼 수 있는 수업이다. 학생들은 수업에 대하여 아무리 중요한 것이라 할지라도 자신이 추구하는 것과 이해타산적으로 맞지 않으면 그 의미를 부여하지 않고 아무리 사소한 것이라도 학교에서 내신과 관련되는 중간 · 기말고사 시험 또는 수행평가와 관련되는 부분에 대해서는 각별한 가치를 부여한다. 시험과 관련이 없는 인문교육이나 교양을 쌓기 위한 교육은 무기력한 수업의 형태로 나타난다. 예를 들어, 독서의 중요성은 날로 강조되고 있지만 실제 학교현장에서의 독서는 시험점수로 산정되지 않기 때문에 유명무실화 된다(안효근, 2003: 43-44). 학생들의 수업에 대한 관심은 시험과 대학 진학에 직결되는 주요 교과목에 한정되는 것이다.

또한, 주요 교과라 할지라도 수업시간에 다루어져야 할 내용은 시험에 잘 나오는 것이어야 한다. 학생들은 교사가 그것을 자신들이 이해하기 쉽게 설명해 준 다음, 암기하기 쉽게 요점을 정리해 주기를 원한다. 시험에 출제되지 않는 교과서 내용을 전부 알 필요도 없다. 시험 출제율이 높은 내용이 중요한 것이다. 보다 효율적인 수업의 관건은 체계적인 요점정리이다. 그래야 암기하기 쉽기 때문이다. 그래서 학생들은 교사가 시험 출제율이 높은 내용을 중심으로 요점을 정리해 주기를 원한다(최소영, 1996; 김복순, 2008). 대학 가는 데 도움이 되는 수업, 즉 학생들이 이해하기 쉽고 시험에 잘 나오는 내용들로 요약하여 콕 찍어 전달함으로써 성적 향상에 도움이 되는 수업이 가장 선호되는 수업이다. 일종의 족집게 수업이다. 이와 같은 유형의 수업을 이인효(1991)는 "암죽식 수업"이라고 한 바 있으며, 최근 서경혜와 유신영의 연구(2004)에서 전달 관점의 수업이라고 부르고 있다.

학생들이 선호하는 두 번째 수업은 소위 '재미있는 수업'이다. 이 때 사용되는 "재미"라는 개념은 수업을 통하여 정선된 지식 속에 체계적으로 농축된 구조화된 논리의 힘 혹은 아름다움을 느끼거나, 그 지식이 삶 속에서 어떻게 활용되며, 미래의 새로운 진리를 탐구하는 즐거움(오영재, 2009: 71)에서 비롯되는 재미가 아니다. 학생들이 재미를 느끼는 것은 수업내용과 무관한 "우스갯소리"이고 잠시 동안의 노래 부르는 시간이다. 또 교사의 일상생활 이야기에서 재미를 느끼기도 한다. 유행하고 있는 우스갯소리라도 교사가 하면 더 재미있게 느껴지기 때문이다. 이는 학업과 관련된 것으로만 이루어져야 할 수업시간에 다분히 학업과 무관한 내용들이 이야기되는 것에서 재미를 느끼는 것이다. 또한 자신들을 가르치는 선생님이 교사가 아닌 평범한 사람으로 살아가는 모습을 알게 되면서, 선생님도 자신들과 다르지 않다는 것을 확인하는 것이 그들에게 즐거움으로 다가온다. 재미있게 공부하는 것이 일반계 고등학생들에게 선호되는 것은 그들에게 웃음을 주고 자연스럽게 다가오기 때문이며, 이는 압박감과 긴장감에서 벗어나 자연스럽고, 마음 편하게 웃을 수 있기 때문이다.

> 은미: 수업도 열심히 가르쳐주시고 지루한 부분이 있으면 개그와 함께 웃음을 통하여 분위기를 밝게 해 주고 어려운 부분에서는 이해가 가기 쉽도록 여러 가지 예를 들어 설명해 주시는 모습을 볼 때면, 기분이 좋아지고 웃음이 나오며 그 수업 시간이 즐거워집니다.
>
> 하늘: 친구 같다! 아니면 동네 아저씨, 아줌마랑 얘기하는 기분. 빡빡한 시간표 속에 있는 쉬는 시간(오아시스)이라는 기분으로 느긋하게 앉아서 들어도 됩니다. 솔직히 비주요 과목의 교사들은 별로 교사로 보이지 않습니다.(안효근, 2003: 46).

또한, 자신이 참여할 수 있고 학생들 간에 생각을 나눌 수 있는 토론식 수업을 원하고 있기도 하다. 학생들에게 시험에 잘 나오는 내용을 중심으로 요점을 간략하게 정리해 주는 수업이 여전히 중요하지만, 그 수업이 자신들의 참여 속에서 이루어지지 않을 때에는 별 의미를 찾지 못한다. 자신들이 이해할 수 있으려면 자신이 일상생활에서 흔히 접할 수 있는 사례가 제시되어야 한다. 수업과 관련되지 않은 이야기가 나올 때, 교사가 하는 우스갯소리와 교사의 또 다른 모습을 보면서, 학생들은 교사가 자신과 다르지 않다고 생각하게 되고 그것이 학생들에게 흥미를 불러일으킨다(최소영, 1996: 72-74).

중등 학생들이 선호하는 수업은 시험과 성적 향상에 도움이 되는, 교재 내용을 잘 요약하고 콕 찍어 효과적으로 전달하는 족집게 수업이다. 그 다음으로 기왕의 그 전달하는 수업에 우스갯소리도 섞어가며 혹은 가끔 학생들의 참여 속에 이루어지는 그런 '재미'가 양념처럼 섞인 수업을 좋아한다. 종합하면, 우리 중등학생들은 일종의 '재미있는 족집게 수업'을 선호한다고 할 수 있다. 수업 선호에 적용하는 기준을 가지고 학생들이 판단하는 교사의 수업유형을 나누면 [그림 II-1]과 같다.

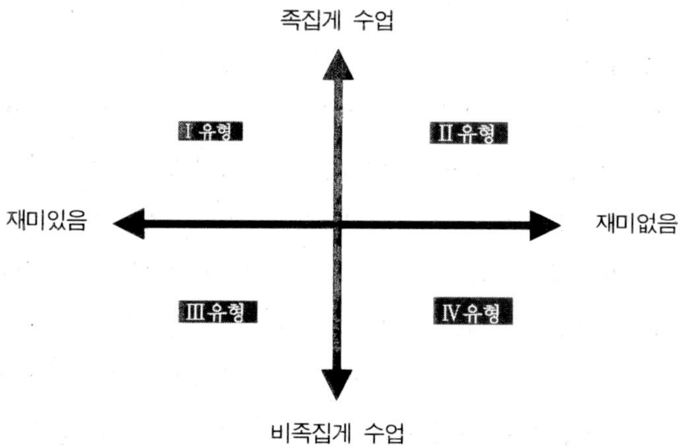


[그림 II-1] 학생의 수업 분류 기준과 수업 유형

유형 I 은 학생들이 가장 선호하는 '재미있는 족집게 수업'이다. 교사가 교과의 내용에 정통해 있을 뿐만 아니라 가르치는 교과의 내용을 시험 보는 데 도움이 되는 방식과 기술로 수업하는 유형이다. 가끔 유머나 학생들이 관심을 가지고 있는 대중 스타, 게임, 유행 등을 양념 삼아 들려줌으로써 학생들을 재미있게 해 준다. 유형 II는 재미없는 족집게 수업이다. 수업 시간 내내 일관되게 건조한 시험과 성적 관련 문제 중심의 수업으로 학생들을 지루하게 만들지만, 학생들이 원하는 시험 준비, 성적 향상, 대학 진학에 도움이 된다는 이유로 교단에서 살아남는 데 문제가 없는 수업유형이다.

유형 III은 재미있는 비족집게 수업, 유형 IV는 재미없는 비족집게 수업이라고 할 수 있다. 유형 III과 유형 IV는 둘 다 비족집게 수업이다. 문제는 이 비족집게 수업이 어떤 수업인지가 중요하다. 예컨대, 교실에서는 요약 전달식 족집게 수업 외에 토론식, 문제해결식, 소집단, 프로젝트식과 같은 수업방식을 이용한 구성주의 수업을 할 수도 있고, 교과서에 밑줄 그어가며 교사 혼자 그야말로 정말 재미없게 설명하는 '시간 때우는' 수업이 있을 수도 있다. '시간 때우는' 수업이야 당연히 재미없는 수업이 되겠지만, 문제가 되는 것은 비족집게수업이 구성주의 수업을 의미하는 경우이다. 구성주의 수업이 재미있는 수업으로 선호되는가, 아니면 재미없는 수업으로 인식되는가? 하는 문제이다. 구성주의 수업은 교육학계에서 가장 바람직한 수업이라고 인식되고 있을 뿐 아니라, 우리나라 현행 7차 교육과정이 지향하는 수업이기 때문이다. 서경혜와 유신영의 연구(2004)에서 나타난 구성주의 수업에 대한 학생, 교사, 학부모들의 인식은 '이론적으로는 필요한 수업이지만 현실적으로는 비효율적인 수업'으로 해석된다.

**다. 인간관계:** 성적에 관련된 사항이 아니면 무관심의 대상, 자신들을 통제하는 사람(교사), 일부의 경쟁자를 제외하고는 학교에 가는 재미를 주는 사람(친구)

중등학생들의 학교에서의 인간관계는 교사와의 관계와 친구관계로 구분된다. 특히, 교사는 전통적으로 학생들에게 가장 의미있는 타자(他者)였다. 때로는 교사의 시선, 어투, 옷맵시, 행동, 관심 분야, 심지어 판서의 글씨 하나까지도 학생들이 닮고 싶어 하는 인생의 전형(典型)이 되기도 하였고, 또 어느 때는 밤잠을 설치며 편지를 썼다 찢기를 반복하는 연모(戀慕)의 대상이 되기도 하였다. 인생의 전형과 연모의 대상이 된 교사는 학생들에게 큰 신뢰와 존경을 받는 사람이었고, 학생들은 그런 교사에게 더욱 인정받고 싶어 했다. 교사의 관심을 끌기 위해서 성적을 올리려고 애를 쓰기도 하고, 청소를 열심히 하거나 학급 일에 친구보다 더 노력하기도 했다. 교사의 관심을 얻기 위해 한껏 멋을 내보기도 하고, 심지어 일부러 사고를 치기도 하였다.

그러나 요즈음 학생들은 교사들을 어렵게 생각하지 않는다. 자기들의 생각을 부담 없이 주장하는 편이다(황석도, 2002: 68).

> "선생님, 화장지 좀 주세요."
> "정수기를 설치해 주세요."
> "식당 가는데 비를 맞지 않도록 길을 만들어 주세요."
> "머리를 자율화 해 주세요."
> "무스와 스프레이를 허용해 주세요."

자신의 말과 행동이 교사에게 어떤 의미로 전달될까 사려 깊게 행동하지도 않는다. 교사의 반응에 무관심하다. 불확실한 미래를 살아나가야 할 제자들에 대한 교사들의 진지한 조언, 인생의 선배로서 경험한 삶의 의미와 깊이에 대한 이야기, 잘 삶 혹은 삶의 질에 대한 철학적 문제 제기, 깨우침이 있는 공부의 진정한 즐거움과 성적에만 관심을 갖는 얕은 공부의 차이 등과 같은 말에는 관심이 없다. 그러한 이야기를 재미있다고 말하는 교사를 세상물정 모르는 사람쯤으로 보고 비웃는다. 세대차가 난다고 말한다. 학생들에게 있어 교사는 공부를 가르치는 사람, 좀 더 정확하게 표현하면 자신의 성적을 매기는 지식 전달자 정도로 인식되고 있다고 판단한다. 따라서 성적에 관련되지 않은 일이면 대체로 교사의 관심에 흥미가 없다. 학교에 가는 이유도, 수업을 듣는 까닭도, 시험 잘 보고 좋은 성적 받아서 원하는 대학가기 위해서이기 때문이다.

또한, 일반계 고등학교 교사들은 학생들의 생활과 태도를 규율하는 통제자이다. 특히 학교 안에서의 생활태도와 복장상태는 학칙의 제재를 직접 받기 때문에, 학생들이 규정하는 범위를 벗어난 행동과 복장을 하는 경우 학칙의 직접적인 대행자인 교사를 학생들은 자신을 통제하는 존재로 인식한다(최소영, 1996: 60-61).

재경: 옷이나 머리스타일에 대해서 규제를 하니까 자꾸 부딪치죠. 수업도 지겨운데 참아야죠.

진희: 저희는 문제없는데 선생 보면 괜히 주눅 들고, 걸릴 것 같은 불안감이 너무 싫어요. 쪼그만 일로 잡고 그러면 기분 나쁘고, 열 받죠. 교복에 핀 꽂고 있다가 걸리면 미친 사람 맞듯이 맞아요.

경은: 떠든다고 때리고, 옷 같은 거 잘못 입었다고 때리고, 속옷 이상한 야리꾸리한 거 입었다고 때리고, 신발 잘못 신었다고 때리고, 지각했다고 때리고, 예의 없다, 대들었다, 무슨 일로 걸렸는데 자기가 죽어도 안 그랬다 오리발 내밀면, 걘 이제 죽는 거죠.

통제자로서의 교사에 대한 인식은 획일성, 비효율, 강제성, 통제 등과 같은 학교의 이미지와 관련이 깊다. 학교는 어른들이 일방적으로 정한 틀을 벗어나는 것을 허용하지 않고 응징하는 곳이며, 교사는 그러한 억압을 실천하는 사람으로 인식되고 있는 것으로 해석된다.

한편, 중등학생들에게 있어 친구란 '일부의 경쟁자를 제외하고는 학교에 가는 재미를 주는 대상'으로 보인다. 실제 중학생들의 다수가 학교에 오는 중요한 이유가 친구 때문이라고 밝히고 있다(이상우, 2009: 228). 그러나 친구의 의미는 성적별 집단과 일반계 고등학교와 실업계 고등학교에 따라 다르다. 성적이 상위 수준에 있는 일부의 친구들은 경쟁의 대상이고 실제 심하게 경쟁을 하지만 그 정도는 학생들의 가치관 변화에 따라 다르다. 학생들의 친구간 서열을 결정하는 요인이 예전에는 성적이었다면(김소희, 1991), 요즈음에는 그 기준이 다양해졌다. 성적 말고도 학생들이 중요하게 생각하는 가치는 다양한 방면에서 나타날 수 있는 끼 혹은 외모이다. 굳이 성적으로 경쟁하거나 비교당할 필요가 없다는 인식이 강해졌다.

뿐만 아니라 소위 범생이, 중간집단, 노는 애들 집단을 구별하는 경계가 허물어지고 예전에는 소위 '날라리' 애들이 하던 것으로 여겨졌던, 음주, 흡연, 교복 줄이기, 귀 뚫기, 화장하기, 머리 염색이나 파머하기 등과 같은 교칙 위반을 이제 누구나 할 수 있고 실제 많은 학생들이 성적에 관계없이 하는 행동으로 인식하고 있다. 이성교제도 노는 애들이나 하는 조심스럽고 숨기고 싶은 행동이 아니라 안 하면 문제가 있는, 당당하게 드러내는 행동으로 받아들인다.

> 서울 ㄱ중학교 2학년 진웅이(가명)는 성적이 평균 90점을 넘는다. 초등학교 때부터 노는 형들과 친했기 때문에 중학교에 들어와서 자연히 노는 아이가 되었다. 과외도 하고 공부방도 가지만, 친구들과 어울려 담배도 피우고 술도 자주 먹는다. 초등학교 6학년 때 "부모님이 짜증나서" 며칠 가출하고 돌아오기도 했다. 가끔 형들에게 '후배교육'(흔히 '물갈이'라고도 한다)도 받는다. 엎드려뻗치라 하고 발로 차고 각목으로 때릴 땐 정말 장난이 아니었다. 그러나 형들하고 친하면 다른 애들이 괴롭히지 못하고 형들이 술도 사주기 때문에 재미있다. 앞으로도 공부 잘해서 교사가 되는 게 꿈이다. 얼핏 모순되게 보이는 진웅이의 생활은 극소수의 사례가 아니다(한겨레21. 2003년 8월호).

성적도 좋고 이러한 교칙 위반행동도 거침없이 하며 친구들과 공통의 이야깃거리를 공유하면서 잘 어울리는 학생이 "짱"이다. 따라서 학교생활과 미래의 삶에서의 성공에 대한 공통의 기준과 이성교제 문제, 유행하는 드라마 내용, 음악과 춤 이야기, 만화나 게임 등과 같은 화젯거리를 가진 대부분의 친구들은 편하고 그냥 그 친구들이 있어 즐거운 대상이다. 학교에 가는 가장 큰 즐거움이 친구들이 있기 때문이며, 친구들과 공통의 관심사를 가지고 떠들고 웃고 수다 떠는 시간이 가장 편하고 좋은 시간이다.

또한 일반계 고등학교와 실업계 고등학교의 친구관계는 다르다. 일반계 고등학교의 경우, 성적이 좋은 아이들은 친구를 상호 경쟁을 통해서 이익을 추구할 수 있다는 점에서 계약적이고 공생적인 관계를 유지하지만, 날라리에 속하는 애들은 서로가 위안이 되는 존재로서 자기들만의 독자적인 집단을 형성하고 있다. 이들에게서는 경쟁적인 관계는 보이지 않는다. 즉, 공부 잘하는 애들은 냉정하고 원칙적이며 'give & take'의 룰에 익숙하다. 그에 반해 실업계 학생들은 일반계에 비해 다소 덜 경쟁적이며 인간적인 것으로 나타나고 있다(이상우, 2009: 228-229).

## 2. 중등 교사문화의 특성

우리나라 중등 교사문화에 관한 연구는 2010년 현재 약 16편 정도 발표된 것으로 파악되고 있다. 〈표 II-3〉에 제시된 바와 같이, 중학교를 대상으로 한 연구가 3편, 일반계 고등학교를 대상으로 한 연구가 4편, 실업계 고등학교를 대상으로 한 연구가 3편, 중 고등학교를 구분하지 않고 수행된 연구가 6편 정도이다.

〈표 Ⅱ-3〉 중등 교사문화에 관한 선행연구 개관

| 연구대상 | 연구자 | 연구시기 | 연구방법 | 핵심 연구결과 |
| --- | --- | --- | --- | --- |
| 중학교 | 김병찬 | 2003 | 참여관찰, 심층면담 | 교사문화의 특성 |
| | 박미옥 | 2003 | 참여관찰, 면접 | 문화적 원리 |
| | 박후남 | 2005 | 참여관찰 | 젊은 세대로서의 문화, 신규 교사로서의 문화적 특성 |
| 일반계 고등학교 | 황석도 | 2002 | 참여관찰, 면접 | 교사문화의 특성 |
| | 장하소 | 2004 | 조사연구와 참여관찰 | 교사문화의 특성 |
| | 정병호 | 2006 | 참여관찰, 심층면담 | 공사립 교사문화의 차이 |
| | 윤성원 | 2008 | 참여관찰, 심층면담 | 기독교계 고등학교 교사문화 특성 |
| 실업계 고등학교 | 오영재·정지선 | 2006 | 참여관찰, 심층면담 | 문화적 원리 |
| | 이상철·주철안 | 2007 | 심층면담 | 실업고의 3월의 교직문화 원리 |
| | 이기운 | 2007 | 참여관찰, 심층면담 | 실업고 교사들의 교직문화 특성 |
| 중·고등 학교 | 고형일·이두휴 | 1997 | 심층면접, 비구조화된 면담과 반 구조화된 면담 | 장거리 통근 교사들의 삶과 문화유형 |
| | 오영재 | 2001 | 교단일기 분석 | 문화적 원리 |
| | 이혜영·류방란·윤여각 | 2001 | 조사연구, 관찰, 면담 | 교사문화의 원리와 특성 |
| | 김경미 | 2004 | 심층면담, 조사연구 | 교사문화의 특성 |
| | 이민원 | 2007 | 관찰, 심층면담 | 남교사들의 승진문화 |
| | 유은정 | 2008 | 관찰, 심층면담 | 다문화 배경을 가진 외국인학교 교사문화의 특성과 원리 |

자료: 오영재(2009). pp. 24-25. 를 보완한 것임.

중등 교사문화 연구에서 나타나는 특이한 점은 대부분의 연구들이 2000년대에 이루어지고 있다는 사실이다. 학생문화 연구가 1990년대 초기에 활성화된 후 시간이 지나면서 퇴조하는 경향을 보인 반면, 중등 교사문화 연구는 초기에는 크게 활성화되지 않다가 시간이 지나면서 학교문화 연구의 중심 주제로 부상하고 있다. 사용된 연구방법은 교단일기 분석(오영재, 2001)을 제외하면 대부분의 연구들이 심층면접과 참여관찰과 같은 전형적인 질적 연구방법을 사용하고 있으며, 이혜영 외(2001)와 장하소(2004)의 연구에서는 양적, 질적 연구방법을 병행하는 혼합방법을 쓰고 있다.

중등학교 교사문화에 대한 연구는 크게 중등교사들의 규범적 행동원리를 밝히고자 한 연구(오영재, 2001; 이혜영 외, 2001; 박미옥, 2003; 이상철 · 주철안, 2007)와 보다 추상적인 문화적 특성을 밝히고자 한 연구(고형일 · 이두휴, 1997; 황석도, 2002 ; 김병찬, 2003; 장하소, 2004)로 구분되고 있다.

### 가. 수업 : 교과답게 가르치려는 바람과 시험 혹은 입시 중심 수업 간에 갈등하는 문화

〈표 II-3〉에 제시된 한국 중등 교사들에 관한 선행연구들의 연구결과를 중심으로 그 문화적 특성을 해석하기 위하여, 각각의 연구에서 밝혀진 주요 내용을 본 연구의 해석 틀에 따라 정리하면 〈표 II-4〉와 같다.

〈표 II-4〉 중등학교 교사들의 수업과 학급관리 문화 특성

<table>
<tr><th rowspan="3">교육<br>주체</th><th rowspan="2">문화내용</th><th colspan="2">문화적 특성</th></tr>
<tr><th>규범적 수준</th><th>추상적 수준</th></tr>
<tr><th>수업</th><th>추출된 문화주제</th><th>추출된 문화주제</th></tr>
<tr><td rowspan="2">교사</td><td>학생관, 수업관, 교실수업의 의미</td><td>“가장 중요하고 노력한 만큼 효과가 있다고 생각하지만 준비시간이 부족하고 부담스러운 일”(박미옥, 2003)</td><td>“성적 위주의 교육현실에 대한 순응성”, “심리적 보상성”(황석도, 2002; 김경미, 2004; 이기운, 2007), “보수성”(장하소, 2004), “방어와 보수”(이혜영 외, 2001), 대학 입시 중심의 경쟁에 힘들어 하면서도 순응하는 문화(오영재, 2009)</td></tr>
<tr><td>학급관리</td><td>“통제되지 않는 학생들”(오영재, 2001), “학생 챙겨주기(성적 및 교실관리)”(이혜영 외, 2001), “내 새끼처럼 뒷바라지하기(담임)”(박미옥, 2003)</td><td>“통제와 보호(학생집단 역동에 대한 대처)”(이혜영 외, 2001), “무력감 혹은 체념”(이혜영 외, 2001) “학년통일(보조)규범”(장하소, 2004), 좌절감과 보람의 공존(김경미, 2004)</td></tr>
</table>

〈표 II-4〉에서 나타나는 것과 같이, 우리나라 중등 교사들의 수업에 대한 기본적인 인식은 수업이 정말 중요하며, 수업을 통하여 교과를 잘 가르치는 것이 교사로서의 가장 중요한 책무이자 역할이라는 것이다. 교사의 본분은 수업을 잘하는 것이며, 교사의 교단에서의 보람은 수업을 통하여 나타난다는 인식이 강하다. 실제, 교사들은 좋은 수업을 하기 위해서 열심히 노력하면 분명히 기대하는 효과가 있다는 긍정적인 믿음을 가지고 있다. 이러한 인식은

대부분의 교사들에게 있어 교단 입문 시기부터 교직경력 약 5년 정도에 이르기까지 일관되게 나타난다(오영재, 2006).

교단에 입문한 지 약 5년 정도의 기간 동안 중등 교사들은 대학에서 배운 교육학 '이론'에 충실하고자 하며, 그 '이론'을 실천하는 정당성에 대한 믿음이 강하다. 이 단위 시간의 수업 주제에 적합한 수업조직과 전개, 다양한 수업방법 활용, 학생들과의 활발한 상호작용과 동기 부여, 학생들의 수업 참여 지원, 수업성과의 피드백 등에 관한 '이론'을 활용하며 열심히 가르치고 싶어 한다. 또한 그렇게 가르치면 학생들의 학습 성과가 향상되고 나아가 학생들로부터 존경과 신뢰를 받는 교사가 될 수 있다고 생각하는 것이다.

> 교사들은 명확하면서도 부드러운 음성과 항상 미소 띤 얼굴로 학생들의 시선을 교사가 의도하는 학습목표로 집중시키는 힘을 지니고 있었으며, 학력 수준이 낮은 다양한 학생들을 대상으로 교실 내 수준별 수업의 해법 찾기에 고심하는 등 잘 가르치고 싶은 마음으로 교과서의 내용을 학습주제에 맞게 재구성하여 수업을 전개하고 있었다. 교수방법 또한 학습내용과 단계에 따라 각기 다른 방법을 투입시켜 가면서 다양한 형태의 수업을 전개시켜 나갔다. 조별 협동학습이나 토론수업을 중심으로 학생들의 활발한 활동과 자유로운 사고를 이끌어 냈으며, 교사가 순회하면서 개별 학생의 해결 과정을 관찰, 조언하고 간간이 학생들의 풀이 문장을 공개해 줌으로써 학생들의 학습활동을 자극하는 분위기를 만들어 나갔다. 그런가 하면 도입과 정리단계에서는 강의식 수업이나 대화식 수업으로 변화를 주기도 하였

다. 이러한 교수방법은 교사와 학생 간에 상호 교감을 형성하고 학습 참여의 동기를 높여주어 활발한 수업이 전개되는 결정적인 요인이 되고 있었다(황석도, 2002: 31-34).

그러나 우리나라의 중등 교사들은 교직경력이 많아지면서 성적과 입시 중시의 수업을 하지 않으면 안 되는, 소위 수업 '이론'이 설명해주기 힘든 '현실'에 직면한다. 대표적인 것이 소위 "학력신장식 수업"(이인효, 1990) 유형이다. "학력신장식 수업"에서 교사들이 적용하는 교과지도의 원리는 "교과서 내용만 잘 전달해 주면 된다", "학생이 알아야 할 교과서 내용의 수준을 정해준다", "중요한 부분을 지적해 주고 집중적으로 가르친다", "시험문제 출제 형식을 알아야 한다" 등이다. 다음은 그러한 수업에 해당하는 사례로 보이는 수업이다.

교 사 : 자, 지리부도를 보자. 소축적 지도는 높낮이를 등고선으로 표시하니, 아니면?
학생들 : 색깔로.
교 사 : 그렇지. 그러면 강원도 지방은 대개 무슨 색이야?
학생들 : 갈색
교 사 : 여기서는 논농사가 싫고 밭농사가 좋아서가 아니라 물이 부족해서 그런 거야. 밭농사로 무얼할까?
학 생1 : 배추.
교 사 : 배추는 조금 있다가 이야기하자. 뭐가 있지? 옥수수 같은 것이 있지. 산지니까 옛날엔 교통이 편했다? 불편했다?

학생들 : 불편했다.

교　사 : 대소비지인 대도시로 옮기기 어려웠겠지. 반드시 이유를 알아야지. 자급적 농업이었던 이유를.(다음과 같이 판서한다.)

1. 농목업과 수산업
 1) 산지 → 밭농사(감자, 옥수수)
  → 자급적 농업(교통이 불편)

교　사 : 다시 지리부도를 보자. 강릉 찾아보세요. 강릉까지 노란 선으로 되어 있지. 이것이 영동고속도로야. 교통이 편리해진 거지. 그래서…(다시 판서한다)

 2) 교통의 편리(영동고속도로) → 상업적 농업지대

교　사 : 상업적 농업으로 고랭지 농업이야. 자, 무슨 고, 무슨 냉일까?

학　생 : 높을 고….

교　사 : 높을 고, 찰 냉 자야. …(중략)…

교　사 : 고랭지는 높고 서늘한 땅에서 이루어지는 농업을 말하는 거야. 한 여름철에는 배추나 무가 썩거든. 산은 올라갈수록 온도가 올라간다? 떨어진다?

학　생 : 떨어진다.

교　사 : 평야지대에는 더워서 못할 때 배추나 무를 경작하는 거야.

(류방란, 2001: 62-63).

또한 교과내용 제시의 원리로는 "학생이 명확하게 이해할 수 있도록 가르쳐야 한다", "간결하게 압축된 형태의 판서와 단답형 질문을 계속한다", "학생들에게 익숙한 예를 들어 준다", "교과서내용을 중립적 입장에서 생각해 보도록 가르친다", "교과목에 따라 교과내용 제시방법을 달리 한다" 등이다.

이러한 "학력신장식 수업"에서는 수업 이론에서 주장하는 "교과는 교과답게 통합적으로 가르쳐야 한다", "학생들의 지적, 학습에 대한 정의적 개인차를 고려해야 한다", "수업의 주제에 맞는 다양한 수업방법을 적극 사용해야 한다", "주입식 보다는 구성주의 수업이 장기적으로 더욱 효과적이다" 등과 같은 수업원리들이 변형되어 나타나고 있음을 알 수 있다. 이는 학교현장의 문화와 여건에 적합한 것들만 취사선택되거나 혹은 변형되어 사용되는, 이른바 수업 이론의 학교 맥락적 적용 양상이라고 할 수 있다. 이러한 양상이 교과를 교과답게 가르치려는 이상적 바람과 성적과 입시 위주의 교육현실 사이에서 갈등하면서 학교의 여건에 적응하는 현실 적응적 수업문화(황석도, 2002; 오영재, 2009)의 형성과 정착과정으로 작용한다.

뿐만 아니라, 중등 교사들은 수업과정에서 부딪치는 문제를 해결하고, 수업 개선을 위한 접근 행동이 고립적인 특징을 보인다. 바꾸어 말하면, 수업에 관한 한 교사들은 협동적이기 보다는 혼자 준비하고, 홀로 문제에 직면하여 해결하며, 동료 교사들과 협동하여 일하지 않는 문화가 강하다는 사실이다. 주위 사람들로부터 떨어진 채 고립된 성(城)과 같이 홀로 지내는 모습은 교사문화의 일관된 특징 중의 하나이며, 이 특징이 가장 분명하게 나타나는 영역이 수업이다. 이러한 사실은 교사들의 수업에 관한 허병기(2000)의 면담 및 관찰기록에서도 명료하게 나타나며, 김경미(2004)의 연구에서도 일관된 경향으로 유지되고 있다.

교사들의 학교생활을 관찰하고 면담한 바에 의하면, 수업 향상을 위한 그들의 상호 조력은 매우 미흡한 실정이었다. 적어도 수업에 관한 한 상호 교류는 상당히 단절되어 있었고, 수업 개선을 위해 필요한 것이 있더라도 그것을 대개 혼자의 힘으로 해결하고 있었으며, 혼자의 힘으로 여의치 않을 경우 쉽게 포기하고 있었다. 면담에 응한 교사들은 교사들 중 대부분이 수업에 관한 새로운 지식이나 경험 혹은 관련 자료와 정보를 서로 공유해 가는 행위를 하지 않는다고 말하였다. 같은 교과를 담당하는 교사들로 구성된 교과협의회 같은 조직도 있지만 그것은 교사들의 실질적인 수업 개선에 요구되는 상호조력을 조성하고 촉진하는 역할을 해내지 못하고 있었다. 교내에서 이루어지는 동료장학도 거의 형식화되어 있었으며, 자발적 동기화에 의한 활성화가 이루어지고 있지 않은 것으로 확인되었다. 수업에 관한 한 많은 교사들은 서로 단절된 가운데 수업을 잘하든 못하든 서로에게 공개되지 않고 있었으며, 상호간의 건설적인 비판과 도움도 거의 오가지 않고 있었다. 서로 공개하고 비판하고 돕는 경우가 있다 하더라도 그 중 대부분은 학교의 경영방침이나 계획에 따라 의례적, 형식적으로 행해지고 있는 것으로 보였다(허병기, 2000: 224).

> 개인주의와 이기주의가 너무 자연스럽게 정당화되는 모습이 많구요. 개인적인 일을 중시하고 학교의 공적인 일에 대한 무관심과 타인에 대한 배려가 부족하다고 여겨집니다. 선생님들의 자리는 교무실과 학년실로 나뉘어 배치되어 있는데 서로 대화가 잘 안 되는 상황입니다. 1년이 지나

도 애기 한 번 안 해본 선생님도 생기고요(김경미, 2004: 77).

중등 교사들의 수업에 관한 행동과 현상들을 종합하면, 교과답게 가르치려는 노력과 시험 및 입시 준비를 위한 수업 간에 갈등하면서 수업과정에서 부딪치는 문제와 좀 더 나은 수업 개선을 위한 노력을 고립적으로 수행하다 여의치 않으면 좌절하는, '교과답게 가르치려는 바람과 시험 혹은 입시 중심 수업 간의 고립적 갈등문화'로 명명할 수 있다.

### 나. 학급관리: 온정주의적 통제와 방임적 면책의식 공존 문화

교사들에게 학급은 교사들의 희망과 정성 그리고 아픔이 어린 곳이며, 교사로서 자신의 교육철학을 실천하는 장이다. 교사들은 자신의 교육관에 기초하여 교육목표를 세우고 그 실천과제를 설정한다. 또한 학급은 교사들이 교사생활의 승부수를 띄우는 곳이기도 하다. 어느 경우에는 친구처럼, 학생들과 어울리면서 가르치고 스스로 배우는 과정을 통해 교육자로서의 기쁨과 보람을 느끼고 교단생활의 외로움과 고단함을 달래기도 한다(한용진 외, 2006: 237-239).

이 같은 의미에서, 우리나라 중등 교사들에게 학급관리는 수업 못지않게 교사로서의 삶과 교육행위에 상당히 중요한 장이라고 할 수 있다. 그러나 교사들이 학급관리에 적용하는 규범이나 원리가 다를 수 있고, 학급을 장악하고 통제하는 능력에 있어서도 개인차가 있기 마련이다. 교사의 학급관리 가치는 대체로 담임을 맡은 교사들이 연초에 정하는 급훈과 학급 운영 방침으로 나타난다. 교사 중심의 학급관리로 절대적 권력을 행사하는 교사가 있는가 하면, 학생들의 참여를 지원하여 자율적 학급 운영을 독려하는 교사도 있다. 또한, 통제가 되지 않는 학생들을 보고 방임하는 경우도 있다. 교사들이 학급 관리를 통하여 얻고자 하는 교육적 성취가 다를 수 있기 때문이다. 그러나 학교 현실에서 중요한 것은 교사들이 학급을 장악하는 것이며, 그러한 장악 능력은 학교장으로부터 교사로서의 능력을 평가받는 데 있어서도 중요한 요인이 된다. 따라서 우리나라 교사들은 학교 급별에 관계없이 학급을 장악하는 것이 당해 연도 학교생활을 편하게 하는 첩경이라고 생각한다. 학급을 장악 즉, 통제하지 못하면 수업을 잘하기도 힘들 뿐 아니라, 교실의 질서 유지가 안 되는 현실을 너무나 잘 알고 있기 때문이다.

우리나라 중등 교사들이 학급관리에 적용하는 문화적 원리는 대체로 "학생 챙겨주기"(이혜영 외, 2001), "내 새끼처럼 뒷바라지하기"(박미옥, 2003), 혹은 "학생과 마음 열기"(박후남, 2005)와 같은 긍정적이고 적극적인 문화와 "통제되지 않는 학생들, 속수무책의 대응과 면책의식"(오영재, 2001) 등과 같은 부정적인 심리상태가 병존하는 것으로 나타나고 있다.

교사가 학생들을 챙겨주고 내 새끼처럼 생각하는 문화는 오랜 기간에 걸쳐 우리나라 교단에 형성된 따뜻한 사제(師弟)문화이다. 우리 교사들은 예비교사 시절부터 미래에 가르칠 학생들에 대한 강한 애정과 기대를 가지고 있는 경우가 많다. 교사들은 자신이 맡은 학급의 학생들에게 희망을 걸고 그 아이들을 자기 자식처럼 생각하고 보살피는 것을 당연하게 생각해왔다. 자신이 맡은 아이들이 학업성취를 비롯한 다방면에서 다른 학급 학생들보다 뒤떨어지는 것을 싫어한다. 심지어 다른 학급 아이들과 싸움에서 지고 오는 것도 못마땅해 하기도 한다. 교사들은 학급에서 때로는 부모처럼, 때로는 선생님으로서, 어느 경우에는 친구처럼, 학생들과 어울리면서 가르치고 스스로 배우는 과정을 통해 교육자로서의 기쁨과 보람을 느끼고 교단생활의 외로움과 고단함을 달래기도 한다.

한편, 중등 교사들의 학급관리에 "통제되지 않는 학생들, 속수무책의 대응과 면책의식"과 같은 의식이 생기기 시작한 것은 1990년대 후반부터 나타난 "교실 붕괴" 현상으로 인하여 교사들에게 교실 장악과 통제를 통한 질서 유지 및 원만한 수업 분위기 조성이 그 어떤 과제보다 절실한 것으로 인식되면서부터 라고 할 수 있다. 다음은 소위 '교실 붕괴' 현상이 나타나기 시작했다고 한 1990년대 후반 시사 잡지에 실린 기사이다.

> '아무리 아파도 학교는 가야 한다'는 사고방식은 범생이(모범생을 가리키는 은어)에게서도 찾아보기 어렵다는 것이 교사들의 이구동성이다. 그렇다 해도 전화 한 통화면 무단결석이 아닌 병결로 처리된다는 점을 악용해, 오후 느지막이 전화를 걸어 '아침 8시에 버스를 탔는데 졸다가 깨어보니 오후 1시였다' '비가 와 몸이 좋지 않아 학교에 못가겠다'는 둥 말도 안 되는 구실을 당당하게 늘어놓는 아이들을 보면 교사들은 기가 막힌다. 상황이 이렇다 보니 학교 안은 난장판이다. 교사들은 하루 종일 아이들과 '싸우다' 퇴근하는 것 같다고 말한다. '교무실은 교무실이 아니다. 매일

같이 끌려오는 아이들, 바닥에 무릎 꿇고 앉아 경위서나 반성문을 쓰는 아이들, 얻어맞는 아이들. 하루에도 엄청나다. 이건 시장바닥이다. 아이들이 왜 이렇게 되어 가는 거지?' (시사저널, 1999, 9월호: 38-40)

경기도 부천의 한 중학교 교사인 ㅂ씨(30)는 요즘 아이들의 가장 큰 특징으로 지적 호기심이 없다는 점을 꼽았다. 아이들은 어떤 수업에도 흥미를 나타내지 않는다. 때로는 '룸펜 50명이 교실에 앉아 있다는 착각'이 들 정도다. 한글 맞춤법이 엉망인 것은 기본이다. 의욕적인 젊은 교사들이 카드놀이 · 골든벨 같은 새 학습법을 수업에 응용하려 해도 아이들은 "재미없어요. 딴 거해요"라며 의욕을 꺾는다. 교사 나름으로 재미있으라고 들려 준 얘기에 대해서도 아이들은 "썰렁해요"라는 반응을 보일 뿐이다. 아이들의 수업 태도에 화가 났지만 "나도 학창 시절을 거쳤다. 너희들을 이해한다"라고 진지하게 대화를 시도했던 ㅈ씨(33)는 수업 끝나는 종이 울리자마다 아이들이 '와' 웃음을 터뜨려 환멸을 느꼈다고 말했다. 그렇지만 '도대체 뭘 생각하고 사는지 알 수가 없는, 이 무기력하게만 보이는 아이들'은 기성세대와 가치 기준이 다를 수도 있다는 것이 한 교사의 지적이다. 3천원 주고 밥 사먹기는 아까워도 3만 원 주고 1회용 레게 파마를 하는 것은 조금도 아깝지 않은 것이 요즘 아이들이다. 법관이나 의사보다 연예인 되기를 소망하는 아이들에게 수업에서 얻은 지식이란 '학교 문을 나서는 순간 쓸모가 없어지는 쓰레기'일 따름이다(시사저널, 1999년 9월호: 41).

교실 수업에 별다른 흥미도 없고, 교사의 수업적 권위를 별로 존중하지 않으며, 그저 교실에 와서 딴 짓을 하고 있는 속수무책의 학생들을 보며, 교사들은 내심 자신은 열심히 지도하고 싶은데 가정교육이 잘못되어서 이렇게 행동하는 아이들을 교사인 자신도 어떻게 할 수 없다는 일종의 면책의식을 갖기도 한다. 방임, 관리 포기, 외면 등과 같은 부정적 학급관리 문화가 생기고 있는 것이다.

학생들을 내 새끼처럼 생각하고 챙기며 뒷바라지 하려는 우리 중등 교사들의 오랜 온정주의적 학생관과 교실통제가 되지 않고 교사의 권위가 예전처럼 존중되지 않는 최근의 변화가 섞이면서 '온정주의적 통제와 방임적 면책의식 공존'이라는 독특한 학급관리 문화로 나타나고 있는 것이다.

### 다. 행정업무: 수업을 방해하는 귀찮고 신경 쓰이는 일, 순응하며 형식적으로 때우는 형식주의 문화

교단에 갓 입직한 초임 교사들이 놀라는 일 중의 하나가 우리나라 교사들은 가르치는 일 외에 해야 하는 행정업무가 꽤 많다는 사실일 것이다. 그러나 교사 양성과정은 대부분 이론 중심의 과목으로 구성되어 있어 단위학교의 어느 부서에 의해 어떤 행정업무가 이루어지고 있는지 제대로 배울 기회도 별로 없을 뿐 아니라 공문서 기안 한 번 해볼 기회도 없는 상황이다. 공문서를 만들어 기안한 다음 부장 교사, 교감, 학교장으로 이어지는 결재라인을 따라 결재 한 후, 그것을 다시 발송공문으로 하여 문서를 보내는 과정에 익숙해지려면 시간이 필요하다. 공문서를 수발하고 보관하는 업무에 익숙해지려면 공문서 처리와 보관에 관련된 지침이나 규정을 숙지하고 있어야 한다. 공문서에 관련된 과정 전체가 교사의 핵심 역할에서 벗어나는 번거롭고 귀찮은 일이다.

또한, 초임 교사로서 그러한 행정 업무를 차질 없이 해내기가 쉽지 않아 당황하는 경우가 적지 않다. 귀찮고 번거로운 행정업무는 초임 교사들 몫인 경우가 많지만, 주어진 행정업무를 어떻게 누구와 상의해가며 수행해야 하는지 자상하게 가르쳐주는 선배 교사도 많지 않다. 선배 교사들 어깨 너머로 배우며, 때로는 혼자 시행착오를 해가며 숙지해 나가는 것이 현실이다.

초임 교사가 일주일에 20시간 수업이라면 하루에 적게는 2시간 내지는 3시간 쉬는 시간이 있다. 그 휴식 시간에 잡무를 처리한다면 초임 교사는 업무처리가 미숙하여 하루 종일 공문처리를 하다가 일과를 마치게 된다. 대체적으로 젊은 초임 교사들은 학기 초에 업무의 선택권이 없다. 당연히 주어지는 일을 하는 것으로 긍정적인 자세로 받아들이기도 한다. 그러나 기간제 경험 없이 처음 학교 업무를 시작하게 되는 진짜 초임 교사는 업무 파악이 미흡할 뿐 아니라 일처리 능력도 느리다. 업무 처리가 마무리 되지 않아서 방과 후 반드시 남아서 한 두 시간 정도는 더 일을 하게 마련이다. 어렵다는 말 한 마디 하지 않고 지내다 긴장이 풀려 방학 때 앓아 눕기도 한다(박후남, 2005: 25).

또한 교직 경력이 쌓여갈수록, 또한 수업과 학생지도에 전념하고자 하는 바람이 클수록 행정업무를 부정적으로 인식하는 경향이 많아진다. 그러나 행정업무를 거부할 수 없는 현실에 직면하여서는 공문서를 제대로 처리하지 않아 발생할 수 있는 문제를 최소화하면서, 무엇보다 시간을 엄수하여 처리한다. 공문서를 제 때에 처리하지 않으면 담당 교사 자신뿐 아니라 교감과 학교장까지 문제가 되기 때문이다. 다음은 중등 교사들의 행정업무에 대한 인식을 잘 드러내주는 사례이다.

> 수업보다는 업무가 우선순인 현실이 나에겐 낯설었고, 내가 생각했던 것처럼 교직은 학생과 교사만 있는 곳이 아니라 공문들과 그 밖의 잡무가 많다는 것을 알게 되었다(박미옥, 2003: 41).

> 학교현장에서 가장 큰 문제는 교사의 업무과다라고 생각합니다. 이 업무를 전부 없앨 수는 없을까요? 우리 정말 신중히 생각해 보아야 할 문제입니다. 이 업무를 모두 없애고 교사들이 학생들의 교육에만 전념할 수 있어야 한다고 생각합니다. 그러나 이것은 단순한 일은 분명히 아닙니다. 누군가의 용기 있는 혹은 신념 있는 결단이 있어야 하지요. 교원의 업무는 보조원을 두어서 해결될 문제가 아닙니다. 결단이란 아예 공문 자체를 없애고 학교 자체로 모든 행사, 모든 조사 등을 마치라는 것입니다. … (중략) … 제가 지금까지 겪은 경험으로 보아 업무로 인해 학생교육에 지장이 있을 정도입니다. 나아가 스트레스가 많아지고 학생상담은 거의 할 시간이 없습니다. 거기다가 학교평가니 시범학교니 하며 업무 외에 준비해야 하는 너무 많은 것들……. 그러려면 교사들에게 여러 가지 피해가 당연히 가게 되고……. 행정하시는 분들께 이런 기존의 것들을 어떻게 싹

쓸이 하고 진짜 새로운 학교 만들기의 사고전환이 필요합니다. 현실적으로 어려움이 많겠지만 아무튼 공문이나 업무를 생각하면 짜증이 납니다. 답답합니다. 개선과 노력이 필요하다고 봅니다(황석도, 2002: 40).

중등 교사들의 행정업무에 관련된 연구결과에서도 행정업무에 대하여 중등 교사들은 일단 교과를 중심으로 아이들을 가르치는, 교사로서의 직무의 본령을 벗어나는 그러한 불필요하고 귀찮은 일이라고 인식하고 있는 것으로 나타나고 있다. 예컨대, 교사들은 행정업무를 "수업을 방해하고 생활의 여유를 갖지 못하게 하면서도 가장 많은 시간을 투자해야 하는 일(수업 외 업무)"(박미옥, 2003), "사소하나 간과하기 어려운 신경 쓰이는 일"(행정 관리 등), "보여주어야 한다, 시간에 맞추어야 한다(공문 처리)"(이혜영 외, 2002), "학교교육계획 수립을 위한 어수선함과 업무에 협조하기(공문 처리)"(이상철 · 주철안, 2007)와 같이 인식한다.

〈표 II-5〉 중등학교 교사들의 행정문화 특성

| 교육주체 | 문화내용 | 문화적 특성 | |
|---|---|---|---|
| | | 규범적 수준 | 추상적 수준 |
| | 행정업무 | 추출된 문화주제 | 추출된 문화주제 |
| 교사 | 행정에 대한 생각 | "수업을 방해하고 생활의 여유를 갖지 못하게 하면서도 가장 많은 시간을 투자해야 하는 일(수업 외 업무)"(박미옥, 2003), "사소하나 간과하기 어려운 신 | 행정업무 중심 문화, 형식주의문화(김병찬, 2003), 담임과 학년 배정 그리고 수업시간표 변경 등 교사편의 위주의 문화(김병찬, 2003), |

| | | |
|---|---|---|
| | 경 쓰이는 일(행정 관리 등)", "보여주어야 한다, 시간에 맞추어야 한다(공문 처리)"(이혜영 외, 2002) | |
| 행정업무 행동 | "합리적으로 운영되기를 바라지만 소극적으로 대처하기(행정업무)", "문서로도 남겨야 한다(전산화와 관료주의 결합)"(이혜영 외, 2001) | "행정에 대한 냉소적 형식주의로의 대처"(오영재, 2001), "업무에 대한 냉소적 회피"(황석도, 2002), "어수선함과 업무에 협조하기"(이상철·주철안, 2007) |

중등 교사들은 행정업무에 대하여 냉소적인 태도를 보이지만, 그렇다고 하여 행정업무 처리를 미루거나 잘못하여 문제를 야기하려고 하지도 않는다. 즉 위계적이고 관료적인 교육행정 체계 상 거부할 수 없어 어쩔 수 없이 하기는 하지만, 그렇다고 거부 내지는 저항하지는 않는다. 기왕 할 바에야 기한을 지키며, 업무 처리 결과를 문서화하여 보관해 둠으로써, 업무에 대한 책임 이행 결과를 분명히 해 둔다. 행정업무 이행의 책임과 의무로부터 자신을 보호하는 대응전략인 것이다.

한편, 중등 교사들은 교육정책 변화로 인하여 생기는 자신들에 대한 요구나 압력을, 그 정책을 구상하고 집행하는 교육학자나 정책 관련자들과 같은 관점에서 진정한 학교 변화에 꼭 필요한 조처로 보기 보다는, 하나의 '행정적 업무'로 인식하고 형식적으로 때우고 넘어가려는 경향이 많다. 김병찬(2003: 21)은 이러한 중등 교사들의 형식주의 경향을 교사들이 학교조직에 적응하는 하나의 적응

기제라고 하고 있다. 즉, 교육개혁이 진행되면서, 교사들의 대표적인 불만 사항은 "수업이 늘어나고, 잡무가 많아졌으며, 학교 일상이 늘 정신이 없고, 바쁘다"는 것이다. 따라서 "진지하고, 차분하게"일을 처리할 수 있는 시간적 여유는 점점 줄어들고, "계속해서 뭔가를 빨리빨리 처리해야 하는 상황에" 놓이게 되는 것이다. 그리고 이러한 일들은 대부분 "어쩔 수 없이 꼭 해야 하는 것"들이다. 시간은 부족하고 해야 할 일은 많은 상황에서 나타날 수 있는 대표적인 적응기제가 '형식주의'라는 것이고, 이러한 형식주의는 학교문화에 관한 선행연구들에서 일관되게 나타나고 있다고 설명하고 있다.

**라. 인간관계 문화:** 동반자로 지내지만 간섭하지 않는 고립적 개인주의 문화(동료 교사), 업무적으로 안전한 거리 유지하는 경계 유지문화(학교장)

직장에서 맺는 인간관계는 직장생활의 질을 결정하는 중요한 요인이다. 사람들과의 관계가 원만하고 협동적인 직장은 사람을 즐겁고 능률적으로 만들지만, 불화가 많고 지나치게 경쟁적인 직장은 구성원들을 피곤하고 비능률적으로 만든다. 직장에서 만나는 사람이 좋으면 직장을 좋아하게 되고, 사람이 싫으면 출근 자체가 부담스럽고 힘들다. 아침에 출근하여 좋은 사람들과 같이 하는 한 잔의 커피 맛이 참으로 향기롭고, 나누는 정담에 행복해 하지만, 얼굴조차 보기 싫은 사람을 만나야 하는 것은 그 자체가 고통이다. 친절하고 능력 있으며 배려심이 깊은 사람들을 만나 가까이서 지낼 수 있다는 것은 하나의 큰 행운이다. 직장생활에서 자신이 하고

자 하는 일이 잘 되게 하는 가장 큰 영향 요인도 사람이고 일이 제대로 되지 못하게 방해하는 요인도 사람이다(오영재, 2009: 119-120).

특히, 학교는 인간관계가 중요한 사회이다. 학교는 재화를 생산하는 조직도 아니고, 권위를 배분하는 정치조직도 아니다. 학교는 인류의 정선된 지적 유산을 매개로 후속 세대를 전인적으로 성장시키는 문화조직이고, 그러한 활동이 인간관계를 통하여 이루어지기 때문이다.

학교는 위계적 인간관계와 수평적 인간관계가 동시에 작동하는 독특한 사회이다. 위계적 인간관계는 교장, 교감, 부장, 평교사로 이어지는 피라미드형 행정업무 수행 구조와 관련이 있는 인간관계이며, 수평적 인간관계는 동료 교사 간의 전문적 인간관계이다. 위계적인 상하 인간관계는 지시와 감독 그리고 수용과 복종의 관계이며, 수평적 인간관계는 존중과 평등의 관계이다.

또한, 교사 개개인이 교수-학습의 전문가라는 사실에 주목할 필요가 있다. 전문가들이 선호하는 조직적 가치는 자율과 창의성이다. 자율이 없이는 창의성을 발휘하기 어렵고, 창의성이 없는 전문가가 그것을 본령으로 하는 교육적 활동을 성공적으로 수행하기는 어렵다. 자율과 창의성을 기반으로 하는 교사들의 위계적 인간관계의 정점에 있는 학교장과의 관계 맺기와 존중과 평등의 수평적 동료와의 관계 맺기가 같을 수 없다.

〈표 II-6〉에서 보는 바와 같이, 우리나라 중등 교사들은 동료 교사들과 잘 지내고자 하는 것으로 나타나고 있다. “닫힌 자기 성(城)처럼 지내는 개인주의 문화”(오영재, 2001; 황석도, 2002; 김병찬, 2003)도 많지만 대체로 "친하게 지내되 간섭하지 않는다"(이혜영 외, 2001; 박미옥, 2003; 장하소, 2004)처럼 사회적 거리 유지 규범도 강한 것으로 나타나고 있다. 실업계 고등학교 교사들의 경우 상호 존중과 우호적인 인간관계를 형성하기도 한다(이기운, 2007).

그러나 교사들은 누구라도 자신만의 생활의 경계를 침범당하는 상황을 매우 싫어한다. 그것이 수업에 관련된 활동이든 학급 관리에 관한 것이든 마찬가지이다. 학교장이 자신의 생활경계를 넘어오면 위계적 행정 권력의 남용이라고 생각하고, 동료 교사들이 넘어오면 달갑지 않은 간섭이라고 생각한다.

**〈표 Ⅱ-6〉 중등학교 교사들의 인간관계 문화 특성**

| 교육주체 | 문화내용 | 문화적 특성 | |
|---|---|---|---|
| | | 규범적 수준 | 추상적 수준 |
| | 인간관계 | 추출된 문화주제 | 추출된 문화주제 |
| 교사 | 인간관계에 대한 기대와 행동 | "닫힌 자기 성(城)에서 혼자 살기"(오영재, 2001), "교사를 신뢰하는 교장이 좋다(상급자와의 관계)", "친하게 지내되 간섭하지 않는다(동료관계)", "문제를 제기할 수 있는 존재로 편하지 않다(학부모와의 관계)"(이혜영 외, 2001), "적당한 거리를 두고 지내며 순종하는 척 하기(학교장과의 관계)", "같은 길을 | "인간관계지향", "경계유지"(이혜영외, 2001) "닫힌 성에서 누리는 자율성", "전문성 지향의 종합성", "승진 지향성"(황석도, 2002), "개인주의 문화"(김병찬, 2003), "상호 불간섭 규범"그러나 "신 현재주의"출현 중 (장하소, 2004) |

| | 가며 동반자라고 느끼면서도 갈등 상황에서는 그냥 두고 지내기(동료교사와의 관계)", "짝사랑하기(학생과의 관계)", "교육의 주체로 인식하지만 적당한 선지키기(학부모와의 관계)"(박미옥, 2003) |
|---|---|

따라서 중등 교사들은 동료 교사들과 같은 직장의 동반자로서 생활하는 인연을 소중히 생각하며 서로 원만하게 지내려고 하지만, 수업이나 학생 지도문제에 대해서 어떤 지식이나 경험을 공유하기 보다는 서로 간섭하지 않으며 홀로 문제 해결해 나가는 생활형태를 기본으로 하며 지낸다. 교사들이 혼자 지내는 구조로 생활하고 있음은 아래 어느 교사의 하루 일과를 보면 잘 알 수 있다.

> 출근해서 교무실의 자기 자리에 앉는다. 그날 시간표를 확인하고, 일일업무의 전달사항을 확인한 다음 자기가 맡고 있는 학급으로 올라가 반 학생들에게 전달사항을 전달한다. 그리고 다시 교무실로 내려와 조금 쉬다가 수업 종이 울리면 교과서와 수업자료를 들고 수업할 해당 학급으로 들어간다. 수업이 비는 시간에는 교무실의 자기 자리에서 공문을 처리하거나 인터넷 검색 등을 하며, 가끔 주변에 함께 쉬는 교사가 있으면 신변잡기에 관한 이야기를 나눈다. 점심시간이 되면 학교 식당에 가서 점심을 먹고 다시 교무실로 돌아온다. 오후의 수업이 끝나면, 다시 자신의 학급에

> 들어가 학생들에게 지시사항을 전달하는 종례를 하고, 청소 감독을 한 다음 교무실로 내려온다. 내려와서 출석부 정리 등 밀린 업무를 처리하고 퇴근시간(오후 4시 30분)이 되면 집으로 돌아간다(김병찬, 2003: 12).

그러나 학교장과의 인간관계는 조금 다르다. 동료 교사와의 관계와 달리 학교장과의 관계는 교사들의 학교생활에 직·간접적으로 늘 영향을 주기 때문이다. 학교장과 너무 멀리 지내면 여러 가지로 불이익을 받을 수도 있다. 그렇다고 하여, 학교장과 과도하게 가깝게 지내면 학교장은 그러한 교사들에게 귀찮은 업무를 자주 맡기곤 한다. 편하기 때문이다. 그렇기 때문에, 교사들은 업무적으로 불이익을 보지 않을 정도의 안전한 사회적 거리를 찾아 설정하고 그 지점에서 학교장과의 인간관계를 유지해 나간다. "적당한 거리를 두고 지내며 순종하는 척 하기"(박미옥, 2003) 혹은 이것저것 요구하는 학교장보다 "교사를 신뢰하는 교장이 좋다"(이혜영 외, 2001), "교사들의 교육행위에 대해 지나친 간섭을 하지 않으며 교사들의 전문성과 자율성을 적극 지원해주는 교장이 최고"(이기운, 2007)와 같은 경계유지적인 문화적 원리로 나타나는 것이다.

중등 교사들이 이와 같은 양상으로 학교장들과의 인간관계를 유지하는 데에는 한편으로는 학교장을 부러워하지만, 다른 한편으로는 학교장의 전문적 권위를 크게 인정하지 않는, 학교장에 대한 이중적 심리구조를 가지고 있기 때문으로 보인다. 학교장에 대한 부러움은 가르치는 일로부터 멀어져 통상적으로 이루어지는 학교 관리업무를 하면서도 상당한 행정 권력을 행사하며 비교적 여유

있게 지낼 수 있는 데서 비롯된다. 물론, 학교장에 대한 사회적 위신과 존경도 부러움의 대상이다.

반면, 학교장의 전문적 권위를 높이 인정하려 하지 않는 자세는 학교장의 직무 전문성이 크게 높아 보이지 않기 때문이다. 따라서 교사들은 학교장이 아침에 교사들보다 좀 더 일찍 출근하고, 정기적인 회의를 주재한 다음, 간부 교사들 중심으로 공문서를 결재하지만, 대단한 전문적 지식을 요구하거나 창의성을 요구하는 도전적인 업무를 수행하지 않으면서도 교원 인사와 학교재정 운용 등에 대한 과도한 행정 권력을 가지고 있다고 보는 경향이 많다.

## 3. 중등 학교장 문화의 특성

우리나라 학교 구조에서 교장은 학교의 '어른'이고 '윗사람'이며, '대표'이다. 그리고 교장이 된다는 것은 '성공적 교직생활'의 상징이기도 하다. 따라서 교장이 된다는 것은 스스로 뿐만 아니라 주위로부터도 인정받는 위치에 오른 것이다(김병찬, 2006: 9). 지금도 많은 교사들이 교장이 되고 싶어 한다. 하지만 "아무나 교장이 될 수는 없다." 교장이 되기 위해서는 "실력"이 있어야 하지만 "운"도 따라야 한다. 교장이 되기도 어렵지만 교장일 잘하기는 더 힘들다. 예전에는 교장이 "뒷짐 지고 여기저기 왔다 갔다 하는 사람" 또는 "공문에 줄긋고 도장이나 찍는 사람"으로 인식되기도 하였다. 그러나 지금은 사정이 다르다. 학교장 임기제, 학교장 경영책임제, 학교운영위원회 등 여러 제도가 새롭게 등장하면서 교장에 대한 학교 안팎의 압력과 기대가 동시에 커지고 있다(조용환, 1999: 346-347).

학교장이 학교 조직 내에서 차지하는 비중이나 오랜 세월동안 누려온 막강한 영향력 때문에, 학교조직을 연구하거나 단위 학교 경영에 관심이 있는 사람들은 하나같이 학교장의 중요성을 강조하곤 한다. 학교장이 보여주는 리더십이 학교 운영 전반에 큰 영향을 미치기 때문이다. 또한, 학교장의 교육관과 학교경영 철학, 조직운영 기조, 개인적 성장배경과 가치관, 전문 행정능력, 대외관계 능력과 활동반경 등 학교장에 관한 여러 요인들이 단위학교의 분위기와 수업성과에 직접 혹은 간접적으로 적지 않은 영향을 미친다고 보는 것이 일반적이다.

그러나 학교 운영과정에 학교장이 발휘하는 영향력과 경우에 따라서는 학교장 1인 지배하에 운영되어 온 것과 진배없는 우리나라의 전통적인 학교 지배구조 등을 생각해 볼 때, 학교장 문화에 대한 연구가 너무 빈약한 현상에 대해 의아한 생각이 들 정도이다. 학교장에 대한 이론적이고 실증적인 연구는 많았지만, 학교장들의 삶과 애환 그리고 학교장들이 학교 운영 전반에 적용하는 규범이나 문화적 원리를 밝히고자 한 연구는 손을 꼽을 정도로 적다. 사정이 이러하다 보니, 우리나라 중등 학교장 문화에 대하여 학문적으로 정리 내지는 종합할 수 있는 과학적 연구 자료가 극히 드물다.

학교장들과의 집단면접을 통하여 중등 학교장의 문화를 파악하려 한 조용환(1999)의 연구가 선구적이고, 학교장의 직무수행 행동을 밝힌 신인숙(2003), 신동원(2005)의 연구가 도움이 된다. 그렇게 보면, 우리나라 중등 학교장 문화 연구는 실제 김병찬(2006)의 연구와 오영재(2009)의 연구에 그치고 있음을 알 수 있다.

<표 Ⅱ-7> 중등 학교행정가 문화에 관한 선행연구 개관

| 연구대상 | 연구자 | 연구시기 | 연구방법 | 핵심 연구결과 |
|---|---|---|---|---|
| 중등학교 | 조용환 | 1999 | 집단면담 | 학교장의 이미지, 인간관계, 학교장과 학교문화 |
| | 신인숙 | 2003 | 심층면담, 참여관찰 | 학교장의 영역별 직무수행 행동 분석 |
| | 신동원 | 2005 | 심층면담, 참여관찰 | 교육과정, 교사지도, 행정, 섭외활동 등 학교장의 주요 직무 내용 분석 |
| | 김병찬 | 2006 | 심층면담, 참여관찰 | 학교장의 직무수행 과정에 적용되는 문화적 원리 |
| | 오영재 | 2009 | 질적 연구 결과 2차 해석 | 학교장의 수업, 행정업무, 인간관계 문화적 특성 |

자료: 오영재(2009). p. 27.을 보완한 것임.

### 가. 수업: 학교 내 구조 차원에 따라 차별화된, 관리 우선주의 수업문화

수업을 개선하는 일에 책임과 역할을 담당해야 하는 사람은 많지만, 그 중에서 교장은 특별히 중요한 위치에 놓여 있다. 교장은 그가 갖는 권한이나 책임, 그리고 그의 지도력이 가져오는 파급효과가 대단히 크기 때문이다. 학교의 모습을 결정짓는 변수로서 교장만큼 비중이 큰 변수는 찾기 어렵다. 학교혁신에 관한 주목되는 문헌은 성공적인 학교발전을 이루어낸 학교에는 예외 없이 훌륭한 교장이 있었음을 말해주고 있다(허병기, 2001: 61).

그러나 학교장은 한 교과의 교장이 아니라 전체 교과의 교장이며, 교장은 수업을 하는 위치가 아니라 전체 수업을 관리, 감독할 위치에 있다. 따라서 학교장은 '수업에 대해서는' 관심이 있지만 '수업을 하는 것'에까지는 직접적인 관심을 기울이지 못한다. 즉, 학교장의 교육활동, 수업에 대한 관심은 그 활동의 관리 · 운영과 관련한 행정적인 차원에서의 관심이지 실제 수업의 내용 및 방법과 관련한 교육적인 차원에서의 관심은 아닌 것이다.

학교장들이 학교에서 대부분의 활동을 통해 강조하는 것은 교육활동, 즉 '수업'이다. 그러나 이와 같이 수업을 강조하고, 교육을 강조하는 말들이 대부분 강조하는 것으로만 그친다. 대부분의 학교장들은 "다양한 수업방법을 개발하도록 하기 위하여" 또는 "요즘 아이들을 다룰 다양한 수업방법을 개발하도록 하기 위하여"특별한 후속 작업이나 노력을 기울이지는 않는다(김병찬, 2006: 12). 학교장의 수업에 대한 의례적 행동 혹은 형식화 된 접근방법은 다음의 관찰 · 면담 기록에서도 잘 나타나고 있다.

> 학교장들은 교사들의 학생지도를 강조하고 있었고, 교사들이 수업을 잘 해 주기를 바라고 있었다. 교사가 학생을 잘 가르치는 일을 중시하고 있는 셈이다. 그러나 교장들이 자신의 학교운영 활동과 비전을 설명하는 내용에 비추어 보거나 수업과 관련된 그들과의 면담을 분석해 볼 때, 그들의 수업에 대한 강조와 중시는 타성적으로 하는 말이거나 실질적인 실천력 없이 하는 말인 것으로 보였다. 그들이 자신들의 학교운영과 관련하여 역점을 주고 설명하고 홍보하는 것은 대개 시설과 환경 개선, 재정 확보, 구성원 인화,

> 시험성적을 염두에 둔 학력 향상, 대외관계와 같은 것이었다.
>
> 교사와 학생들이 직접 대면하여 이루어지는 교수-학습 상황에 대한 직접적이고 구체적인 관심과 언급은 없이 그 주변적인 것들을 관리하는 데 역점을 주고 있었다. 학교 내에서 교사와 학생 간에 어떠한 수준 혹은 질의 교육활동이 이루어지고 있고, 그것을 어떤 계획과 조직을 가지고 평가, 반성하고 있으며, 교사들의 교수능력 향상을 비롯해 수업의 질 개선에 필요한 조건들을 어떻게 확보해 나가고 있는 지, 그리고 그런 과정에서 교장인 자신은 어떤 전문적 지식과 기술을 가지고 어떤 노력을 기울이고 있는지에 대한 언급은 없었다. 학생을 잘 가르치는 것에 대한 어찌 보면 피상적이고 막연한 언급만 하고 있을 뿐이었다. (…중략…) 교장들은 '교사들이 학생을 잘 가르치는 일'을 이런 형식적인 수준에서 강조하고 있을 뿐 그것을 실제로 가능하게 할 수 있는 특별한 리더십이나 구상을 나타내지 못하였다. 이러한 사실들은 '교사들이 학생을 보다 잘 가르칠 수 있게 하는 일'을 학교운영의 명실상부한 우선순위로 삼고 있지 않음을 알 수 있게 하였다(허병기, 2000: 226-227).

이러한 중등 학교장의 수업문화를 반 장학(反 奬學)문화(김병찬, 2006: 21) 혹은 의례적 수업 강조 문화(오영재, 2009)로 설명하기 보다는 학교의 수업 차원에 따른 학교장의 차별화된 수업문화로 보는 것이 더 타당할 것으로 보인다. 이는 중등 학교장이 수업에 무심하거나 교사들의 전문적 성장을 소홀히 생각하여 수업을 의례적으로 강조하는 것이 아니라, 중등학교 교과 구성의 구조와 운영형식이 학교장으로 하여금 학교의 수업 수준에 따라 상이한 수업지도성 행동을 하도록 하게 한다고 보는 견해이다. 이러한 학교장의 수업에 관한 리더십은 [그림 II-2]와 같은 개념 모형으로 도식화하여 제시할 수 있다.

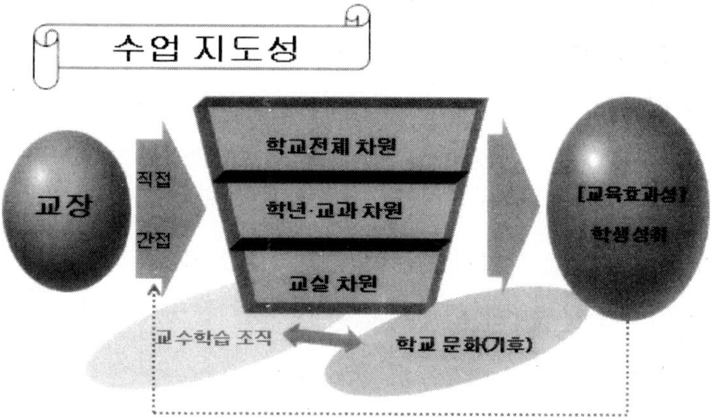


[그림 II-2] 중등 학교장의 수업 리더십 개념 모형

[그림 II-2]에서 보는 바와 같이 중등 학교장의 수업 리더십은 단위학교 전체 차원의 교육과정 운영이나 수업활동에 관련된 사안에 대해서는 지시와 요구 등과 같은 보다 직접적인 의사표시와 영향력 행동을 통해 표출된다. 이 차원에서는 직접적 수업 리더십이 발휘되고 있는 것이다. 예컨대, 연초에 학교 차원의 교육과정 편성 방향과 내용을 정하고 학년, 교과, 개별 교사들 간의 역할을 배분할 때 이와 같은 직접적 수업지도성을 발휘한다고 볼 수 있다.

그러나 학년이나 교과 차원으로 내려오면 학교장은 지원적인 방법으로 수업 리더십을 행사하는 경향이 많아진다. 학년 주임 혹은 교과 주임 교사들이 학교 수업활동의 전면에 나서서 수업에 관한 중간 지도자로서의 주도적인 역할을 수행한다. 학년 혹은 교과 주임 교사들을 중심으로 교과서 채택과 부교재의 선정, 교과의 진도, 시험의 내용과 문제 출제 전략, 필요한 수업 자료 공유, 교과별 학생지도 문제 등 해당 교과의 여러 현안들에 관한 의사결정이 다루어진다. 이 때 학교장은 각 학년이나 교과의 특성 상 해당 수업에 필요한 다양한 지원을 제공하는 지원적 리더십을 발휘하는 것이다.

한편, 중등 학교장의 수업 리더십 중 가장 미시적인 차원인 교실 수업에 관해서는 위임적 리더십을 발휘하는 것이 일반적이다. 학교장이 개별 교사들의 수업을 관찰하거나 해당 수업과정이나 내용에 대하여 구체적인 조언과 지침을 주는 행동과 같은 수업지도성은 사실 중등학교에서 흔하지 않다. 중등학교는 교과별로 분업화가 잘 되어 있어 특정 교과 출신의 학교장이 자신의 전공이 아닌 교과에 대하여 구체적인 지시를 하거나 개선 지침을 주는 것은 쉽지도 않을 뿐 아니라, 학교장의 구체적인 수업 리더십 행동에 대한 교사들의 부정적인 인식이 강해 저항이 만만치 않고, 나아가 교과 전문가인 중등 교사들의 무관심 영역도 아니기 때문이다. 이러한 중등학교의 교과 운영 구조와 수업 맥락의 결합기제가 중등 학교장의 수업 문화를 학교 전체 차원의 관리 · 운영에 치중되도록 하게 하는 연유가 되고 있는 것이다.

이러한 중등 학교장의 수업 리더십에 관한 몇몇 주장들을 살펴보면, 우리나라 중등 학교장의 수업에 대한 인식은 그 중요성을 강조하면서도 실제 행동에 있어서는 형식적인 형태를 띠는 특성을 보여주고 있음을 알 수 있다. 이는 학교장의 수업 개선에 대한 강한 의지와 자신의 수업 전문성 제고 노력 및 수업을 최우선으로 하는 학교문화 형성의 필요성이 부각되는 측면이다.

특히, 수업 개선을 위한 학교장의 지도성은 조직문화 형성을 다른 하나의 기본적 지향으로 삼아야 한다. 수업은 제삼자에 의한 감독이나 지시에 의해 용이하게 통제되지 않는다. 수업은 담당 교사의 변수에 의해 결정되는 폭이 매우 크다. 수업을 담당하는 교사가 교과를 가르치는 일이나 학습자에 대해 어떤 생각과 신념을 가지고 있고 어떤 동기와 열정을 지니고 있느냐에 따라 수업의 모습은 크게 달라질 수밖에 없다. 따라서 수업 개선 노력에는 교사들의 의식, 가치관, 신념, 태도와 같은 그들의 내적 성질을 수업의 개선에 부합하는 방향으로 변화시키는 일이 수반되어야 한다. 그것은 곧 학교의 조직문화를 관리하는 일에 해당된다(허병기, 2001: 66).

### 나. 관리: 경험 중심의 즉시적 업무 수행 관행과 안전 우선주의 문화(교사들의 수용영역), 정치적 타협과 절충의 문화(교사들의 비 수용영역)

일선 학교장들은 흔히 자신을 행정가라고 부르기 보다는 관리자라고 부른다. 학교장의 호칭에 대한 이러한 관행은 학교장이 하는 일들이 행정이라는 개념 속에 내포된 지적 전문성과 업무 수행의 주도성보다는 관리라는 의미 속에 함축된 '자신의 뜻과는 무관하게' 위로부터 주어진 업무의 통상적 수행에 더 가깝다는 인식에서 비롯된 것으로 보인다.

이러한, 학교장이 자신의 역할 수행에 대해 갖는 인식은 매우 중요하다. 학교장의 직무 수행에 대한 관행적이고 관리적인 인식은 학교장 자신들이 주도적으로 혹은 학교 공동체가 자율적으로 어떤 새롭고 변화지향적인 시도를 도모할 가능성이 아주 적을 것이라는 사실을 함축하고 있기 때문이기도 하고, 나아가 학교장의 직무 수행의 가치와 우선순위를 설정하는 데 영향을 미치기도 하기 때문이다.

학교장이 자신들을 관리자라고 인식하는 데 함축되어 있는 또 하나의 시사점은 학교장의 직무수행에 대한 단기적 시각이다. 학교 운영의 중·장기적 시각보다는 자신의 재임 기간 동안 학교가 '잘 굴러가 가는 것'이 가장 중요하다. 장기적 시각과 전문적 안목에서 이루어지는 교육보다는 눈앞에 닥친 급하고 현실적인 문제를 해결하기 위한 단기적 시각과 경험적 관점에서 학교 운영이 이루어질 가능성이 높아지는 것이다.

학교장이 자신의 직무를 관리적인 것으로 인식하고, 나아가 그 업무를 단기적 시각에서 수행할 때, 학교장의 관리업무는 즉시적 형태를 띨 수밖에 없다. 그렇다고 하여, 학교장이 자신이 수행하는 모든 업무를 즉시적이고 관행적으로 처리하는 것은 아니다. 학교장의 관리업무 문화를 좀 더 세밀하게 설명하기 위해서는 [그림 II-3]과 같은 학교장 직무 개념 모형과 무관심 영역(Zone of indifference) 개념(Barnard, 1938: 167)이 도움이 된다.

학교장의 직무는 크게 교육과정 운영 차원, 구조적 차원, 물적 차원, 인적 차원의 관리업무로 대별할 수 있다. 이 때, 교육과정

운영 차원은 국가 차원의 교육과정 구성 및 운영 지침에 관련된 직무를 말하며, 구조적 차원의 관리업무란 표준화된 조직 구성과 운영 지침, 구성원들의 직무의 배분, 상급 기관과의 관계 업무 수행 등에 관련된 업무를 말한다. 주목해야 할 점은 학교장이 수행해야 할 각 직무 차원에는 교사들의 참여 욕구가 큰 영역과 약한 무관심 영역이 있다는 사실이다.

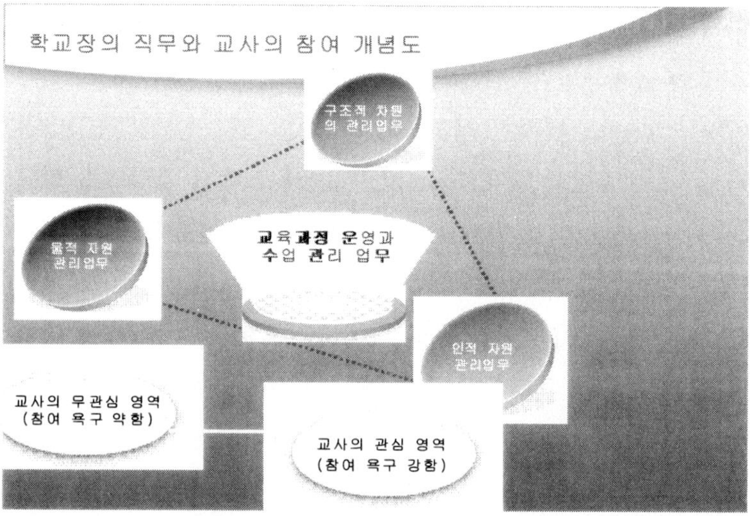


**[그림 II-3] 중등 학교장의 직무 개념도**

교육과정 구성과 운영, 학생들의 학사 관리, 학교 시설 운영, 재정의 구조와 운용 방법, 교사들의 직무 배분과 평가 및 승진, 교사 복지 등에 관한 사안들은 대부분 법적 기준이 나 규정, 지침 혹은 행정명령에 의해서 이루어진다. 또한 그러한 방법으로 업무를 처리해 온 관행도 있다. 이처럼, 법적 기준이나 확립된 관행에 의해서 이루어지는 학교장의 직무들은 교사들의 관심이나 참여 욕구가 높지 않고 학교장의 결정을 의심 없이 받아들이는 무관심 영역에 속한다. 교사들은 학교장이나 자신들의 재량권이 거의 없는 이러한 사안들이 문제를 일으키지 않고 조용히 잘 처리되면 그만이라는 인식을 가지고 있다. 교사들은 이 영역을 학교장의 고유한 업무 영역으로 인식하는 것이다. 학교장도 이 무관심 영역에서 문제가 생기면 감사의 대상이 될 뿐 아니라 자신의 직위 유지에 적지 않은 타격을 입게 된다는 사실을 잘 알고 있기 때문에 최대한 신속하게, 그것도 안전하게 처리하는 문화를 형성하는 것이다. 학교장이 알아서 처리해도 별다른 이의 제기가 거의 없는 업무들인 것이다. 바로 이 무관심 영역에 해당하는 사안에 대해서 나타나는 학교장의 직무수행 문화적 특성이 '경험 중심의 즉시적이고 관행적이며 안전 우선주의 직무 수행문화'라고 할 수 있다.

한편, 학교장이 수행해야 할 직무에는 협상과 타협 및 권력 행사를 통한 갈등의 해소 등과 같은 보다 정치적인 문화적 특성을 보여주는 측면도 있다. 그러한 문화형상이 나타나는 대표적인 사안이 교사들의 이해관계가 걸린 사안이거나 교사들의 전문성이 존중되어야 하는 문제들이다. 교사들은 자신들의 이해관계가 걸린 사안에 대하여는 전문성 수준 여하를 떠나 적극 참여하기를 원한다. 교사들은 자신들의 직무와 생활에 직결되는 사안들에 대해서는 그 영역을 불문하고 참여의식이 높고, 다양한 형태의 이익 추구행동을 한다. 간단히 표현하면, 최근 들어 교사들의 무관심 영역 이외의 영역에 관한 직무를 수행할 때, 학교장은 전통적인 지시와 명령의 행태에서 벗어나 교사들과 논의, 타협, 협상, 절충 등과 같은 정치적 행동을 보여준다는 의미이다. 다음은 그에 해당하는 한 사례이다.

> 요즘 학교에서 교장이 혼자서 결정할 수 있는 것이 거의 없습니다. 모두 교사들의 의견을 물어보고 협의도 봐야 합니다. 교육부 지정 예절생활지도 시범학교를 운영하면, 돈도 나와서 낙후되어 있는 이 지역의 학생들에게 뭔가 필요한 것도 해 줄 수 있고, 교사들에게 승진 점수도 줄 수 있다고 해서 좋다 싶어 신청하려고 했어요. 그런데 교사들 중 40% 정도만이 찬성을 했어요. 그렇게 되면 교육청에 올리지도 못해요. 그래서 다시 설득을 했어요. 형식적으로 보여주는 행사 하지 않고, 꼭 필요한 인원만 참석하도록 하는 등 여러 가지 타협점을 찾아 다시 표결을 해서 70% 찬성으로 신청할 수 있었습니다. 교육부 일도 이제 학교에서 실시하려면 교사들과 타협을 봐야 해요(김병찬, 2006: 16).

또한, 교사들은 교과 및 생활지도 전문가로서 자신들의 전문성이 반영되어야 한다고 판단되는 문제에 대해서는 학교장의 일방적 요구나 지시에 따르기 보다는 자신들의 관점과 경험을 학교 의사결정에 반영하고자 한다. 학교장과 교사 간에 학생 교육과 지도에 대한 관점의 조정, 대처 전략의 조율이 필요한 소위 교육적 타협과 조정이 나타나는 것이다. 사실, 미시적 조직 정치행동이란 조직의 희소자원을 둘러싼 갈등과 권력현상 및 그 해결과정 뿐 아니라 조직의 중핵 가치에 대한 이견, 대립, 갈등, 다툼, 타협, 협상, 조정에서도 나타나는 역동적 현상이다.

### 다. 교사와의 관계: 학교장과의 친근 관계에 따른 온정주의 문화(친근한 관계)와 방관주의 문화(불편한 관계) 병존

학교장에게 교사들은 어떤 의미를 가지는 동역자이며, 학교장은 교사들과 어떤 양상의 인간관계를 맺으며 지내고 있는가? 중등 학교장이 교사들과 형성하는 인간관계 문화 특성에 관한 대표적 연구로는 김병찬(2006)의 '온정주의 문화'와 오영재(2009)의 '학교장에 대한 충성도에 따른 선택적 대응문화' 정도에 그치고 있다. 학교장 문화에 대한 연구가 이토록 미흡한 것은 문화적 패러다임에서 학교장의 삶과 직무행동을 보려는 연구방법이 아주 최근에 나타나고 있고, 학교장에 대한 연구 접근성과 자료 수집의 용이성이 떨어지며, 학교장 자신이 연구 대상으로 객관화되는 상황을 기피하는 경향 등 여러 가지가 있다.

한편, 온정주의 문화는 상대방을 배려하고 상대방이 수용할 수 있는 적당한 범위 내에서 결정을 하고 지시하는 관계 양식이라고 할 수 있다. 이러한 온정주의는 학교장의 교사들에 대한 측은한 마음에서 나온다. 학교장들은 교사들에 대해 "힘들고 어려운 일을 하는 사람들"이며, "많은 스트레스 속에서 일을 하고 있는 사람들"이고, "아이 키우면서 힘들게 직장 생활하는 사람"이며, "말 잘 안 듣는 힘든 아이들을 다루고 있는 사람들"이라는 인식을 갖고 있다. 이러한 인식을 가지고 있는 학교장은 교사들을 "모질게" 대할 수 없는 것이다(김병찬, 2006: 23).

오영재(2009)가 주장하고 있는 학교장에 대한 충성도에 따른 선택적 대응문화는 학교장이 자신에 대한 충성도가 높고 학교장이 하는 일을 적극 지지하는 교사들과는 온정주의 관계를 유지하지만, 학교장에 대해 비판적이거나 학교장 주도의 학교 운영 방침과 지시에 대해 저항 내지는 거부하는 교사들에 대해서는 방관적인 관계를 유지한다는 의미를 내포하고 있는 개념이다.

학교장이 자신과 가까운 교사들과는 친근하고 온정적인 마음을 갖는 반면, 자신의 학교 운영 방침이나 리더십 행동에 대해 불만을 가지는 교사들에 대해서 방관적이고 냉소적인 자세를 보인다는 연구 결과가 의미 있어 보이지만, 학교장의 교사와의 인간관계 문화의 요체를 드러낼 수 있을 정도로 연구가 축적되어 있지 않기 때문에 학교장의 문화적 특성 설명에 신중을 기해야 한다.

한편, 1995년 신교육체제 발표 이후 한국 교단에는 많은 변화가 있었고, 그 변화는 지금도 계속되고 있는 하나의 진행형이다. 각종 학교개혁정책, 전교조의 출범으로 촉발된 교사조직의 세력화와 그 과정에서 나타난 학교장의 권한과 학교운영 행태에 대한 도전, 정년 단축, 학교운영위원회제도 도입으로 인한 학부모들의 참여 확대, 학생문화의 급격한 변화 등과 같은 지난 10여 년 동안의 학교 변화 과정에서 변화의 방향과 내용에 대하여 학교장들이 갖게 된 의식은 대체로 부정적인 것들이 많다. 무엇보다, 학교장으로서 느끼는 무력감과 자신들의 능력과 노력 그리고 소기의 성과를 부정하는 듯한 세상에 대한 불만의식이라고 할 만하다.

> 그에게 교직은 '천직'이었다. 교단에 첫발을 내디딘 뒤 강산이 서너 번 바뀌었지만, 학교를 머릿속에서 지운 적은 단 하루도 없었다. 교편을 잡는 동안 교육자로서 자존심이 많이 상했고 속상한 일도 많았다. 하지만 그는 꾹 참고 버텨

왔다. 그렇게 30여 년 동안 외길을 걸어 온 끝에 그는 지금의 자리에 오를 수 있었다. 그러나 세상은 너무 변했다. 젊은 교사들은 더 이상 그의 말을 고분고분 듣지 않는다. 그가 청춘을 바쳐 오른 자리이건만 젊은 교사들은 투표로 그 자리의 주인을 정하자고 말한다. 일부 동료들은 이들의 '만용'을 더 이상 참을 수 없다며 거리로 뛰쳐나가겠다고 한다. 그는 요즘 학생들 얼굴을 제대로 쳐다볼 수 없을 것 같다. 다가오는 스승의 날은 부담스럽기만 하다. 5월이 두렵고 서글픈 그는 우리의 '교장 선생님'이다(한겨레21, 2003년 5월호: 30-31).

학교장은 자신들이 학교장 직에 오르기까지 남모르는 각고의 노력을 기울여 왔으며, 누구 못지않게 열심히 학교생활을 해왔다고 자부한다. 또한 학교장으로서 갖추어야 할 전문적 능력과 경험을 가지고 있다고 스스로 믿는다. 그러나 교육당국이나 교사들은 그러한 부분의 평가에 대해 너무 인색하다고 생각한다. 따라서 학교장들은 자신들이 살아온 교단생활을 너무도 쉽게 폄훼하는 언동에 대해 당황하고 또한 못마땅하게 생각한다.

또한, 학교장들은 학교 일을 자신의 뜻대로 하던, 그런 좋은 시절은 이미 지났다고 생각하고 있다. 자신만의 뜻과 힘 그리고 노력으로 할 수 있는 일이 별로 없다고 생각하고 있을 정도이다. 그러한 의미에서, 예전의 학교장들이 절대적 권한을 누리며 지낸 사실을 잘 알고 있는 요즘의 학교장은 무력감을 느끼는 경우가 많다. 학교장들의 가장 큰 불만은 "요즘 교사들은 학교장의 말을 잘 듣지 않는다"는 것과 "학교장들에게 권한이나 재량권은 주지 않으면서 정책적으로는 단위학교 운영을 책임지고 자율적, 창의적으로 운영하라고 한다"는 것이다. 교사들은 학교장의 지시나 요구에 잘 복종하지 않고, 교육당국은 정책을 일방적으로 밀어붙이니 학교장으로서의 권한 행사는 어렵고 책임만 커졌다는 인식이다.

자신들이 살아온 지난 교단에서의 삶에 천착된 각고의 노력과 애환이 후배 교사들과 사회로부터 충분히 인정받지 못했을 때, 그에 대한 학교장들의 반응은 부정적인 것이 될 수밖에 없다. 이러한 상황에서, 적지 않은 학교장들은 위험이 따르는 변화와 모험을 선뜻 선택하지 않는다. 학교장 임기가 끝난 후 정년까지 무사히 잘 지낼 수 있게 경력관리를 하거나, 정년 이후 소일거리를 준비하는 현실 안주의 전략을 선택할 가능성이 높다(오영재, 2007: 195-197).

## 4. 중등학교 하위집단 간 관계 문화

학교에는 학생, 교사, 학교장 등과 같은 교육주체들이 각각 고유한 문화를 가지고 있다. 또한, 한국 중등학교 문화를 좀 더 체계적으로 이해하기 위해서는 학교를 구성하는 하위집단 간의 관계 문화를 해석하는 새로운 접근이 필요하다고 본다.

그러나 학교교육 주체들 간에 주고받는 교육적 상호작용 모습이나 문화적 시각은 학교장, 교사, 학생 및 학교환경에 따라 무척 다양하게 나타난다. 예컨대, 학교장의 교육철학과 학교경영 방침,

교사의 전문성 수준과 학생에 대한 감수성 그리고 인격, 학생의 지적 수준과 학업에 대한 열망 및 포부수준, 교육이 이루어지는 장소와 물리적 환경들이 관계 맺는 양상은 수많은 조합의 셀(Sell)로 유형화할 수 있다. 그것이 교육행위의 가변성이자 어려운 점이기도 하고, 또한 교육이 갖는 매력이기도 하다.

따라서 특정 시기에 교육주체들 간의 관계 문화 양상을 어떤 보편화시킬 수 있는 언어로 표현하기가 매우 어려우며, 설사 그것이 가능하다 해도 시간의 변화와 함께 달라지는 교육의 문화적 현상을 생각해 보면, 그 관계 양상에 대한 문화 주제적 표현의 적합성은 지속적인 성찰과 재음미의 대상이 되는 것이다. 이렇게 보면, 여기서 설명하는 학교교육 주체들 간의 관계 문화에 대한 설명은 학문적으로 하나의 질적 가설(質的 假說)이라고 할 수 있다.

한편, 중등학교 하위집단 간 관계 문화를 언급하거나 과학적 탐구논리에 따라 이루어진 선행연구가 거의 전무한 관계로, 질적 연구방법을 사용한 연구논문이나 시사 잡지 기사 중에서 찾을 수 있는 학교의 교육주체들이 각각 다른 주체에 대한 생각, 기대, 판단, 요구 등을 중심으로 하위집단 간의 관계 문화를 해석하고자 한다.

### 가. 교사와 학생 간의 관계 문화: 교사들의 온정적 짝사랑과 학생들의 무심한 시선이 엇갈리는 문화

학교조직은 전통적으로 변화가 느린 특성을 가지고 있다. 학교에서 가르치는 지식, 수업조직, 교수방법, 구성원들 간의 인간관계 대부분이 천천히 변화해왔다. 속도감 있는 변화를 지향하는 21세기의 시대적 키워드에서 보면, 변화가 너무 느리다고 질책을 받아온 곳 중의 하나가 학교이다.

그런 학교의 전통에서 보면, 최근 한국 중등학교에서의 교사와 학생 간의 관계는 상대적으로 상당히 빠르게 변화하고 있는 모습을 보이고 있다. 그렇지만, 교사와 학생이 같은 속도와 방향으로 변하고 있는 것은 아니다. 교사들은 전통적인 교사로서의 마음과 태도를 일정부분 간직하면서 천천히 변화하고 있는 반면, 학생들은 기존의 학생다움을 뒤로 하고 교사보다 더 빠르게 변화하고 있다.

한국의 중등학교 교사들이 학생들을 바라보는 시선과 마음은 일단 교사들이 전통적으로 간직해 온 학생들에 대한 '내 새끼' 의식이 강하다. 학생들에게 먼저 다가가려고 애쓴다. 교육 못지않게 양육의 개념이 더 강하고, 온정적이다. 학생에 대한 응시는 자연스럽게 자식을 쳐다보는 눈빛과 유사하다. 중등교사들이 갖는 학생에 대한 이러한 마음은 최소한 학생들로부터 자신의 생각이 틀렸다는 배신감을 느끼기 전까지는 지속되는 것으로 보인다.

> 교사들은 학생들이 믿고 의지해올 때 행복을 느낀다. 여교사들이 학생들과 관계를 맺는 데 있어 우선은 전적으로 믿고 사랑하는 것으로 보인다. 우리 반 학생들은, 우리 학교 학생들은 아니 내가 가르치는 학생들은 모두 착한 학생들이라고 믿는다. 어쩌면 그렇게 믿고 싶을 지도 모른다. 교사는 학생들을 짝사랑한다(박미옥, 2003: 62-63).

> 교사들은 학생들의 입장에서 학교생활을 이해하려고 애쓴다. 예를 들어 교사들 연수에서 교사들 스스로 하루 종일 앉아 강의를 듣는 상황이 힘들었던 경험에 비추어 6-7교시 동안 딱딱한 의자에 앉아서 수업을 들어야 하는 학생들의 처지를 이해하려고 한다. 자신의 경험에 미루어 학생의 처지를 이해하려고 하는 교사들은 학생들과 친밀한 관계를 맺으려고 한다. 교사들은 이전에는 교사가 가만히 있어도 학생들이 다가오려고 하고, 교사들의 인정을 얻으려고 하였는데, 이제는 교사가 먼저 다가가야 한다고 말한다. 이미 학원에서 교과 내용을 수강한 학생들, 교과 교육에 별다른 가치를 부여하지 않는 학생들의 마음을 수업 안으로 끌어들이기 위하여 교사는 학생들과 친밀한 "인간관계"를 형성하려고 한다. 교사가 학생에게 관심을 가지고 있으며 신경을 쓰고 있다는 것을 확인해 주면, 학생들이 교사의 수업에 관심을 가지게 된다는 것이다(류방란, 2001: 68).

이러한 교사들의 학생들에 대한 온정적 시선과 따뜻한 마음은 예기치 않은 학생들의 '배신'으로 적지 않은 상처를 입고 비틀거리기도 한다. 학생에 대한 교사의 마음을 허무는 학생들의 배신행위는 주로 시험 시간의 커닝, 친구에 대한 협박과 왕따, 교칙 위반, 교사 자신에 대한 모욕적인 언행, 수업에 흥미를 보이지 않음 등이다. 교사들은 학생들을 교직생활의 귀한 인연으로 생각하였기 때문에, 인간적인 신뢰를 주면 줄수록 마음의 상처는 크고 깊어진다.

학생들을 신뢰하고 아끼는 부모 같은 교사의 마음과 태도는 학생들로부터 받은 상처로 인해 변해간다. 그렇지만, 교사들의 마음

깊은 곳에 있던 마음이 일시에 바뀌는 것이 아니라 조금씩 엷어져 가는 모습을 보인다. 즉, 학생에 대한 교사의 관계 양식은 천천히 변하는 것이다. 변해가는 학생들을 빤히 보면서 교사들도 천천히 마음을 바꾸는 것으로 해석된다.

너무나 빠른 아이들의 변화에 대응하는 교사들의 방식은 크게 방임 혹은 포기와 최소한의 직업적 의무 이행 두 가지로 나타나는 경향을 보인다. 방임 혹은 포기는 아이들의 변화가 가정의 양육적 환경, 사회 문화적 가치관, 교육정책 등의 복합적 요인들 간의 상호작용에 의해서 이루어지는 현상으로 인식하고 교사로서는 소위 "손을 놓아 버리는"데서 비롯된다. 최소한의 직업적 의무이행은 학생과의 인간관계가 부모와 같은 마음에서 비롯되는 것이 아니라 교사라는 직업적 관점에서 인식되는 대응행동이다. 교단에 걸었던 초기의 순수하고 열정적이며 사랑에 넘쳤던 마음을 접고, 교사로서의 자신의 역할을 지식 전달자, 학생 평가자, 학생 통제자, 하나의 안정적인 전문직업인으로 국한한다. 아이들에 대한 사랑이 메말라가는 건조하고 재미 없는 교단생활이 시작되는 것이다.

한편, 최근 10여 년 기간 동안 교사에 대한 학생들의 시선과 마음은 교사보다 훨씬 빠른 속도로 변화해왔다. 가장 큰 변화가 학생들이 교사들을 쉽게 생각하고 편하게 대하는 반면, 교사에 대한 존경과 관심은 크게 줄었다는 점이다. 그러나 학생들이 교사를 편하고 쉽게 생각한다는 의미는 반드시 부정적인 뜻만을 가지고 있는 것은 아니다. 학생이 교사들을 친구처럼 편하게 생각하고 그러한 선생님이 되어줄 것을 요구하는 표현으로 볼 수 있기 때문이다. 실제 학생들은 자신들의 문화를 이해하고 다양한 능력을 평등하게 인정해주며 친구같이 대해주는 교사를 원한다(오영재, 2009: 101). 이 문제에 대해서는 교사들의 의견이 양분된다.

학생들에게 엄하고, 일정한 거리를 유지해야 한다는 교사들이 있는가 하면, 학생들과 거리를 좁혀 가깝게 지내기를 원하는 교사들도 있다. 교사들은 학생들을 사랑으로 대하는 것은 교사로서 마땅한 관계라는 생각이 들지만 학생들을 그렇게 대해준다고 해서 기대하는 교육 효과를 거둔다고는 생각하지 않는다. 어디까지나 교육적인 관점으로 학생들을 대한다. 학생들을 지나치게 가까이 하다 보면 학생들의 버릇이 나빠지고 교사에 대한 존경심이 낮아져서 교사의 권위가 떨어지게 된다고 생각한다. 그렇다고 학생들을 지나치게 멀리하면 원만하게 학생들을 관리하기가 어려워 효과적인 수업을 진행하는데 도움이 되지 않는다고 생각한다(황석도, 2002: 68).

중요한 사실은, 교사들의 생각과 관계없이 학생들은 변화하고 있다는 점이며, 자신들이 관심을 가지고 있는 시험, 성적, 대학 진학 등에 도움이 되지 않는다고 판단되는 교사들에 대해서는 상대적으로 무관심 하다는 것이다. 나아가 학생들을 공평하게 대하지 않고 차별하거나, 머리가 나쁘고 아는 것이 많지 않거나, 입시 관련 문제를 잘 찍어주지 못하거나, 무료하게 수업 하거나, 옷맵시가 안 좋고 깔끔하지 않거나, 출결 상황에 관대하지 않거나, 없는 권위를 억지로 부리거나, 심지어 체벌을 가하는 교사들에게는 차갑게 대한다. 거기에다가 인간성까지 나쁘면 아예 멸시한다.

학생들은 어려운 문제가 있을 경우에도 가능하면 자기 스스로 해결하거나 친구들과 상의하는 경우가 많고, 선생님들과는 그들의 관심 분야와 생각, 그리고 그들이 하고 싶어 하는 일들을 논의하지 않는다. 대부분의 생활에서 통제를 우선 생각하는 선생님들과의 대화는 별 의미가 없으며, 그들은 그들만의 세계를 이루어가려 한다. 심지어 진로 상담실로 찾아와 상담을 신청하는 학생이 거의 없다는 사실은 학생들이 교사와의 관계 설정을 얼마나 어려워하며 기피하고 있는지를 알 수 있다(김석연, 2002: 35). 교사와 학생 간의 관계의 문화는 전통적인 사제관계가 아닌, 교사들의 온정적 짝사랑과 학생들의 무심한 시선이 엇갈리는 모양으로 만들어져 가고 있는 중이다.

### 나. 학교장과 교사 사이 간의 관계 문화: 경계 유지와 적절한 공생의 문화

학교장과 교사들의 관계는 학교의 분위기를 결정하는 결정적 요소이다. 학교장의 리더십과 교사집단의 반응은 학교의 풍토를 형성하고, 장기적으로는 단위학교의 문화적 결을 만들어낸다. 뿐만 아니라, 학교장과 교사들의 관계 문화는 교사들의 학교에서의 삶의 형식과 질, 학교생활의 행복도에 큰 영향을 준다. 교사들의 교육에 대한 헌신의 수준과 집단 효능감에 영향을 주어 궁극적으로는 학생들의 학업성취도를 좌우하게 된다.

이 같은 의미에서 살펴본, 한국 중등학교에서의 학교장과 교사 간의 관계 문화는 어떤 모양과 색깔을 가지고 있을까? 서로를 쳐다보고 평가하는 수준은 어떠할까? 서로에게 무엇을 기대하고 있을까? 흥미로운 질문이 아닐 수 없다.

우선, 우리 한국 사회에서 교사들은 자신의 선배인 교장을 부정적으로 보고 있었다. 설문에 참가한 1,300여 명의 교사들은 "교장 선생님에 해당하는 것을 모두 고르라"는 질문에 보수적(42.2%)과 독선적(32.2%)이라는 항목을 많이 골랐다. 청렴(23.7%)과 민주적(20.8%)이라는 대답도 상당수 나왔지만, 대부분 부정적인 이미지를 갖고 있었다(한겨레21. 2003년 5월호). 비록 일회성 조사이기는 하지만 이러한 조사결과는 아주 비관적이거나 나쁜 것만은 아니다. 오랫동안 한국의 학교장은 보수적, 권위적, 독단적, 제왕적, 비민주적, 관료적이라는 이미지를 가지고 있었다는 사실에 비추어 이러한 결과는 상당히 개선된 것으로 볼 수 있기 때문이다.

중등 학교장과 교사들의 관계 문화를 보면 특이할만한 점이 눈에 띈다. 하나는 서로의 학교 내 직무 경계 유지를 원한다는 사실이다. 교사들은 학교장이 자신들의 고유영역으로 인식하는 수업활동이나 학생생활지도에 개입하거나 간섭하는 것을 매우 싫어한다. 교실수업을 둘러보고 문제점을 지적하거나 수업개선에 관한 구체적인 지침을 내리는 것을 아주 못마땅하게 생각하며, 심지어 그 권위를 인정하지 않는 경향이 있다. 교사들이 기대하는 학교장의 역할은 자신들의 보호막, 방패막이, 학교의 대변자 혹은 얼굴마담, 시설이나 재정 관리자 등이다. 다음은 그러한 사실을 확인할 수 있는 사례의 일부이다.

> 여교사들은 학교행정가가 학교 운영 전반에 걸쳐 결정권을 가지고 있음을 인정하지만, 학교 운영의 많은 문제들에 대해 교사들의 의견을 들어 민주적으로 결정하여 실행하기를 바란다. 교사들은 학급의 일상적 운영이나 수업 등에 대해서는 간섭받기를 싫어한다. 교사를 믿고 교사에게 일임

> 하기를 원하는 것이다. 그러나 학부모나 지역사회로부터 오는 외부 압력 사이에서는 완충역할을 해주기를 바란다(박미옥, 2003: 43).

> 일반적으로 교사들은 교장이 교사들의 울타리로서 외부의 간섭과 압력에서 그들을 보호하고 지켜주기를 기대하고 있으며 특히 교사와 학부모와의 관계에서 더욱 절실하게 요구하고 있다. 교장은 지역사회의 학부모를 만족시키고 교사의 사기를 높여야 하고 교실 안에서 해결할 수 없는 문제를 해결해야 한다고 생각한다(황석도, 2002: 65).

교사들은 학교장이 자신들을 간섭하지 않고 외부의 과도한 요구와 압력으로부터 보호해주기를 원하는 것이지, 자신들에게 개인적인 관심을 갖거나 배려해주는 것에는 관심이 별로 없다. 일과 사생활 양면에서 모두 학교장과 경계를 유지하며 지내고 싶어 하는 것이다.

교사들이 학교장과 경계를 유지하며 살고 싶어 하는 것과 비슷하게, 학교장도 교사들이 학교장의 직무영역에 침투해오는 것을 원하지 않고 강하게 견제한다. 우선 학교장은 교사들에 대해서 만족스러운 시선을 가지고 있지 않은 것으로 보인다. "다루기 어려운 학생들을 가르치는 힘든 일 하는 사람", "혹은 시키지 않으면 열심히 하지 않는 사람", "감독해야 하는 사람"정도로 생각하는 경향이 있다.

> 교장이나 교감이 교사들을 보는 시각, 즉 "감독하지 않으면 안 한다"는 시각은 학생들을 보는 시각에도 그대로 연장

되고 있다. 교장은 교사들이 "학생들에게 하라고(말로만) 하면 절대로 안 합니다. 반드시 확인하고 감독하여야 합니다."라고 하였다(이혜영 외, 2001: 176).

교사들이 학교 운영에 민주적인 참여를 원하는 경향이 두드러지고 있는 현상에 관하여, 학교장의 반응은 제한적이다. 학교장의 영역을 과도하게 침투하지 않는 범위 내에서 교사들의 의견을 구하고 참여를 허용한다. 그것은 학교장과 교사집단 간 갈등 촉발 위험에 대한 위무용(慰撫用)일수도 있고, 참여 요구에 대한 내키지 않는 타협용일 가능성도 있다. 물론, 교사들의 헌신과 참여를 통한 학교변화 전략일 수도 있다. 그러나 대체적으로 보면, 학교장은 교사들의 수업과 학생지도에 관한 재량권을 일정하게 허용하는 대신 자신들의 '관리 영역'으로 교사들이 침투해 오는 것을 경계하고 때론 거부한다. 즉, 한국 중등학교 학교장과 교사들은 서로의 영역을 묵시적으로 인정하고 상호 침투하지 않는 경계 유지의 관계 문화를 가지고 있다고 해석된다.

또한, 중등 학교장과 교사들은 공생의 문화를 가지고 있는 것으로 해석된다. 이 때 공생의 문화란, 학교장과 교사 쌍방이 서로의 문제점을 어느 정도 인지하고 있지만, 묵인하고 넘어감으로써 직업적으로 공생하자는 생각을 공유하고 있다는 의미이다. 이러한 공생의 문화에 기인하는 학교장 문화의 특징 중의 하나가 형식주의이며, 교사들이 가지고 있는 문화적 특징이 현실주의이다.

교사들은 학교장을 학교경영자로서의 전문성을 충분히 갖추고 있다고 보지 않는 것 같다. 또한 교사들이 보기에, 학교장이 가장 중요하게 생각하는 것은 상부기관에 대한 충실한 보고의무 이행, 무엇인가 "했다는" 실적이며, 무사고 학교 운영이다. 따라서 학교장의 체면을 세워주는 데 도움이 되는 '대외 행사용' 일에 협조하거나, 하지 않으면 문제가 생길 수 있는 행정업무를 기한 내에 성의껏 해주는데 협조한다. '대외 행사용' 일과 행정업무는 아이들의 교육과 지도에 별 도움이 안 되는 귀찮고 쓸데없는 형식적인 보고용 업무이지만 학교장에 대한 협조 차원에서, 또한 상급 권력기관에 대한 교사 자신을 방어하는 차원에서 차질 없이 수행한다. 한국 학교조직에 만연한 형식주의의 한 단면으로 해석된다.

또한, 학교장은 교사들을 크게 신뢰하지 않고, 교사들이 아이들의 수업과 학교 일에 적극적이며 헌신적이지 않다고 보는 것으로 나타나고 있다. 자기계발에도 열심이지 않다고 본다.

> 교장은 교사를 그다지 신뢰하지 않았다. 교장과 교감은 "교사들이 능력이 없어 수업시간에 학생들을 잡지 못 한다"고 생각하고 있었다. 상급자들은 나름대로 교사들에 대하여 평가를 하고 있으면서도 정작 교사들이 수업 시간에 겪는 여러 가지 문제점에 대하여 어떻게 대처하여야 하는지에 관하여 논의를 이끌어내는 데는 관심이 없었다. 교사들이 상급자의 영향을 느끼는 것은 수업 이외에도 교사들의 출퇴근 시간, 학급 청소, 출석부 관리 등이다. 이러한 영역에서 교사들은 전문적 권위를 충분히 존중받지 못하고 있는 것으로 보였다. 교사의 아침 종례시간 지도나 학급 청소 지도를 감독하는 등 통제하여야 할 대상으로 간주하는 것으로 보였다(류방란 외, 2001).

그럼에도 불구하고, 한국 중등학교 학교장들은 교사들에게 수업 개선이나 학생지도에 관한 적극적인 요구나 개입을 삼가는 것이 관행처럼 인식되고 있다. 교과의 분화에 따른 전문성을 존중해야 한다는 것이 가장 큰 이유이다. "수업이 중요합니다. 그러나 수업은 선생님들이 알아서 하세요."와 같은 생각은 교사들이 수업을 잘 하고 있고, 교사들이 자신들의 수업 개선을 위한 노력을 충실히 하고 있다는 판단에 근거하고 있다고 보기 어렵다. 오히려 교사문화의 현실주의에 대한 묵인이라고 보는 것이 타당하다.

여기서 중요한 것은 교사들의 현실주의 문화를 비난하기보다는 이해하는 노력이 필요하다는 점이다. 통상적으로 현실주의는 변화보다는 정체, 개선보다는 유지, 능동성보다는 수동성, 미래보다는 현재를 지향하는 가치로 인식되지만, 교사들의 현실주의는 늘 부정적인 이미지만을 가지고 있는 것은 아니다. 오히려 그것은 교사들이 주어진 현실적 조건과 맥락 속에서 자신들이 생각하는 삶과 교육활동의 전략과 행동을 모색하고 실천하는 문화적 지향성을 내포하고 있다.

학교장에게 교사들은 필요한 우군(友軍)이자 경계의 대상이다. 교사들의 협조가 없는 학교장은 지도력을 발휘하기 어렵고, 교사들을 견제하지 않으면 교사들의 세력화로 학교장의 지도력이 약화될 수 있기 때문이다. 또한, 한국 중등 학교장과 교사들은 자신들을 향한 세간의 문제 제기와 비판에 대하여 서로 보호하고 방어하여 공생해야 하는 공동의 이해관계를 가지고 있다. 학교장과 교사들이 '경계 유지와 적절한 공존의 문화'를 형성하는 까닭은 바로 이러한 복합적인 요인들이 결합하여 만들어낸 결과로 이해된다.

### 다. 학교장과 학생간의 관계 문화: 학생들의 무관심과 학교장의 자기중심적인 학생문화 수용이 호응하지 않는 일방적 응시의 문화

학생들 사이에 학교장에 대한 이미지와 생각이 변화하고 있다. 예전에는 학생들에게 학교장은 조회시간이나 학교의 큰 행사 때 잠시 보는 학교의 가장 큰 어른이었다. 멀리서 보아도 바로 면전에서 보는 것처럼 정중히 인사를 해야 하는 대상이었고, 일주일에 한 번 있는 학교장의 운동장 훈화 시간에는 모두가 차렷 자세로 꼿꼿하게 서서, 설사 그 내용이 견딜 수 없게 길고 지루한 이야기일지라도, 끝까지 흔들림 없이 들어야 하는 근엄한 대상이었다. 그러나 요즈음 학생들의 학교장에 대한 생각은 많이 바뀌었다. 다음은 학교장에 대한 학생들의 인식의 단면을 드러내 주는 내용이다.

> 수업 종료를 알리는 벨소리가 울리자 학생들이 우르르 교문 밖으로 쏟아져 나왔다. 친구들과 웃고 떠드느라 정신 없는 한 여학생을 붙잡았다. "교장 선생님 성함이 뭐예요?" "잘 모르겠는데요" "이 학교 학생 아닌가요?" "맞긴 맞는데요, 교장 선생님 만날 기회가 별로 없어서 잘 모르겠어요." 옆에 있던 한 학생이 거든다. "우리랑 별로 상관없는 분이잖아요. 교장 선생님 이름 잘 몰라도 학교 다니는 데 큰 지장 없어요." 다른 학생에게 "교장 선생님 하면 제일 먼저 떠오르는 이미지가 뭐냐"고 물어봤다. "엄하고 고리타분하고 그런 거죠, 뭐." "교장 선생님을 투표로 뽑으면 어떨 것 같아요?" "글쎄요. 학교가 더 좋아질 것 같기도 하고….

근데 크게 달라질 건 없을 것 같은데요." 이날 만난 20여 명의 학생 중 교장 선생님에 대해 호감이 있는 학생은 단 한명에 불과했다(한겨레21, 2003년 5월호).

학교장의 성격이나 교육관에 따라서, 혹은 학교 규모에 따라서 다를 수도 있겠지만 대체로 요즈음 학생들에게 학교장은 자신들과는 상관없는 사람이며, 학교장이 누구인지 관심조차 없다. 학교장은 교사들과 달리 학생들과 직접적인 대면관계에 있는 사람이 아니기 때문에 학생들은 학교장에 대해 생소하다. 나아가 학교장에 대한 이미지도 좋은 편이 아니다. 보수와 통제의 이미지를 가지고 있다.

학생들이 자신들의 학교생활과 관련하여 학교장과 연관시키는 가장 중요한 관심사는 학교규칙과 복지 문제이다. 학생들은 자신들이 관심이 많은 복장이나 두발 문제를 결정하는 사람이 학교장이라고 생각한다. 하여, 학생들은 학교장에게 학생들의 입장에서 즐거운 학교, 편한 학교, 오고 싶은 학교를 만들어달라고 한다. 또한 학생들이 맛있는 식사를 하고, 친구들과 어울려 군것질을 할 수 있는 매점을 만들어주는 일도 학교장의 몫이라 생각한다.

그러나 학생들은 학교장이 학교규칙이나 복지 문제에 관하여 경직되고 닫힌 어른 중심의 사고방식으로 고리타분하게 접근한다고 생각한다. 학생들을 통제하는 규칙을 선호하고, 학생들의 즐거움 보다는 학교의 청결이나 유지 측면에서 복지시설을 관리한다고 본다. 그런 연유로 인하여, 학생들은 기본적으로는 학교장이 누구인지에 대해 관심이 없는 편이지만, 학교규칙이나 복지문제와 같이 학생들의 관심 영역에서 보는 학교장은 보수적이고 통제적이며 경직된 사고방식을 가진 속칭 학교의 '꼰대'로 인식한다.

반면, 학교장은 학생들에게 관심이 많다. 학생들에게 애정과 관심이 없는 학교장은 거의 없다. 공식적 혹은 비공식적 자리에서 학교장은 늘 학생들을 위한 학교 운영을 강조하며, 학생들을 위한 자신의 역할을 이야기하곤 한다. 학생이 잘 되어야 학교가 잘 되는 것이며, 학생들의 성적이 좋아야 좋은 학교라고 생각한다. 학생들이 불편한 점은 없는지, 교장으로서 해주어야 할 점이 무엇인지 파악하려고 노력하기도 한다. 뛰어난 학생들을 격려하고 칭찬하고, 부족하지만 대단한 집념과 노력으로 성공을 이룬 학생들을 공개함으로써, 학교의 전설을 만들어나가기도 한다.

> 간부학생과 과목의 문제점, 학교의 문제점, 점심시간 급식상태 등의 간담회를 실시하고 야간에 아이들이 어떻게 공부하고 있는지 순회한다. 대학교수, 군 장성 등의 외부인사를 초청하여 강의를 듣게 하여 감동받게 하고 학생들의 두발문제는 교사들이 이야기하기 힘들고 교장이 지도하기도 함. 간부학생들과 일주일에 한 번씩 만나서 면담을 하고 우수학생 몇 명 불러 교장실에서 자장면을 같이 먹으면서 학업에 대한 대화 나누고 학업 성적에 대한 이야기를 많이 하고 이름도 불러주어 격려함. 2학기 초가 되면 학업 분위기를 살피고 학생들 진학에 관심을 기울인다. 교과별 성적을 중심으로 학년부장과 담임이 모여 대학별 특징에 따라 아이들 진학을 준비하게 한다. 진학지도는 대학을 선정하기보다는 적성에 알맞은 과를 선택할 수 있도록 지도

> 한다. 학부모님들을 모아서 입시의 방향을 이야기하는 입시대책 설명회를 실시하고 학생들 평가도로 만들어서 확인한다(신동원, 2005: 70-72).

문제는 학교장의 이러한 관심과 노력이 지난 교단생활에서의 경험을 바탕으로 한 자기중심의 교육적 관점에서 이루어지고 있어 학생들의 호응을 크게 받지 못하고 있다는 점이다. 학생들의 기대와 바람에 부응하는 것이 능력 있고 존경받는 학교장이 되는 조건은 아니지만, 변화하고 있는 학생문화와 호응하지 못하는 관계 문화를 형성해온 것이 사실이다.

실제, 학교장들은 중등 학생 청소년들의 문화를 대중문화의 아류라고 보는 경향이 많으며, 부정적인 시각이 우세하다. 즉, 대중문화가 학생들에게 미치는 영향력을 간과할 수는 없지만, 교육적 견지에서 볼 때 대중문화가 저급성, 유행성, 상품성, 선정성 등의 문제를 안고 있기 때문에 바람직한 것은 아니라는 생각이다. 그러나 학교장에게 청소년문화는 학교가 수용해야 할 불가피한 압력이다. 대다수 학교장들의 청소년문화에 대한 전략은 "흐름은 막을 수 없으므로, 건전한 방향으로 유도"하는 것이다. 그러나 최근 '젊은 교장들' 사이에서는 청소년문화의 소극적 수용이 아닌 적극적 형성에 관심을 가지고 "새로운 문화를 창출하도록 지도"하는 경향도 나타나고 있다(조용한, 1999: 400-401).

> 배 교장: 저는 이렇게 생각합니다. 저희가 교육시키는 학생들이 2000년대에 미래를 살아갈 학생들입니다. 그러면 걔들이 가지고 있는 문화를 우리 교장 선생님들이 우선 수

> 용해야겠다고 생각합니다. 요새는 하도 빨리 변하니까 1년 차이라도 신세대 구세대 그런대요. 그러니 우리가 옛날에 가지고 있던 보수적인 사고방식으로는 요새 애들을 전혀 이해할 수 없어요. 그런 차원에서 애들 문화를 받아들이면서 애들 스스로가 선별할 수 있는 능력을 기를 수 있는 지도 방법을 강구해야겠다는 생각을 가지고 있습니다(조용환, 1999: 401).

학생들을 바라보는 학교장 문화가 학생문화의 건전한 육성과 수용 쪽으로 조금씩 변하고 있다고 볼 수 있지만, 그 변화가 변화의 교육적 가치에 대한 신뢰와 교육자로서의 진정성에서 비롯되고 있는 것인지, 학생 변화의 어쩔 수 없는 대세에서 느끼는 무력감에서 비롯되는 수용인지 고민할 필요가 있다고 본다.

## 5. 중등학교 문화적 특성 종합

한국 중등학교에 관한 질적 선행연구 결과와 다양한 질적 자료에 근거하여 도출해 낸 한국 중등학교의 학교장, 교사, 학생들 각각의 문화적 특성들과 그 관계 문화의 특징을 종합하여 도식화하면 [그림 II-4]와 같다.

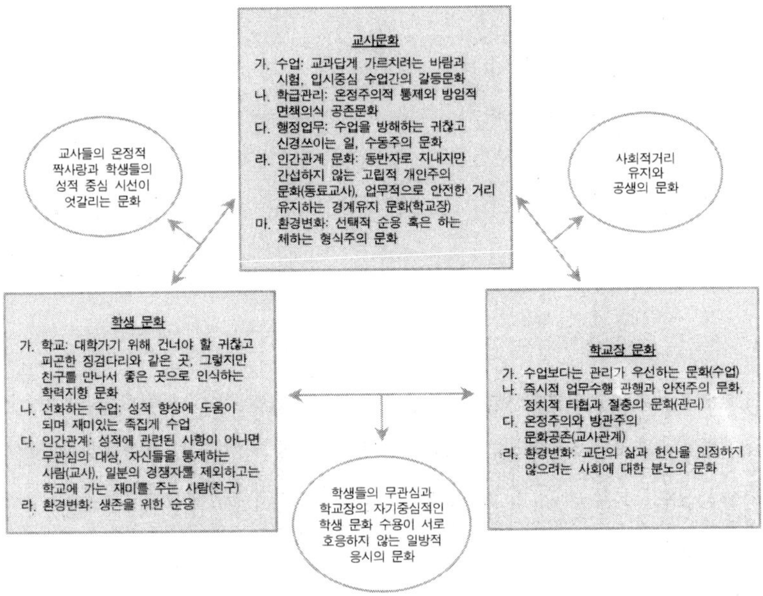


**[그림 II-4] 한국 중등학교의 문화적 특징 종합**

[그림 II-4]에서 보는 바와 같이, 우선 한국 중등학교 교육주체들은 서로 다른 목적과 기대를 가지고 학교를 바라보며 생활하고 있음을 알 수 있다. 예컨대, 학생들에게 학교는 '대학 가기 위해 건너야 할 귀찮고 피곤한 징검다리와 같은 곳, 친구를 만나는 곳'과 같은 학력 지향적 문화가 강하다. 학생들이 학교를 가는 목적이 대학을 가기 위한 징검다리 혹은 거쳐야 하는 통과의례쯤으로 인식하기 때문에 학생들이 선호하는 수업은 주요 교과에서의 '재미있는 족집게 수업'이 되며, 성적 향상과 대학 진학에 도움이 되지 않는 부분에서는 교사들의 기대와 요구에 무관심한 경향을 보인다. 교사들을 자신들을 통제하는 사람으로 인식하며, 일부의 경쟁

자를 제외한 대다수의 친구들을 만나는 데 재미를 느끼며 학교에 간다.

교사들의 경우에는 교과답게 가르치려는 바람과 시험 혹은 입시 중심 수업 간 갈등하는 문화를 형성하고, 학생들에게 '내 새끼'와 같이 관심을 쏟는 온정주의적 통제와 교사의 손을 떠나 통제되지 않는 현상에 대한 방임적 면책의식이 공존하는 학급 관리 문화를 가지고 있다. 수업과 학급관리 외에 틈이 나는 대로 수행해야 하는 행정업무는 수업을 방해하는 귀찮고 신경 쓰이는 일로 인식하고 있으며, 현장의 여건을 고려하지 않은 채 상명 하달 식으로 끊임없이 내려오는 각종 업무지시에 대해서는 대부분 수동적 행동으로 대응하고 있다. 환경변화와 국가의 정책 요구에 대해 선택적으로 순응하거나 하는 체 하는 형식주의 문화를 형성하고 있다. 교사들의 동료 관계는 동반자로서 잘 지내지만 각각의 영역과 업무스타일에 간섭하지 않는 것을 관행으로 여기는 고립적 개인주의 문화를 가지고 있으며, 학교장과 업무적으로 안전한 거리를 유지하는 경계유지 문화를 보이기도 한다.

학교장은 학교 내 구조 차원에 따라 차별화된 수업문화를 형성한다. 학교 전체 차원의 교육과정 편성과 운영에 대해서는 직접적인 리더십을 발휘하지만, 교실 수준으로 내려갈수록 교사들에게 위임하는 행동을 더 많이 하고 있다. 학교장들은 수업보다 관리업무에 더 신경을 쓰는 관리우선문화를 가지고 있으며, 교사들의 무관심 영역에서는 즉시적인 업무 수행 관행과 안전 우선주의 문화를 보이는 반면에 교사들의 관심영역에서는 정치적 타협과 절충의 문화를 형성하고 있다. 교사들과의 인간관계에 있어서는 학교장과 친근한 관계를 맺고 있는 교사들에 대해서는 온정주의 문화를 가지고 있는 데 비해 학교장과 불편한 관계를 가진 교사들에 대해서는 방관주의를 취하기도 한다. 무엇보다 긴 세월 동안 교단에서의 헌신과 성과를 인정하지 않는 듯 하는 사회의 비판과 질책에 대해 분노하는 마음을 가지고 있는 것으로 보인다.

본 저서에서는 그동안 한국 학교문화 연구에서 소홀히 하였던 새로운 접근으로 학교 구성원 간의 관계 문화를 해석하는 시도를 하였다. 이는 학교문화에 관한 선행연구들이 학생, 교사, 혹은 학교장 중 한 대상에 대한 기술적(記述的) 연구들이 대부분이기 때문에 학교문화 현상의 역동성과 복합성을 밝히지 못한 점을 보완하기 위한 것이다.

교사와 학생 간 관계 문화는 '교사들의 온정적 짝사랑과 학생들의 성적 중심 시선이 엇갈리는 문화'로 해석된다. 우리나라 중등교사들은 학생들에 대해 대부분 부모들이 느끼는 '내 새끼'와 같은 온정적 시각을 가지고 있지만 감당할 수 없는 양상과 속도로 변하는 학생들의 의식과 태도 그리고 여러 문제 행동을 하는 '배신'으로 인해 방관적 관계를 발전시킨다. 그러나 학생들은 자신들의 성적 향상과 대학 진학에 별 도움이 안 되는 교사나 교과에 대해서는 무관심한 태도를 보임으로써 교사와 학생들이 서로 엇갈리는 문화를 형성한다고 본 것이다.

학교장과 교사들은 '경계 유지와 적절한 공생(共生)의 문화'를 형성하고 있다. 학교장의 관리영역에서의 형식주의와 교사들의 수업 영역에서의 현실주의는 각자의 고유영역을 침범하지 않는다는 무언의 관행을 만들고, 이러한 관계는 변화를 요구하는 학교 외부의 다양한 요구와 비난에 대한 공생의 방어기제로 작용하고 있다.

학교장과 학생 간의 관계는 '학생들의 무관심과 학교장의 자기 중심적인 학생문화 수용이 호응하지 않는 일방적 응시의 문화'로 해석되었다. 학생들은 학교장에 대하여 아는 바가 별로 없고, 알고 싶어 하지도 않으며, 알 필요성을 느끼지도 않는다. 반면, 학교장들은 학생들에 대한 애정과 관심, 책임감을 가지고 있으며, 학생들을 위한 여러 지원과 배려를 중요하게 생각한다. 그러나 학교장의 학생들에 대한 관심과 지원은 자신이 겪은 경험 중심적인 관점에서 이루어지는 경향을 보임으로써 학생들과 호응하지 못하는 일방적 응시의 문화를 형성하는 것으로 해석된다.

한국 중등학교 문화의 질감과 결을 해석하는 데 있어 학력지향주의, 형식주의, 보수주의, 개인주의, 관리우선주의, 일방성, 무관심, 엇갈림, 묵인, 도구적 가치 등과 같이 교육조직에 바람직하지 않은 용어나 개념들이 많이 등장하는 경향이 어느 정도 타당화될 수 있을 것인지는 더 많은 연구와 다각적 성찰을 통해 지속적으로 보완해나가야 할 점이라고 본다.

Chapter III

# 문화적 특성 분석의 이론적 틀: 신제도주의

1. 신제도주의의 태동 배경
2. 신제도주의의 주요 내용
3. 제도의 변화에 대한 시각
4. 본 연구의 해석모형

# Ⅲ 문화적 특성 분석의 이론적 틀: 신제도주의

본 저서의 목적은 한국 중등학교 문화의 형성과정을 신제도주의적 관점에서 해석하는데 있기 때문에, 이곳에서는 우선 신제도주의의 태동배경과 핵심개념 및 사회현상 설명 논리, 제도의 구성과 변동에 대한 설명 논리, 신제도주의에서 지향하고 있는 분석의 수준 등을 제시하고자 한다. 또한, 그러한 신제도주의적 논리와 분석 수준 등을 고려하여 본 저서에서 적용할 해석의 논리와 수준을 통합적으로 보여줄 수 있는 하나의 모형을 제시하고, 그 모형에 따라 한국 중등학교 문화 형성과정을 해석하고자 한다.

## 1. 신제도주의의 태동 배경

제도의 의미와 구성요소에 관한 학자들의 견해는 매우 다양하고, 제도주의에 대한 시각에 따라서도 다르게 나타나고 있다. 보다 보편적인 의미에서, 사회제도란 비교적 안정적이고 지속적으로 유지되는 사회적 신념과 사회적으로 구성된 행동유형 체제(Scott, 1987: 499), 장기간에 걸친 인간행동의 정형화된 패턴(정용덕 외, 1999: 16), 혹은 사람들이 적당하고 당연하다고 받아들이는 지속적인 가치들과 규범들 그리고 그것을 구현하고 있는 구조(하태수, 2001: 114)를 말한다. 이렇게 볼 때, 제도는 사람들의 정치적, 사회적, 경제적인 상호관계의 틀을 결정하는 중요한 역할을 하며 문화와 같은 비공식적인 제약 그리고 규칙과 같은 공식적 제약을 포괄하는 광의의 개념으로 파악될 수 있다(North, 1992: 3-6). 또한 이러한 제도는 첫째, 상호작용하고 있는 인간들의 관계를 규율한다는 측면, 둘째, 인간의 선호와 행위를 제약하는 규범으로서의 측면, 셋째, 다양한 사회적 행위에 안정성과 예측 가능성을 부여한다는 기능적 측면을 가지고 있기도 하다(최낙관, 2004: 49-50).

신제도주의는 인간행위를 설명하는 데 있어서 사회적 맥락과 완전히 유리되어 존재하는 '원자화된 개인'으로부터 사회현상을 설명하려는 행태주의 등 기존의 지배적인 사회과학 이론에 대한 비판에서 출발한다. 바꾸어 설명하면, 신제도주의는 행태주의적 접근의 한계를 극복하기 위하여 사회현상을 개인들의 선택의 합으로서 이해하는 것이 아니라 제도의 차이에 기인하는 것으로 보며, 이는 개별적 제도의 정태적 서술을 중심으로 하는 기존의 구제도주의와는 달리 제도 자체가 수행하는 독립적인 기능이나 제도들 간의 역동성을 중심으로 보다 거시적이고 복합적인 정치 · 사회의 틀을 파악함으로써 사회현상을 설명하려고 하는 접근방법이다(하연섭, 2003; 노명순, 2006).

또한, 신제도주의는 사회현상을 설명하는 데 있어서 모든 현상을 개인의 행위와 속성만으로 설명하는 것에 반발하며 사회현상을 설명하는데 있어서 제도가 개인과 동등하거나 혹은 더 우월한 독립변수라는 것을 부각시킨다(김윤권, 2005: 301). 즉, 구제도이론은 제도를 일정한 인간행동의 발현을 유인하는 장으로서만 파악하는데 반해, 신제도론에서는 제도가 인간의 선호나 유인에 어떤 영향을 미치고 궁극적으로는 인간의 행태에 어떤 영향을 어떻게 미치는가에 대한 경로를 분석한다는 점에서 좀 더 동태적인 접근이라고 할 수 있다(최낙관, 2004: 51).

행태주의에 대한 제도주의자들의 비판은 크게 세 가지로 이루어진다(안희남, 2002: 104-105). 첫째, 행동이 개인의 선호(preferences)를 말해주는 것이라는 가정에 대한 비판이다. 행태주의자들에게 그 개인의 진짜 선호는 확인될 수 없다. 따라서 선호를 알기 위해서는 그 선호를 말해주는 그 개인의 행동에 의존할 수밖에 없다. 선호의 내용과 목적을 밝혀내기 위해서는 표현된 선호만이 그 개인의 진짜 선호가 되기 때문이다. 따라서 선호란 행동을 통해서만 밝혀지게 된다. 반면 제도주의자들은 표현된 선호와 실제 선호를 정확하게 구분해낸다. 똑같은 상황이라도 실제 개인은 다른 선택을 할 수 있다. 그러나 행태주의자들에게는 이 경우 언제나 똑같은 선택만이 있을 뿐이다. 즉 동일한 상황에서 개인의 선택은 언제나 동일하다고 보기 때문이다. 그러나 제도주의자들은 동일한 상황이라도 개인이 다른 선택을 하는 이유를 찾아, 잠재적 선호와 표현된 선호 사이의 차이를 분석하고자 한다.

둘째, 제도주의 접근은 행태주의자들이 주장한 선호의 총계 즉, 집합적 현상으로 개인의 행동을 결합시키는 것을 매우 문제가 많은 것으로 받아들인다. 개인의 선호도는 집합적 결정을 완전하게 설명할 수 없다는 것이다. 따라서 개인의 결정이 집합적 결정으로 결합될 수 있는 기제를 이해할 필요가 있다고 본다. 그러나 행태주의는 선호란 총계될 수 있고, 이익을 총계할 수 있는 기제를 완전히 능률적인 것으로 생각하는 반면 제도주의는 총계 그 자체에 대한 개념을 거부한다. 인간의 이익은 매우 복잡하여 그것을 총계하거나 합한다는 것은 복잡한 과정을 단순화시키는 수사에 불과하며, 이익을 총계하는 기제는 이익을 총계하는 것이 아니라 실제로 이익을 재형성한다고 보기 때문이다.

셋째, 행태주의에 대한 제도주의의 도전은 규범성이다. 만약 제도주의자들의 주장이 옳다면, 많은 혹은 모든 개인의 행동과 집합적 의사결정은 결정이 이루어지게 하는 절차의 소산이다. 만약 이것이 사실이라면 절차가 개인의 의사결정에 미치는 영향은 결정적인 것이 되고, 따라서 개인의 선호에 대한 분석가들의 평가는 달라지게 된다. 이익은 더 이상 개인의 주관적 평가로서 간주되지 않는다. 즉 집합적 결정도 개인 욕구의 합이 아니며, 개인의 선호는 결국 제도를 통해서 표현될 수밖에 없다는 것이다.

신제도주의를 표방하는 학자들 사이에서도 제도를 분석하는 방법은 크게 두 부류로 나뉜다. 하나는 제도를 주어진(taken-for-granted) 것으로 보고 개인이 제도를 결정짓는 것이 아니라 제도가 개인의 행동을 결정지으며 제도의 생성과 변화 그리고 소멸은 제도 자체의 힘에 의해서 결정된다는 March와 Olsen(1984)의 견해와 제도를 인간의 상호작용을 형성하는 제약으로 봄으로써 그 분석의 기초를 개인들의 행위에 두는 North(1992)의 관점이 그것이다. 하지만 제도 자체를 분석의 단위로 한다는 점에서는 동일하다.

## 2. 신제도주의의 주요 내용

신제도주의라고 포괄적으로 부를 수 있는 학문분야는 매우 다양하며, 각 학파마다 제도의 인식론적 토대, 제도와 행위, 제도의 역할, 선호 형성, 제도와 정책 결정 등에 유사점과 차이점이 있어 일률적으로 규정하기는 어렵지만(김윤권, 2005: 302) 대체로 역사적 신제도주의, 합리적 선택 제도주의, 사회학적 제도주의로 나눌 수 있다.

### 가. 역사적 신제도주의

역사적 신제도주의는 역사적 발전과정을 기능주의적으로 파악하는 것이 아니라 역사적 발전과정의 복잡성과 비효율성을 강조한다. 또한 현재의 제도적 구조를 과거의 산물로 파악하고 과거의 선택이 역사 발전의 경로를 제약한다고 이해한다. 현재의 제도적 구조는 현재의 요인에 의해서가 아니라 역사적 요인의 산물이며, 나아가 역사적 선택이 이루어질 경우 이는 미래의 선택을 특정한 경로로 제약한다는 것이다. 따라서 역사적 제도주의는 구조가 특정한 기능을 수행하기 위하여 존재한다는 기능주의적 설명방식을 비판하고 제도에 내재하는 갈등과 균열에 초점을 맞춘다(정용덕 외, 1999: 14).

따라서 역사적 제도주의에서는 맥락에 대한 적절한 이해 없이 사회현상 혹은 정책을 설명하기란 불가능하며 이러한 맥락을 형성하는 것이 다름 아닌 역사라고 주장한다. 즉 역사적 신제도주의의 핵심 개념은 역사와 맥락이다. 역사적 제도주의에서 각국이 처한 고유한 맥락의 중요성, 그러한 맥락을 형성하는 역사의 중요성을 부각시킴으로써 정치 · 사회현상, 특히 국가정책에 대한 기존의 원자화되고 몰역사적인 설명방식의 한계를 극복할 수 있는 중요한 분석틀을 제공하고 있다(하연섭, 2003).

신제도주의가 강조하는 제도적 맥락이란 제도의 관계적 측면을 의미하는 것으로서, 독립적으로 존재하는 개별적인 제도가 아니라 제도의 구성과 제도간의 연결 또는 결합관계를 의미한다. 즉, 제도적 맥락은 제도의 핵심적 요소들과 지속적으로 상호작용을 유지하는 요소들과의 관계이다. 이러한 맥락성이 제도와 개인의 행위를 구조적으로 제약하는 요인이 된다는 것이다. 제도의 역사적 맥락은 다음 두 가지의 의미를 가지고 있다(조홍순, 2006: 169-170).

첫째, 역사적 맥락성이다. 제도적 맥락은 역사적으로 형성되고, 제도적 변수들이 결합하는 역사적 시점과 상황에 따라 결과가 달라진다고 본다. 역사적 맥락 차원에서 가장 중시되는 개념은 경로의존성(path-dependency)이다. 현 시점에서 존재하는 제도는 역사적 과정의 산물이며, 특정 시점에서 형성된 제도는 그것을 둘러싼 사회경제적 환경이 바뀌었다 할지라도 지속되는 경향이 있다는 것이다. 즉, 과거의 특정 시점에서 나타난 원인이 그 이후에도 계속 영향을 미치는 역사적 인과성이 존재하며, 특정 시점에서의 제도 선택이 그 이후의 제도 선택을 지속적으로 제약하게 된다는 것이다.

둘째, 계층적 맥락성이다. 이와 관련하여 김윤권(2004)은 Mahoney와 Snyder가 제시한 분석수준을 수용하여 크게 거시적 차원의 사회나 국가 체제적 수준인 거시적 · 국내 구조적(macro domestic-structureal)수준, 이념이나 구체적 조직 간의 제도적 틀을 대상으로 하는 제도수준(institutional level), 그리고 미시적 수준인 행위수준(social group, leadership level)으로 계층화하고 있다. 거시적 구조에는 국가의 정치·사회·경제 체제적 요인, 경제발전수준과 문화유형, 국내외 사회경제적 계급구조 등이 포함될 수 있고, 제도수준에는 제도화된 이념과 관행, 공식적 조직과 규칙 절차 등이 포함되며, 행위자 수준에서는 주관적으로 정의된 집단 간 상호작용, 제도적 수준의 조직을 이끄는 구체적 정치 리더십 등이 포함된다.

또한, 역사적 신제도주의에서는 정치적, 경제적 위기가 사회관계와 제도를 재형성하는 역사적 전환점(historical juncture)을 강조한다. krasner(1984)는 제도의 모습이 결정적·근본적으로 변화하게 되는 중대한 전환점과 이렇게 형성된 제도에 의해 역사적 발전과정이 새로운 경로를 밟게 되고 또 그것이 지속되는 시기로 구분했다. 역사적 신제도주의에 따르면, 기존의 제도가 큰 틀을 유지한 채 지속된다면 경로의존(path dependence) 현상으로 이해할 수 있고, 제도의 모습이 급격하게 변화한다면 역사적 전환점을 맞이한 것으로 이해할 수 있다. 제도가 역사적 전환점을 맞아 일정기간 지속되는 현상을 단절된 균형(punctuated equilibrium)이라고 하며, 이는 Thomas Kuhn이 제안한 정상과학(Normal Science)의 개념에 비유될 수 있다.

결국 제도 형성에 관한 역사적 제도주의의 인식은 일단 정치행위자의 목표, 전략, 선호를 이미 주어진 것으로 보지 않고 설명되어야 할 대상으로 인식함으로써 기본적으로 제도를 독립변수로 인식한다. 이와 동시에 역사적 산물로서 제도가 행위를 제약하긴 하지만, 제도 자체가 의도적 혹은 비의도적 전략, 갈등, 선택의 산물이라는 점에서 종속변수로도 상정된다. 즉, 역사적으로 형성되는 국가와 사회의 거시적 구조가 개인과 집단의 이해(interest)와 능력을 형성하고 제약할 뿐만 아니라 개인과 집단의 선택과 행위에 의해 제도 또한 변화하게 된다는 점에서 제도는 독립변수인 동시에 종속변수로 개념화된다. 제도의 이러한 성격이 독립변수와 종속변수 간의 구분을 모호하게 할 수 있다는 비판의 대상이 되기도 하지만, 복잡한 요인에 의해 변화되는 사회현상을 반영하는 현실적 접근방법에 근접하기도 한다(정용덕 외, 1999: 21; 김선명, 2007: 225).

## 나. 합리적 선택 신제도주의

합리적 선택 신제도주의의 이론적 출발점은 각 개인이 주어진 선호체계를 가지고 있으며, 효용을 극대화하기 위해 전략적으로 행동한다는 가정이다. 즉, 합리적 선택 신제도주의에서는 제도의 기원, 제도의 효과, 그리고 제도의 안정과 변화를 설명하는 데 있어 효용 극대화를 추구하는 합리적인 개인에 초점을 맞추는 것이 가장 중요한 특징이다.

또한 제도는 각 개인의 효용을 극대화하기 위한 수단으로 행위자들의 자발적 협력에 의해 창조되는 것으로 상정한다(정용덕 외, 1999: 29). 따라서 합리적 선택 신제도주의는 제도의 기원을 설명함에 있어서 제도가 수행하는 기능에 초점을 맞추며, 이러한 기능을 수행하기 위해 제도가 만들어지게 된다는 것을 강조한다. 또한 현존하는 제도가 다른 대안적 제도보다 효용극대화를 추구하는 개인들에게 더 많은 편익을 제공하기 때문에, 혹은 현존하는 제도를 유지하면서 얻게 되는 편익이 제도를 변화시키는 데 소요되는 비용보다 크기 때문에 현 제도를 유지한다고 설명한다. 결국 합리적 선택 신제도주의는 제도의 기원과 제도의 유지를 모두 개인의 효용 극대화 추구에 기반해서 설명하고 있다(김선명, 2007).

### 다. 사회학적 신제도주의

사회학적 신제도주의에서는 사회가 개인을 형성한다고 보며, 개인의 선호와 선택은 사회적으로 형성된 것으로 본다. 또한, 사회적 현실(social reality)을 구성하는 공유된 개념과 의미로서의 제도에 주목한다. 즉, 제도가 지닌 문화적 · 상징적 측면에 초점을 맞추며 제도의 공식적 측면보다는 규범, 문화, 상징체계, 의미 등 비공식적인 측면 특히 행위자에게 당연시되는 신념과 인지적 대상(cognitive objectives)에 관심을 갖는다. 제도란 하나의 상징(sym bols)으로써 구성원들에게 신화(myth)로서 기능하며 가치 선택의 원천을 제공하는 것이다. 다시 말해 제도란 사회적으로 정당화된 인간 행동유형이며 구성원들 사이에서 당연한 것으로 받아들여지는 하나의 현실구조(structure of reality)로서 개별 행위자들을 규제하는 환경으로 작용한다(하연섭, 2003; 정경순, 2006: 4). 제도를 이러한 관점에서 보게 되면, 제도는 사회적 행위자들 및 그들의 행위에 집합적 의미와 가치를 부여해주는 문화적 규칙들(Meyer,

1987: 13)로 정의된다.

제도에 관한 이러한 정의는 문화의 규정력이 존재론적 실체를 가짐을 의미하는 것으로서, 문화를 개인의 취향이나 의사결정에 영향을 미치는 보편적 가치나 지식체계라고 보는 전통적 시각의 피상성과 협소성을 뛰어넘는 것이다. 다시 말해, 문화는 막강한 영향력을 가지고 행위자나 행위의 존재론적 가치를 규정하는 구체적인 힘을 갖는 것으로서 '사회의 제도적 모형'이며 '사회현상을 지배하는 제도화한 규칙'이기 때문에 문화의 '신화적' 규정력은 행위자와 행위의 관계를 인과적(causal)이기보다는 동어 반복적(tautological)으로 만드는 것이다(이재열, 1994).

〈표 Ⅲ-1〉 신제도주의 학파별 주요 차이점

| | 합리적 신제도주의 | 사회학적 신제도주의 | 역사적 신제도주의 |
|---|---|---|---|
| 제도 형성 | -효용극대화를 추구하는 개인의 의도적 창설 | -제도가 인간 활동의 산물이지만 인간의 의도와 상관없이 사회적 행위나 규범 측면에서 생성되면 동형화 됨 | -제도형성은 인간의 의도 및 역사적 우연성<br>-제도형성의 역사적 맥락(과거 제도에서 채택 또는 창출) |
| 제도 유지 | -내적균형의 구현(제도의 균형점 반영)<br>-제도적 관성(일단 존재하면 인간의 활동을 제약하고 제도를 형성하는 기능)<br>-제도 변화비용 〉 제도 변화 기대이익(효율성) | -배태성<br>(효율성과 무관) | -제도의 형성과 변화과정에서 현존 제도적 틀이 중요 즉, 경로 의존적인 사회적 인과관계 및 제도의 지속성(비효율성) |

| | | | |
|---|---|---|---|
| 변화 기제 | -행위자들의 합리적·전략적·계산적 선택의 산물(경제적 효율성) | -가치와 의미의 축적된 산물, 문화적 인지(사회적 정당성) | -제도는 정치적 갈등과 선택의 산물인 동시에 정치적 전략과 행위자를 제약하고 형성(권력과정) |
| 변화 주체 | -능동적·합리적 행위자(주로 개인이나 조직) | - 환경의 역할에 비중 | -단절적 균형모형(외생적 변화는 행위자를 자극시키며 행위자 스스로 변화를 수용하기 위해 전략을 조정)<br>-제도적 역동성모형(행위자의 전략적 행동) |
| 변화 속도 | -점진적·계획적·불연속적 단기간의 지속성 | -제도는 궁극적으로 변화에 저항적이며 집합적인 구성체로서의 제도는 개인의 행동으로 쉽게 변형되지 않음<br>-지속적이며 점진적 | -단절적·급진적·역동적 |
| 변화 의도 | -경제적 능률성·효용 극대화(의도성) | -생존을 위해 타조직 모방, 사회적 정당성(동형화)(의도성 부인) | -경로의존성, 역사적 우연성(비의도성), 정치적 이익·선호(의도성) |
| 변화 효과 | -개인효용의 극대화 | -조직의 안정성, 생존, 자원획득 제고 | -외생적 변화는 현행 제도에서 추구하는 목표나 전략을 조성<br>-새로운 행위자가 새로운 목표를 추구하는 상황을 조성 |

자료: 김윤권(2005). p. 305.

종합하면, 신제도주의 이론은 하나의 독립된 이론체계라기보다는 기존의 제도주의가 갖고 있는 제도 분석의 취약점을 보완하고자 하는 다양한 방법론의 시도들, 즉 역사적 신제도주의, 합리적 선택 신제도주의, 사회학적 신제도주의의 유기적 종합으로 볼 수 있다(하연섭, 2003). 이와 같은 신제도주의 각 학파에서 견지하고 있는 제도의 생성, 유지, 변화에 대한 인식을 정리하면 〈표 III-1〉과 같다.

## 3. 제도의 변화에 대한 시각

신제도주의는 주로 제도를 독립변수로 고려한다. 즉, 제도는 행위자에게 기회를 제공하고 그들의 행위를 제약하여 행위자의 행동반경을 제공한다. 다만 행위를 결정하는 데 제도 이외에 많은 다른 변수들도 있으므로 제도가 행위를 결정하는 유일한 요소는 아니고 다만 제약하고 제한한다고 볼 수 있다. 이 부분에서 행위자들의 행동의 여지가 존재하며 의도된 행위들에 의해 제도가 다시 영향을 받을 수 있다. 특히 제도가 최초로 생성될 때는 결국 사회를 구성하는 개인들의 행위로 이루어지며 특정 제도의 변화 역시 제도와 행위의 상호관계에 의해서 이루어진다. 이처럼 제도의 형성 및 변화를 고려할 때는 제도가 종속변수로 간주되며 제도가 어떻게 그리고 어떤 조건에서 변화의 객체가 되는가에 관심을 갖는다(김윤권, 2005: 304).

일반적으로 신제도주의 이론들에 관한 기존 논의들은 제도의 내용, 제도와 개인 간의 관계, 제도의 확산 등에 초점이 맞추어져 있다. 제도의 가장 본질적인 특징 중의 하나가 지속성(persistence)이기 때문에 제도의 변화가 큰 주목을 받지 못하는 것은 당연할 수 있다. 그러나 제도는 인간에 의해 인간을 위해서 만들어진 것이기 때문에 인간 삶의 토대인 사회 환경이 변하면 제도도 더불어 변화되어야 한다. 제도가 새로운 환경 하에서 더 이상 인간들에게 이로운 제도가 아니면 언젠가는 폐기되고 말 것이다(하태수, 2001: 113-114).

신제도주의의 제도형성과 변화에 관해서는 Barley와 Tolbert(1997: 99-103)가 비교적 잘 설명하고 있다. 그들에 따르면 제도는 네 단계를 거쳐 변화한다. 첫째, 특정 시점에서 새로운 기술의 발전이나 정치혁명과 같은 예측 곤란한 사건이나 어떤 문화적 인지적 특성이 반영된 사회적 행위가 있게 된다. 둘째, 이 행위는 유사한 상황에서는 반복적으로 나타날 수 있는데 이는 특정 행위가 규칙화되는 것이라고 할 수 있다. 즉, 사회적으로 당연한 것으로 수용되는 과정이다. 셋째, 이러한 행위를 하는 상황이 다시 발생하여 기존의 행위가 수정되거나 아니면 반복되는 단계이다. 기존의 행위가 수정되는 경우는 기술 변화, 문화 접촉, 경제 불황 등과 같은 외생적인 상황이 발생했을 때이다. 넷째, 마지막 단계는 객관화 내지는 외재화 단계이다. 이때에는 특정 행위가 정당성을 가지게 되어 모든 사람들이 당연히 그러한 상황에서는 그러한 행동을 하리라고 간주되어 그 행위가 강제되는 상황이며, 이것이 경로의존적인 성격으로 나타나게 된다. 이러한 과정을 거쳐서 특정 제도가 생성, 유지, 변화되는 것이며 이 과정에서 동형화나 경로의존적인 제도의 특성이 나타나게 된다(강성주, 2003: 5).

역사적 신제도주의에서의 제도 변화의 논리는 주로 외생적 요인에 의한 급격한 변화에 초점을 맞추고 있다. 이러한 시도는 결정적 분기점에서 단절적 균형논리를 전개하면서 시작된다. 결정적 분기점은 주로 거시적 · 국내적 구조요인의 충격이나 위기 등 주로 외생적 요인이 제공한다. 이러한 외생적 요인에 의한 제도 변화 논의를 중심으로 하다 보니 제도의 내부모순에 의한 변화의 논리가 빈약하지만, 점차 제도의 내부모순에 의한 제도 변화의 논의가 전개되고 있는 실정이다. 즉, 제도를 둘러싼 외생적 요인과 내생적 요인 간의 종합적인 결합관계를 통해 변화되는 것으로 인식되어가고 있는 상황이다(김윤권, 2005: 306).

역사적 신제도주의에서 제도 변화는 대체로 다음의 세 가지 방식으로 설명된다(노명순, 2006). 첫째, 전통적으로 역사적 신제도주의에서는 제도 변화의 요인으로 구조적 수준에서의 외적인 충격을 강조하고 있다. 제도는 계속적이고 점진적인 변화패턴을 보이는 것이 아니라, 환경 변화에 빠르고 유연하게 적응하기 위해 매우 급격하게 간헐적인 변화 패턴을 보인다는 것이다. 이러한 제도의 결정적 근본적인 변화는 심각한 경제위기나 군사적 갈등이 발생할 경우에나 일어날 만큼 매우 이례적인 현상으로 인식된다. Krasner (1984)는 제도의 모습이 결정적 근본적으로 변화되는 외적인 충격을 중대한 전환점이라고 하였으며, 그렇게 형성된 제도에 의해 역사적 맥락이 새로운 경로를 밟게 되고 또 그것이 지속되는 시기를 단절적 균형이라고 부른다.

둘째, 제도적 수준에서의 제도의 형성과 변화과정을 설명하는 논리로는 '경로의존'과 '제도의 갈등과 균열'이 있다. '경로의존'이란 기존 제도가 새로운 제도의 취할 모습을 제약한다는 것으로, 우연한 사건에 의해 중대한 전환점을 겪고 이를 통해 형성된 제도의 모습이 자기강화의 과정을 통해 지속되다가 다시 우연한 사건에 의해 제도의 모습이 근본적으로 변하게 된다는 개념이다. 또한, '제도의 갈등과 균열'은 외부적 충격이 없더라도 제도가 변화하는 현상을 설명하기 위해 창안된 개념이다. 어떤 제도이건 제도는 단일한 논리나 요소로 구성되어 있는 것이 아니라 복수의 이질적인 논리 혹은 요소로 구성되는데, 이렇게 다양하고 이질적인 요소들이 서로 간에 갈등을 일으키고 균열을 보이게 되면 제도가 변화한다는 것이다(Orren & Skowronek, 1994: 노명순, 2006; 244-245 재인용).

셋째, 역사적 신제도주의는 제도 변화에 있어 행위자의 역할에 주목한다. 이는 역사적 신제도주의가 외부적 충격만이 아니라 내부적 요인의 중요성에도 주목한다는 점을 의미한다.

이와 같은 제도 변화에 대한 기존 신제도주의자들의 논의는 변화 추진 요인의 복잡성과 변화 과정의 역동성을 보다 충분히 포착하고 있지 못한 인식을 갖게 한다. 그러한 의미에서 제도 변화의 크기와 빈도의 개념을 사용하여 일반적 제도 변화의 유형을 경로의존적 변화(path-dependent change), 구두적 균형(punctuated equilibrium), 누더기식 변화(patchwork) 등과 같이 세 가지로 구분하고 각 유형이 갖는 특성을 설명하고 있는 하태수(2001)의 제도 변화 연구와 역사적 신제도주의의 제도 변화를 통합적으로 접근하고 있는 김윤권(2005) 연구는 매우 시사적이고 유용하다.

우선, 제도 변화의 일반론적 변화를 설명하고 있는 하태수(2001)의 연구를 보면, 구두적 균형(punctuated equilibrium)은 제도의 급진적이며 단절적인 변화를 설명하는 Krasner(1984)의 주장을 대변한다. 이 유형에서는 제도 변화를, 제도가 일정 기간 안정적으로 유지되다가 제도 내외의 모순들이 제도의 완충능력을 넘어서는 임계 시점에서 붕괴되어 전혀 새로운 제도가 등장한다고 주장한다.

특히 권력자의 제도 유지 역할에 주목한다. 권력자들은 선발에 대한 통제, 엘리트의 사회화, 권력자로서 근무하는 조건에 대한 통제, 미래의 권력자가 될 청소년들에게 기존의 가치를 이상으로 제시하는 방법 들을 통해 자신들이 가지고 있는 가치를 전수한다는 것이다. 그러나 권력자들이 제도를 유지하려고 노력한다고 해서 제도가 영구적으로 유지될 수 있는 것은 아니다. 제도의 내·외부 환경 사이에서 생겨난 모순과 긴장 그리고 그에 의해 생겨난 변화압력이 누적되어 이 능력을 초과하게 되면 기존 제도는 붕괴되며, 새로운 제도가 기존의 제도를 신속하게 대체한다. 이러한 변화를 보이는 사회는 다원주의 및 행태주의가 상정하는 사회와 다른 종류의 세계라고 보는 것이다. 구두적 제도 변화는 정책결정과정이 민주화되지 않은 사회에서 나타날 가능성이 높다.

이에 반해 경로 의존적 제도 변화는 점진적이며 지속적인 제도 변화를 주장한다. 즉, 제도는 안정적이며 계속적으로 변한다는 관점을 가지고 있으며 North(1990)가 대표적인 학자이다. North는 전쟁, 혁명, 정복, 자연재해 등은 단절적 제도 변화의 원천이 될 수 있지만, 제도 변화는 압도적으로 점진적이고 계속적이라고 주장한다. 비공식적 제약들이 사회와 밀접히 맞물려 있기 때문에 혁명이나 정복과 같은 단절적인 변화조차도 완전히 단절적일 수 없다는 것이다. 즉, 공식적 제도는 하룻밤 사이에 변할 수 있지만, 비공식적 제도는 관습, 전통, 행위코드 등에 구체화되어 있어서 의도적인 정책들이 뚫고 들어가기가 매우 힘들다고 본다. 이 유형에서 주목되는 또 한 가지는 제도 변화가 일정한 경로를 따라 변한다는 시각이다.

마지막으로 누더기식 변화는 점진적이며 단절적인 변화를 설명하기에 적합한 유형이다. 제도 변화의 결과 측면에서 새로운 제도가 기존의 제도와 질적으로 다르다는 것을 보면 이 변화는 단절적이다. 그러나 제도 변화 과정은 신속하지 않고 환경조건의 변화에 따라 기능적으로 적응하면서 비교적 평화롭고 순조롭게 벌어지는 정치적 투쟁 등을 통해서 형성된다. 환경 변화는 제도 변화를 위한 자극에 불과하며 관련 행위자들은 이러한 환경 변화에 적절한 혁신책을 가지고 자동적으로 반응하지 않는다. 행위자들은 잠재적인 제도가 자기의 의도 위치에 미칠 영향을 정치적 셈법에 따라 계산한다. 그리고 제도적 권력을 놓치지 않으려고 혹은 그것을 더 확보하려고 제도 변화 과정에서 서로 갈등하고 투쟁한다. 즉, 새로운 제도는 이와 같은 변화무쌍한 정치적 투쟁과 타협과정의 산물로 본다(하태수, 2001).

## 4. 본 연구의 해석모형

### 가. 기존 신제도주의 학파와 이론의 시사점

신제도주의를 적용하여 교육 혹은 사회현상을 분석한 연구들은 대체로 역사적 신제도주의적 시각과 논리를 적용하는 연구물들이 주류를 이루어왔다. 또한 역사적 신제도주의를 적용하여 최근에 이루어진 연구들(김윤권, 2005; 노명순, 2006; 조홍순, 2006; 신현석 · 전상훈, 2007)은 신제도주의의 거시, 중범위, 미시 수준을 통합적으로 접근하는 경향이 강해지고 있다.

예컨대, 조홍순(2006)은 대학 구조조정 정책에 관한 연구에서 〈표 III-2〉에서 제시하고 있는 바와 같이 거시적 수준인 구조 요소로서 정치 · 사회 · 경제 체제적 요소를 상정하고 있으며, 중범위 수준인 제도에는 이념과 관행, 공식 규칙과 절차를, 미시 수준인 행위자에는 정책 관련자들을 포함하고 있다.

〈표 III-2〉 제도의 계층별 분석 요소

| 분석수준 | | 요 소 |
|---|---|---|
| 거시 | 구조 | 정치 · 사회 · 경제 체제적 요소 |
| 중범위 | 제도 | 제도화된 이념과 관행, 공식 규칙과 절차 |
| 미시 | 행위자 | 정책 형성자 · 집행자 · 대상자 관계 |

또한 노명순(2006)은 대학 입학 정책의 변화를 분석한 연구에서 제도 분석의 수준과 요인을 〈표 III-3〉와 같이 제시하고 있다. 〈표

Ⅲ-3〉에서 보는 바와 같이 구조 요인에는 정치적 요인을, 제도 요인에는 이념과 정책 결정과정 및 사회의식과 문화를, 미시 요인에는 행위자와 행위자의 전략을 포함하고 있다.

**〈표 Ⅲ-3〉 정책 변화요인의 분석 수준**

| 분석 수준 | | 변화 요인 |
|---|---|---|
| 거시 | 구조 | • 정치적 요인 |
| 중범위 | 제도 | • 이념<br>• 정책결정과정<br>• 사회의식과 문화 |
| 미시 | 행위자 | • 행위자: 대통령, 정부, 대학, 학부모, 교육전문가, 언론, 교육계<br>• 행위자의 전략: 관련 집단 간의 갈등과 타협, 협조-비협조 |

자료: 노명순(2006). 대학 입학 정책 변화요인의 신제도주의적 분석. p. 248.

여기서 구조는 역사적 맥락에 따라 점진적으로 변하기도 하고 정쟁이나 혁명 등에 의해 급진적으로 변하기도 함으로써, 제도 변화의 계기가 된다. 이러한 구조는 제도적 수준에서 행위자의 이해관계, 목표, 선호, 능력의 극명한 노출과 대립을 초래하여 권력변화의 계기를 주기도 함으로써 행위자에게 영향을 미친다. 이때 구조와 행위자는 제도를 매개로 상호작용한다. 행위자는 제도를 통하여 구조를 형성하고, 구조는 제도와 행위자의 선택을 제약한다. 즉, 구조는 행위자와 그 행위자 간 상호작용 양식을 규율하는 제도로 구성된다. 그러나 구조는 행위자와 제도의 단순한 결합은 아니다. 행위자와 제도로 구성되는 구조는 그 자체의 구성 원리와 질서, 그리고 제약성을 갖는 특정 시점 혹은 특정 분야에 설정되어 있는 질서체계로 이해할 수 있다.

또한, 제도는 과거 행위자들의 활동의 결과로 만들어진 것인데 그것은 다시 행위자의 행위를 지배하는 속성을 가진다. 제도는 자기보호, 자기영속화, 자기표현의 속성을 통해 행위자의 행위 방향을 설정해주고 그것을 구속하게 된다. 이처럼 제도는 일단 형성되면 자체 지속성을 갖도록 강제력을 행사하게 된다. 이때 제도는 강제력에 의해서만 유지되는 것은 아니며 도덕적 권위, 즉 제도를 정당화하거나 합리화할 수 있는 권리를 보유함으로써 유지된다.

한편, 행위자는 최대의 목적을 달성하기 위해 합리적 · 전략적 혹은 의도적 선택을 할 뿐만 아니라 장기적으로 제도를 형성한다. 이렇게 보면 행위자는 구조와 제도의 영향을 받는 객체이면서 동시에 제도를 현실화하고 재생산하는 변화의 주체이다. 분석적 · 경험적으로 행위자와 제도 간 명백한 구분은 어렵고 중첩될 수도 있다. 또한 행위자의 본질적 요소는 이해관계와 능력이라 할 수 있으며, 원자화된 개인이라기보다 집합적이어서 구체적인 제도에서 식별될 수 있다. 즉, 집합적 행위자가 이해관계와 능력을 행사할 경우 주요한 행위자로 간주된다(노명순, 2006: 246-248).

조홍순과 노명순의 연구에서 주목되는 점은 동일한 역사적 신제도주의 논리를 적용하여 정책을 분석하고 있음에도 불구하고, 신제도주의의 수준에 포함하는 요인들이 약간 다르게 제시되고 있다는 점이다. 이에 반해 신현석과 전상훈(2007)은 역사적 신제도주의 분석의 틀로서 구조 수준(정권의 변화, 경제적 위기, 인구통계학적인 변화, 정보화, 세계화의 심화, 저출산 · 고령화시대의 도래), 제도(정책, 이념, 문화), 행위자(연대, 충돌, 협상 등)의 세 가지로 제시함으로써 역사적 신제도주의 분석 수준과 요소들을 보다 잘 제시하고 있는 것으로 보인다.

그 외 김윤권(2005)은 거시적 · 국내적 구조 수준, 이념이나 구체적 조직 간의 제도적 틀을 대상으로 하는 제도수준, 그리고 미시적 수준인 행위 수준으로 계층화시켜 제도 변화를 이해할 수 있도록 [그림 Ⅲ-1]과 같은 통합적 모형을 제시하고 있다.

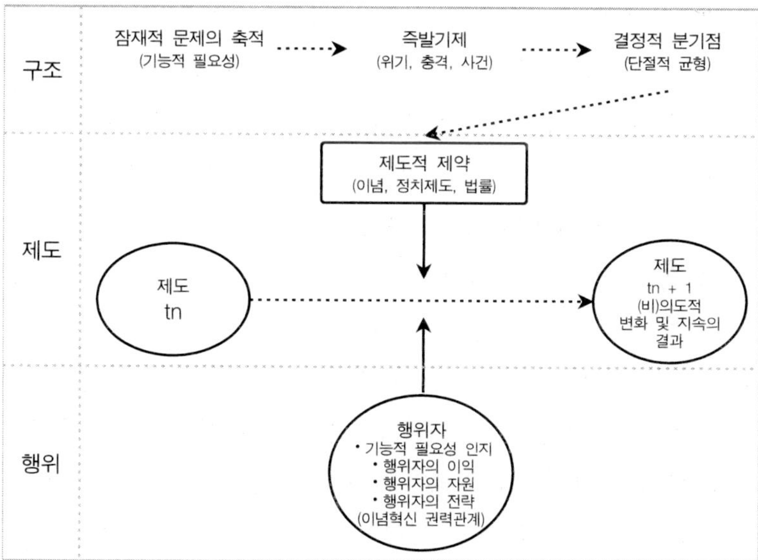


**[그림 Ⅲ-1] 제도 변화의 구조-제도-행위 통합 모형**

자료: 김윤권(2004). p. 320.

[그림 III-1]에서 제시되고 있는 제도 분석의 첫 번째 수준으로는 변화의 계기를 주는 제도 외적 맥락인 거시적 · 국내적 구조의 역할이다. 역사적 맥락 하에서 거시적 · 국내적 구조의 잠재적인 구조의 문제가 축적되어 오다가 어느 순간에 위기, 사건, 충격 등이 발생한다. 이러한 촉발기제는 제도와 행위자에게 변화의 자극과 계기를 초래한다.

둘째, 역사적 맥락에서 수립된 제도가 제도 외적 맥락인 거시적 · 국내적 구조의 충격을 받을 때 제도는 자신의 생존, 안정, 지속 등을 견지하기 위해서 제도가 보유한 강제력이나 정당성을 통해 행위자에게 일정한 통제, 구속, 지침 등 제도적 제약을 가한다.

셋째, 거시적 · 국내적 구조의 촉발기제에 따른 제도적 제약이 행위자를 구속하지만 동시에 이러한 제도의 제약 속에는 행위자가 활용할 수 있는 기회도 존재한다. 이러한 기회를 맞은 행위자는 잠재적인 문제를 해결하고자 하는 의도, 행위자 자신의 이익, 자신의 정책이념 등을 추구하기 위해서 자신이 소유한 자원을 바탕으로 전략적으로 제도를 변화시키려 한다. 다시 말해, 구조의 촉발기제로 인한 결정적 분기점마다 단절적 균형의 순간을 맞은 행위자들은 제도적 제약을 받지만 불균등한 권력 관계나 이념적 혁신을 통해서 제도 변화를 끊임없이 추구한다는 점이다.

실제 이러한 기회를 맞은 행위자는 잠재적인 문제를 해결하고자 하는 의도, 행위자 자신의 이익, 자신의 정책이념 등을 추구하기 위해 자신이 소유한 자원을 바탕으로 전략적으로 제도를 변화시키고자 한다는 것이다(신현석 · 전상훈, 2007: 135-136).

## 나. 본 연구의 해석모형

본 연구에서 적용할 해석의 통합적 모형을 구성하는 데 있어 우선, 신제도주의에 관한 이론적 배경에서 찾아볼 수 있는 시사점들을 확인할 필요가 있다. 이는 본 연구의 이론 발전에 대한 기여도를 높이고 해석의 타당도를 제고하는 데 도움이 된다고 보기 때문이다.

실제 신제도주의를 적용하여 교육현상을 분석하고 있는 최근의 연구들(조홍순, 2006; 노명순, 2006; 신현석 · 전상훈, 2007)은 역사적 신제도주의와 합리적 선택 제도주의의 결합적 적용을 주로 하고 있다. 그러나 신제도주의의 각 학파들은 하나의 독립된 이론체계라기보다는 기존의 제도주의가 갖고 있는 제도 분석의 취약점을 보완하고자 하는 다양한 방법론의 시도들, 즉 역사적 제도주의, 합리적 선택 제도주의, 사회학적 제도주의의 유기적 총합으로 볼 수 있다는 견해(하연섭, 2003)에 동의하고, 나아가 제도 변화의 유형을 급진적이고 단절적 유형(구두적 균형), 점진적이고 지속적 유형(경로의존적 유형), 점진적이고 단절적 유형(누더기식 유형) 등으로 나누어 설명하고 있는 하태수(2001)의 주장을 반영하여, 본 연구에서는 역사적 신제도주의, 사회학적 신제도주의, 합리적 선택 신제도주의 각 학파들이 갖는 함의와 제도 변화의 유형에 관한 아이디어를 융합적으로 적용하고자 한다.

뿐만 아니라, 신제도주의 이론이 학교조직에 대하여 갖는 함의를 설명하고 있는 소수 선행연구들의 내용을 탐색하는 것도 의미 있는 접근이다. 우선 신제도주의 각 학파가 본 연구의 모형을 만드는데 갖는 중요한 시사점을 찾아본다면 첫째, 역사적 신제도주의에서는 시간의 개념으로서의 역사, 상황적 영향 요소로서의 맥락, 제도 변동의 추동력으로서의 정치 · 경제적 위기 및 충격과 같은 외생적 요인들, 그러한 제도의 변화과정에서 행위자들이 보여주는 정치적 전략과 반응들이라 하겠다.

둘째, 사회학적 신제도주의에서 중시하는 사회적 현실(social reality)을 구성하는 공유된 개념과 의미로서의 제도의 사회 문화적 · 상징적 측면이다. 이는 행위주체의 정체성(identity), 관념(ideas), 신념(beliefs), 인식(perception)을 강조하는 행위 주체 중심의 미시 사회적 구성주의의 협의적 개념을 확대하여, 중범위 수준의 사회문화적 구성주의를 의미한다.

셋째, 합리적 선택 제도주의에서 중시하는 행위자의 선호와 효용 극대화를 위한 전략과 계산적인 선택 행동이다. 이와 같은 제도의 형성과 변화에 대한 행위자의 정치적 행동과 영향력은 미시적 구성 요인이 된다.

이와 같은 기존 신제도주의에 관한 학파와 시각에서 찾아낼 수 있는 요인들을 중심으로 연구의 분석 수준과 각 수준의 요인들을 정리하면 다음 〈표 III-4〉와 같다.

〈표 Ⅲ-4〉 본 연구의 분석 수준과 요인

| 분석 수준 | | 변화요인 |
|---|---|---|
| 거시 | 구조 | • 정치적 요인 • 경제적 위기<br>• 문화사적 전환 • 인구 통계학적 변화 |
| 중범위 | 제도 | • 교육이념 • 교육 정책<br>• 사회의식과 교육문화 |
| 미시 | 행위자 | • 행위자: 학교장, 교사, 학부모, 언론, 학생<br>• 행위자의 다양한 선호<br>• 환경 변화에 대한 대응전략 |

한편, 제도주의 이론에 비추어 본 학교조직의 특성을 생각할 수 있는데, Hoy와 Miskel(2005)의 견해가 도움이 된다. 예컨대, Hoy와 Miskel은 제도이론의 전제는 조직의 구조와 과정은 사회적으로 제도화된 규범, 가치, 이념을 반영한다는 것으로 본다. 따라서 하나의 사회조직은 적법성 즉, 조직에 대한 문화적 지원을 얻기 위해 제도화된 규칙과 절차에 순응한다는 것이다. 실제 기술적인 시각에서 보면, 학교처럼 비효율적인 조직이 없고, 학교는 바람직하고 측정 가능한 산출물을 생산하는 일치된 기술이 없을 뿐 아니라, 학교는 그 작업과정을 적절히 통제하지도 않는다. 바꾸어 말하면, 학교는 산출물의 질보다 전문적인 표준 혹은 법적 요구에 대한 일치성에 의해서 더 보상받는 경향이 있다고 할 수 있다. 이는 학교가 기술적으로는 상대적으로 약하고 제도적으로는 강한 환경에서 운영된다는 것을 의미한다.

이러한 맥락에서, DiMaggio와 Powell(1991)은 같은 환경에 속한 조직은 동형화된다고 주장한다. 예컨대, 공립학교는 서로 닮아

가고, 그 학교들의 건물과 교육과정은 비슷하며, 유사한 교수-학습 과정을 보여준다고 지적한다. 또한 DiMaggio와 Powell은 이러한 동형화와 제도에 대한 순응이 정부 관료들의 지시와 권유에 의한 억압적 순응, 모방적 순응, 규범적 순응과 같은 차원에 의해서 진행된다고 설명한다. 결국, 학교는 사회가 제도적 규칙으로 규정하는 학교의 모습에 순응하고 제한을 받기 때문에, 학교는 보다 넓은 사회의 목적, 가치, 문화를 반영하도록 기대된다고 할 수 있다.

학교조직에 대한 DiMaggio와 Powell(1991), Hoy와 Miskel (2005)의 제도주의적 설명을 참고로 하면 첫째, 학교는 정치적 이념과 정책의 가치 지향성에 대한 순응이 불가피하며, 둘째, 사회적으로 바람직한 학교의 모습으로 규정된 학교의 기능과 역할에 대한 순응이 요구된다. 예컨대, 학교의 사회 구성원들에 대한 사회적 지위 선발과 배분 기능이 이에 속한다 하겠다. 마지막으로 행위자의 요구에 대한 학교의 순응을 생각할 수 있다. 행위자들의 학교에 대한 요구가 학습일 수도 있고 사회적 어울림이나 소속일 수도 있다. 이와 같은 설명을 도식화하면 [그림 III-2]와 같다. 여기서 주목해야 할 점은 이들 각 요구에 대한 기능과 순응이 서로 조화를 이루는 것이 아니라 갈등하거나 상충하는 상황을 가정할 수 있다는 사실이다. 그 갈등과 문제 상황이 제도 변화의 동인으로 작용할 가능성이 적지 않기 때문이다.

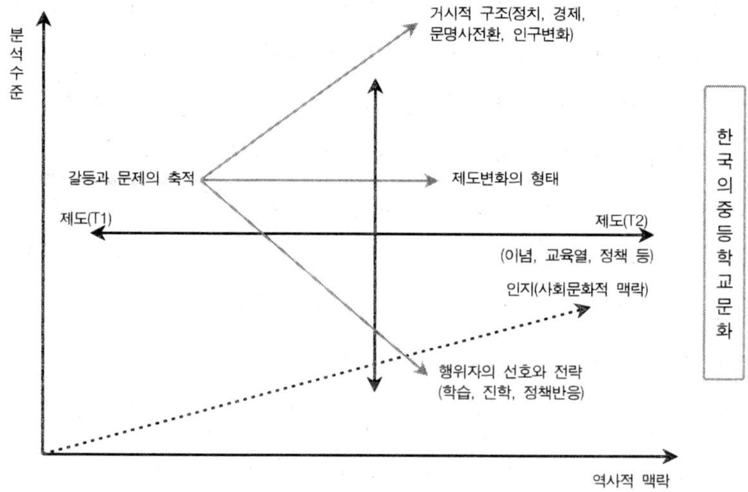


〈그림 Ⅲ-2〉본 연구의 해석모형

[그림 Ⅲ-2]의 분석 수준이란 〈표 Ⅲ-4〉에서 제시하고 있는 신제도주의 각 학파의 시각에서 찾아낼 수 있는 구조, 제도, 행위자 수준을 말한다. 본 연구에서는 이들 각 분석수준을 거시, 중 범위, 미시의 계층적 관점에서 보고 이들 분석수준에 속하는 변화요인을 중심으로 한국 중등학교 문화의 형성과정을 해석하고자 한다.

## 다. 분석수준별 영향요인 선정

신제도주의 시각에서 보면, 구조, 제도, 행위자 수준의 상호영향 관계가 존재하고 각 수준별 영향요인이 다양하다. 따라서 논리적으로 볼 때 구조, 제도, 행위자 수준이 상호 어떤 방식으로 영향을 주고받으며, 나아가 각 수준에 포함될 수 있는 있는 많은 요인들 중 어떤 요인들이 한국 중등학교의 학생, 교사, 학교장 문화의 형성에 영향을 미쳤는지 해석할 필요가 있다고 생각할 수 있다. 이를 양적 연구 방법론적으로 표현하면, 일종의 구조방정식 모형을 활용하여 분석해야 하는 복합적 연구문제에 비유할 수 있다.

그러나 질적 해석 연구방법을 사용하고 있는 본 연구에서는 그러한 양적 방법과 같은 논리와 기법으로 연구문제를 해결하기 보다는, 질적 연구방법을 사용한 한국 중등학교 문화에 관한 선행연구들의 연구결과에서 나타나는 주요 내용을 신제도주의 이론체계에 따라 해석하는 형식을 취하고자 한다. 예컨대, 구조적 수준의 정치권력의 이념적 변화, 경제적 위기, 정보화와 세계화와 같은 문명사적 전환, 인구통계학적 변화 요인들은 한국 중등학교의 학교장과 교사 그리고 학생문화에 고르게 영향을 미칠 수 있는 요인들이지만, 본 저서에서는 선행연구에서 각 하위문화에 특히 영향을 미친 것으로 나타난 서로 다른 구조적 요인들을 해석하는 방식을 취하고 있다.

이는 제도적 수준의 영향 요인을 해석하는 경우에 있어서도 그대로 적용된다. 다른 말로 표현하면, 학교운영위원회 설치와 운영, 전교조의 합법화, 교원정년단축, 교원성과급제, 교원평가제 등과 같은 교육 제도적 수준의 요인들은 교사문화와 학교장 문화에 영향을 미치지 않을 수 없는 요인들이라 할 수 있다. 그러나 교사들과 학교장들이 이들 새로운 교육제도 수용에 따른 이해관계와 제도 영향에 대한 민감성이 다르게 나타날 가능성이 있고, 그 결과 이들 제도 요인들의 문화 형성 영향력도 다를 수 있다고 본다. 이에 본 저서에서는 선행연구 결과의 종합적 분석을 통해 교사와 학교장 문화에 영향을 미친 것으로 보이는 제도요인들을 해석하는 방식을 취하고 있음을 미리 밝혀둔다.

Chapter IV

# 중등 학생문화 형성과정의 영향요인해석

1. 구조적 요인
2. 제도적 요인
3. 중등 학생문화 형성의 미시적 요인

# Ⅳ 중등 학생문화 형성과정의 영향요인해석

## 1. 구조적 요인

중등 학생문화의 형성과 변화에 영향을 준 거시적 요소로는 우선 'IMF 외환위기'를 들 수 있다. IMF 외환위기는 우리 사회 전체에 커다란 충격을 주었을 뿐 아니라 삶을 전환시키는 전기가 되고, 나아가 교육정책과 학생 및 학부모들의 교육에 대한 관점과 전략을 급격하게 바꾼 중대한 역사적 사건이었기 때문이다. 또한 자녀들에 대한 교육적 기대와 지원 강도를 결정하는 영향요소 중의 하나인 '저 출산'으로 인한 자녀수의 감소를 중요하게 보았다.

### 가. IMF 외환위기

1997년 촉발된 IMF 외환위기는 고용 구조의 변화와 실업률의 증가, 중산층의 몰락, 미래에 대한 불안감 증폭 등을 초래함으로써 한국 사회 전반에 커다란 파장을 몰고 온 거시적 요인이다. 무엇보다 IMF 외환위기를 겪는 과정에서 저학력자 우선의 구조 조정과 비정규직화 그리고 대량 실업사태로 인해 계층 간의 생존경쟁이 더욱 치열해졌고 이는 학력에 대한 가치를 새롭게 인식하게 하는 계기로 작용했다. 학력이 낮은 사람이 절대적으로 불리한 상황에 처하는 처절한 현실을 목도했기 때문이다.

예컨대, 1998년 IMF 외환위기 이후 고졸의 비정규직화는 점점 심각해졌고, 실제 97년 6월 전체 상용직(정규직) 중 고졸 이하가 차지하는 비율은 58.1%에서 2000년 6월 49.8%로 급격히 감소했다. 어느 나라보다 두터웠던 중산층 의식은 소득 감소와 실직 등의 여파로 급속히 엷어지고, 국민 셋 중 한 명은 IMF 외환위기 이후 하류층으로 전락했다고 생각하고 있는 것으로 나타났다(동아일보, 1999. 4. 14). 기본 의식주마저 제대로 해결하지 못하는 서민들이 대량 발생하고, 경기회복의 효과가 상위계층에 편중되어 계층 간 소득격차가 더 커졌다.

경제 상황이 어려운 반면, 전문대졸 이상의 상용직 비율은 41.9%에서 50.2%로 늘었다. 이는 학력 인플레 현상으로 전문대졸 이상의 학력자 수가 늘어난 탓도 있지만 비정규직화가 고졸 이하에서 더욱 급격히 진행되었음을 보여주는 통계수치이다. 저학력의 비정규직화는 학력 간 임금 격차 확대로 이어지고, 실제 대졸자의 상대임금은 고졸자 대비 96년 140, 97년 142, 98년 145로 꾸준히 그 격차가 커졌다.

언제 잘릴지 모른다는 불안을 증폭시키고, 이는 다시 학력 · 학벌에 대한 욕구를 강화시켰던 것이다. IMF 외환위기 이후에 전문대 졸업자의 비율이 97년의 30.4%에서 2000년 34.4%로 크게 늘었는데, 경제위기를 겪으며 가계는 더욱 어려워졌는데도 불구하고 학력 수준은 오히려 높아진 사실에서 잘 알 수 있다(한겨레 21, 2000년 11월 호).

> 대학이요? 가야죠. 4년제는 어렵더라도 2년제는 꼭 가야죠. 축제가 한창인 서울의 한 실업계 고등학교에서 만난 아이들은 한결같이 "대학에 가고 싶다"고 했다. 왜 대학을 가려고 하느냐는 어리석은 질문에 아이들은 짧게 대답했다. "전문대는 나와야 사람 대접받으니까", 축제 행사를 거들러 나온 한 학부모도 "우리 태양이도 꼭 대학 갔으면 좋겠어요"라고 맞장구쳤다.

물론, IMF 외환위기 당시의 참여정부는 '5대 차별 해소를 통한 평등사회 구현'이라는 기치 아래 학벌에 의한 차별을 해소하여 우리사회를 학벌사회에서 능력사회로 전환시키는 정책을 적극 추진할 것을 천명하였지만(이건만, 2007: 64), 10여년의 시간이 흐른 뒤에도 학력과 학벌에 대한 욕망과 경쟁구조는 식을 줄 모르고 있으며, 오히려 강화되고 있다.

실제, IMF 외환위기 이후 10여 년이 지난 2007년 현재 우리 사회의 소득, 자산, 직업 안정성, 가족의 유대 감소로 한국인들의 불안감이 크게 늘어났다. 불안이 고조되면서 돈을 중시하는 물질주의적 가치가 팽배해 10년 전에 비해 성공의 조건으로 돈(35.8→60.5%)과 학벌(15.3→36.4%)을 꼽는 경우가 급증했다. 개인의 노력(38.2→24.2%)이나 인간관계(36.9→21.4%)를 꼽는 경우는 크게 줄었다. 불안의 요소로는 취업난과 실업(43.8%), 급격한 경기 변동(26.1%)이 꼽힌 반면 10년 뒤 불안요소로는 환경오염(28.2%)과 기상이변(26.8%) 그리고 노후대책(22.1%)이었다.

사회제도와 조직에 대한 신뢰도는 지속적으로 하락하였으며 스스로를 중산층이라고 여기는 비율은 IMF 외환위기 직전 44.1%에서 28%로 급감함으로써 계층의식이 추락하는 무기력 증상도 심화됐다(동아일보, 2007. 11. 12). IMF 세대가 겪은 이러한 사회적 곤경은 이들의 결혼마저 늦추게 만들었던 것으로 밝혀졌다. IMF 외환위기가 발생한 1997년 결혼 적령기였던 사람들이 35-39세가 된 2006년 초혼 건수가 약 20% 이상 증가한 것으로 조사되었으며, 이러한 초혼 건수의 증가는 IMF 외환위기에 이어 2000년대 초 벤처 거품 붕괴와 신용카드 대란 등으로 장기간 결혼을 늦춘 IMF 세대가 30대 중후반에 접어들어 어느 정도 경제적 안정을 찾으면서 적극적으로 결혼에 나섰기 때문이다(동아일보, 2007. 4. 20).

IMF 외환위기 이후 지난 10년 간 사회의 급격한 변동에 영향을 받아 일어난 '아노미적' 자살이 크게 늘어난 점도 주목할 만한 현상이다. 아노미적 자살은 사회집단에 대한 개인의 융화나 적응이 일시에 갑자기 차단되거나 붕괴되었을 때 발생하는 것으로 갑작스러운 경제적 파산, 사회적 규범이나 가치관의 붕괴가 그 원인이다. IMF 외환위기 직후인 1998년 자살은 전년도에 비해 42.3%가 급증했으며 사회적 약자들의 자살이 급증한 것이 특징이다. 즉, 1996년에는 30대, 농업, 임업, 어업 숙련 종사자의 자살 비중이 컸으나 IMF 외환위기 이후에는 자영업자와 60대 이상의 노인들로 바뀌었다.

IMF 외환위기 이후 한국사회를 관통하는 가장 큰 변화는 사회 전반적으로 미래지향적 모험과 도전정신이 약화되고 현실적 안정과 적응이 지배적 사회 흐름으로 등장했다는 점이다. 그러나 처음부터 획일적으로 안정과 모험 기피로 주저앉은 것은 결코 아니다.

모험과 도전으로 위기를 극복하고 그것을 기회로 만들어내자는 슬로건 속에서 성공사례도 심심찮게 소개됐다. 실체가 분명하지는 않지만 이른바 신지식인의 이름으로 등장한 성공사례가 대대적으로 홍보되기도 하였다. 언론 역시 이의 정체에 대한 확신도 없이 홍보의 대열에 합류했다. 벤처, 창업, 대박이 가능성으로 동원된 것이다. 그러나 이러한 가능성의 신화는 그리 오래 가지 않았다. 시간이 흐르면서 벤처는 버블로, 창업은 허구인 것으로 나타나기 시작했다. 여기에 구조조정의 고삐가 좀처럼 풀리지 않으면서 직장에서 어떻게 살아남을 것인가에 전전긍긍했다. 모험이 싫다거나 안정이 좋아서가 아니라 어쩔 수 없이 안정을 희구하지 않을 수 없는 구조적 양상이 전개된 것이다.

직업관에도 큰 변화가 있었다. 통계청의 〈한국의 사회지표〉에 따르면, 1995년 조사에서 안정성 29.6%, 장래성 29.2%, 수입 27.1%로 직업선택의 결정항목이 균형적으로 분포되었으나, IMF 외환위기 이후 조사에는 매우 다른 양상을 보인다. 안정성 41.5%, 장래성 20.7%, 수입 18.0%로 조사됐다. 경제위기 차입금의 완전 상환을 공표한 다음 해인 2002년의 같은 조사에서는 안정성 34.4%, 수입 21.5%, 장래성 16.1%로 나타났다. IMF 외환위기를 전후하여 한국 사회는 적극적이며 균형적인 직업선택 구조에서 소극적이며 현실적인 직업선택의 구조로 급격하게 선회한 것이다(박길성, 2008).

안정희구에 몰두한 한국인의 모습은 공무원 열풍에서 여실히 드러난다. 7·9급 공무원 시험에 지원하는 준비자의 줄은 해가 거듭할수록 기하급수적으로 길어지고, 공무원이 결혼 배우자감 1순위로 등장했다. 공무원은 대학생 직업 선호도 조사에서 단연 최고 순위를 기록하여, 이른바 한국사회에서 출세의 항목으로 지목되는 돈 · 승진 · 성공보다는 안정이 보장된 미래를 선택한 것이다. 주목되는 점은 IMF 외환위기가 한국사회의 신뢰구조를 송두리째 흔들어 놓았다는 것이다. 정부에 대한 불신은 말할 것도 없고, 직장에 대한 신뢰와 헌신 역시 과거와는 많이 다르다. '믿을 것은 나밖에 없다' 라는 외침은 IMF 체제 10년이 만들어 놓은 사회적 책임 소재에 관한 중요한 메시지이다. 또한 유난히 부각된 것이 가족이다. 극단적 효율성과 경쟁력만을 강조하는 세상에서 결속할 수 있는 대상이 있다면 그것은 다름 아닌 가족이라는 이른바 '가족화두'가 확산되었다. 불확실한 현실에 대처하기 위한 가족의 생존전략도 많이 달라졌으며, 가족공동체의 중요성이 재인식된 것이다.

젊은 세대들의 의식과 삶의 태도도 많이 바뀐 것으로 나타났다. IMF 외환위기를 겪은 세대들은 그 이전 세대인 소위 386세대들에 비해 자기중심적(individualized), 진보적(innovative), 현실적(into the reality), 유행 추구적(inclined to fashion)인 특징을 가지고 있는 것으로 알려져 있다.

전체적으로 보아, 한국의 IMF 외환위기는 우리 사회에 학력주의 사회관의 강화, 사회와 조직에 대한 불신과 미래의 불안에서 비롯된 소극적이며 안정 위주의 직업관 팽배, 우리보다는 나 중심, 미래를 향한 도전과 성취적 가치 추구보다는 현재의 안정을 추구하는 현실주의적 가치관이 형성되도록 했다. 이렇듯 IMF의 충격과 냉혹한 현실이 학생과 학부모들로 하여금 학력주의 교육관, 안정적 미래를 보장해 줄 직업관 형성과 그에 따른 일류 대학 및 실용적 대학을 전공 선택하는 현실주의 문화, 공동체보다는 가족과 나를 우선하는 개인주의 문화를 형성하게 한 것으로 해석된다.

### 나. 저 출산율

출산율과 가구 당 자녀수는 자녀교육에 영향을 미치는 주요 인구통계학적 요인이다. 자녀의 수는 부모가 자녀에게 제공할 수 있는 교육의 기회와 자녀교육에 대한 경제·문화적 투자자본의 양과 질에 직접적인 영향을 주기 때문이다. 뿐만 아니라, 자녀수는 자녀에 대한 부모의 교육기대와 교육 지원 강도를 결정하게 하는 변수로 작용한다. 그러한 흐름은 자연스럽게 학부모의 강렬한 교육열과 자녀들의 사회적 성공에 대한 열망을 가열시키는 요인이 되며, 이는 학생들의 문화에 영향을 줄 것으로 가정된다. 그러한 맥락에서 살펴 본 지난 10여 년간 우리나라 출산율과 자녀수는 꾸준히 감소하여 세계 최저 수준에 이르고 있고, 저 출산의 주요 이유가 자녀교육과 관련이 있음을 주목하지 않을 수 없다.

실제, 우리나라 25~29세 여성 가운데 결혼하지 않은 여성의 비율이 최근 30년 사이 5배 가까이 늘어났다. 한국보건사회연구원은 '결혼과 출산율'이라는 보고서에서 25~29세 여성의 미혼율이 1975년 11.8%에서 2005년 59.1%로 늘었다고 28일 밝혔다. 20대 후반 여성 다섯 명 중 세 명이 결혼하지 않은 셈이다. 같은 기간 20대 초반(20~24세) 여성의 미혼율은 62.5%에서 93.7%로 높아졌다. 또 같은 기간 30대 초반(30~34세) 여성의 미혼율은 2.1%에서 19%로, 30대 후반(35~39세)은 0.7%에서 7.6%로 높아졌다. 평균 초혼연령은 1981년 남성은 26.4세, 여성은 23.2세였으나 2008년에는 남성 31.4세, 여성 28.3세로 조사됐다. 남자의 초혼연령은 5.0세, 여자는 5.1세 늦어졌다.

결혼에 대한 가치관도 크게 변했다. 2009년 기혼여성 3,585명과 미혼남녀 3,314명을 대상으로 결혼 및 출산동향조사를 분석한 결과 '결혼은 반드시 해야 한다'는 의견에 기혼자는 14.1%, 미혼자는 20.3%만 동의했다. '결혼은 하지 않는 것이 낫다'는 의견에는 기혼자의 5%, 미혼자의 2.6%가 동의했다. 이혼이나 별거를 겪은 사람은 '결혼은 하지 않는 것이 낫다'는 의견에 각각 24.2%, 12.8%가 동의를 표했다. '결혼은 하는 편이 좋다'는 의견에는 기혼자의 49.7%, 미혼자의 46.4%가, '해도 좋고 하지 않아도 좋다'는 설문에는 기혼자의 31.1%, 미혼자의 28.3%가 찬성했다.

결혼을 하지 않는 이유에 대해서는 미혼남녀의 54.9%가 '아직 결혼하기에는 이른 나이'라거나 '교육을 더 받고 싶어서' '자아 성취와 자기 개발을 위해' 등 개인적 사유를 들었다. 소득, 결혼 비용, 고용 불안 등 경제적 이유를 든 미혼남녀는 31.9%였다. 이 보고서는 "한국에서 여성의 미혼율 증가와 만혼은 저 출산의 직접적인 원인"이라며 "주거와 교육 문제에 국가가 적극 대응하는 등 결혼 친화적인 정책을 펴야 미혼율 증가를 억제할 수 있다"고 말했다(동아일보. 2010. 7. 29).

이처럼 결혼을 미루거나 독신을 택하는 미혼 여성이 늘면서 우리나라 여성의 출산 연령이 계속 높아지고 있다. 통계청의 '2009년 출생통계 결과' 보고서에 따르면 산모 연령대가 높아짐에 따라 평균 출산연령이 30.97세로 전년보다 0.18세 상승했다. 이는 1999년의 28.68세와 비교하면 2.29세 높아진 것이다. 산모 평균 연령은 2005년 30.22세로 처음으로 30세를 넘어선 이후 계속 상승하고 있다. 산모 연령대의 상승으로 30대 후반(35~39세) 여성의 지난해 출산율은 2008년보다 0.8명이 오른 27.3명을 기록해 2003년 이후 상승세를 이어갔다. 출산율은 해당 연령의 여성 1000명당 출생아 수를 집계한 지표로 출산력 수준을 평가하는 가장 대표적인 지표다. 반면 30~34세의 출산율은 100.8명으로 전년도보다 0.7명이 줄었고, 25~29세의 출산율은 80.4명으로 전년보다 5.2명이 감소해 연령층 가운데 가장 큰 폭으로 떨어졌다.

설상가상으로 주 출산 연령층인 20~39세 여성 인구도 해마다 줄어 신생아 감소 추세를 부채질하고 있다. 20~39세 여성 인구는 지난해 757만 명으로 2008년(772만7000명)보다 2%(15만7000명) 줄었다. 이 연령대 여성은 1996년 859만7000명이었으나 2000년 844만6000명, 2005년 809만4000명, 2006년 799만1000명, 2007년 785만5000명으로 계속 감소해 왔다. 이에 따라 1970년 4.53명에 달했던 한국의 합계출산율은 1984년 처음 1명대(1.74명)로 떨어진 뒤 지난해는 1.15명까지 하락했다. 이는 미국(2.09명), 프랑스(2.00명), 영국(1.96명)은 물론 저 출산 고령화 문제가 심각한 일본(1.37명 · 이상 2008년 기준)보다도 크게 낮은 수준이다(동아일보. 2010. 8. 25).

현재 진행되고 있는 저 출산 현상 때문에 초등학생부터 줄고 시간차를 두며 중학생, 고교생이 줄어드는 '도미노 현상'이 이어지고 있다. 중학생은 2005년 206만3876명에서 2025년 128만4970명(62.3%), 고교생도 같은 기간 183만9810명에서 132만5686명

(72.1%)으로 줄어들 것으로 전망된다. 2025년에는 초등학생은 126개, 중학생은 116개, 고교생은 103개 시군구에서 학생이 지금보다 절반 이상 줄어들 것으로 추산됐다(동아일보. 2007. 9. 3).

가구 당 자녀수가 줄면서 자녀들을 위한 교육열과 자녀교육에 대한 경제적 지원은 더욱 강화되어왔다. 자녀가 적은 대신 부모가 할 수 있는 최대의 자녀교육을 위해 노력하는 양상이다. 예컨대, 지난해 사교육을 받은 초등학생의 비율이 중고교생보다 높은 것으로 나타났다. 또 저 출산의 영향으로 한국의 전체 인구 중 청소년(9~24세)이 차지하는 비율은 1978년 이후 31년 연속으로 감소한 반면, 2009년 초등학생의 사교육 참여율은 87.9%로 중학생(72.5%), 일반계 고교생(60.5%)보다 높았다. 초등학생 1인당 월평균 사교육비용은 24만2000원으로 일반계 고교생(24만9000원)보다 적었지만 중학생(24만1000원)보다는 많았다(동아일보. 2009. 5. 5).

이러한 사교육비를 비롯한 과도한 양육비 부담 때문에 한국의 저 출산은 세계 어느 나라와도 닮지 않은 독특한 양상을 띤다. 여성의 교육수준이 높을수록 출산율이 떨어지는 것이 세계적으로 공통된 현상이며 한국에서도 1995년까지는 마찬가지였다. 그러나 IMF 외환위기 이후 상황이 달라졌다. 초등학교 졸업 이하 학력인 여성의 출산율이 크게 떨어져 2003년의 경우 0.7명으로 가장 낮다. 반면 초대졸 이상 여성의 출산율은 1.5명으로 가장 높다. 소득에 따른 자녀 출산율 변화는 기대자녀 수에서도 나타난다. 한국결혼문화연구소가 전국의 결혼적령기 남녀 300명을 대상으로 조사한 바에 따르면 부모의 경제적 여건이 좋은 응답자는 평균 1.78명의 자녀를 희망했으나 '경제적 여건이 안 좋다'고 답한 응답자의 기대자녀 수는 1.55명에 불과했다(동아일보. 2005. 7. 5). 2000년대 초반 이후 이상적 자녀수가 초졸 이하 2.4명, 중졸 2.3명, 고졸 2.2명, 대졸 이상 2.2명 수준을 유지하고 있는 점(통계청, 2001; 2004)을 감안하면 저 출산 현상이 매우 심각한 것임을 알 수 있다.

## 2. 제도적 요인

한국 중등학교 학생들의 문화적 특징 형성에 영향을 준 대표적인 제도적 요인으로는 학부모들을 비롯한 '우리 사회의 도구적 학교관', '신자유주의 교육이념', '대학의 다양한 학생 선발정책' 등을 들 수 있다.

학부모를 비롯한 '우리 사회의 도구적 학교관'을 중범위적 영향요인으로 설정한 이유는 학부모 교육열의 강렬성과 학생 및 학교교육에 미치는 영향력이 매우 크고 다면적이기 때문이다. 또한 우리 사회 전반에 형성되어 있는 교육을 보는 눈과 학교에 거는 사회적 기대는 학생들의 가치관과 다양한 선택 행동에 영향을 줄 것으로 생각하기 때문이다. 나아가 수월성을 향한 경쟁과 개인의 책무성을 중시하는 '신자유주의 교육이념'과 '대학의 다양한 학생 선발정책'은 일류대학 진학을 최우선으로 하는 우리의 교육풍토에서 학생들로 하여금 교육수혜자로서의 이익과 효용을 극대화하는 방향으로 대응할 수밖에 없을 것이란 점에서 중요한 영향요인으로 보았다.

## 가. 사회의 도구적 학교관

우리나라 학부모들을 비롯한 사회구성원들의 대체적인 학교관은 수단적이고 도구적인 성격이 강하다. 학생들에게 있어 학교는 교육적으로 유익하고 미래의 삶에 도움이 되는 지식, 기능, 태도, 가치관 등을 계발시켜주는 장이라고 보기보다는 대학을 가기 위해 필요한 졸업장 내지는 자격증을 얻기 위해 잠시 머무르는 징검다리 같은 곳으로 인식되고 있으며 이러한 수단적, 도구적 학교관은 학력주의 교육열과 밀접한 관련이 있다. 심지어 아래의 초등학생의 교육관에서 마저 그러한 도구적이고 수단적인 공부하는 이유 혹은 학교관이 고스란히 담겨있다.

> 14세 조카에게 질문을 던졌다. "너 왜 공부하니?" 반복되는 물음에 조카의 대답은 언제나 똑같다. "그래야 좋은 대학을 갈 수 있고, 좋은 대학을 가야 좋은 직장을 얻을 수 있고, 그래야 돈 많이 벌 수 있고, 또 그래야 결혼해서 잘 살 수 있고, 또 또 그래야……." 보통 아이들에게 들을 수 있는 뻔한 답변이다. 그러나 귀납법으로 풀어가는 아이들의 이 답변 속에서 우리 사회의 일그러진 현실을 읽어내기란 그리 어렵지 않다.
>
> 대답의 핵심은 '행복한 삶'이고, 그 출발은 대학이다. 대학이 곧 행복한 삶의 전제조건이고, 절대적 좌표인 것이다. 물론 누구나 알고 있는 '유행가'이다. 요즘에는 그 좋은 대학에 들어가기 위해 좋은 고등학교 · 중학교가 조건으로 등장하고 있는 추세다. 초등학생이 〈정석수학〉을 마스터하

> 고, 토익과 토플시험을 치르는 이른바 선행학습의 열풍은 그 단면에 불과하다. 과거와 달라진 것이 있다면 과거엔 어떤 대학이든 대학 그 자체가 목표였지만, 현재는 '좋은'대학이 목표라는 점뿐이다(뉴스메이커, 2002년 11월호: 34).

주지하는 바와 같이, 한국사회에서 공부는 개인적으로 지식의 습득, 인격의 도야, 능력의 함양, 심신의 연마 등 여러 가지 의미로 쓰인다. 수단적으로는 학교에서의 여러 시험 준비를 포함해서 각종 입시 준비, 취업 준비 등의 과정이기도 하다. 사회적 의미로는 장차 사회발전에 기여하거나 사회성원으로서 역할을 해 나갈 수 있는 준비의 뜻도 있다.

그러나 언제부터인가 학생들의 학교 공부는, 전부 다 그렇다는 것은 아니지만, 수단적 혹은 도구적 의미로 치우치게 되어 대체로 학력(學歷)을 높여가는 과정으로 변질되었다. 개인적 의미에서 뿐만 아니라 사회적 의미에서도 공부의 본래 의미가 왜곡되어 가고 있다. 이렇게 학교 공부의 수단화, 도구화 징후가 뚜렷함에도 불구하고 이를 애써 부정하거나 여전히 구태의연하게 공부해야 인간이 된다느니, 공부하지 않으면 바보가 된다느니, 공부하지 않는 사람은 사회에서 아무 쓸모가 없다는 등의 언설이 가정이나 학교에서 끊임없이 이루어지는 이유가 무엇일까. 사실 학력신화(學歷神話) 속에서 이루어지는 공부는 학력 쌓기 수단으로서의 가치를 지니게 되며 그 외의 내재적 · 본질적 가치는 이름뿐인 포장용으로 언급되는 경우가 많은 데, 바로 우리의 교육현실이 이에 해당된다고 할 수 있다. 이러한 현실에서 대다수 학부모들은 자녀들의 공부를 위해서는 어떠한 희생도 마다하지 않고 있으며, 이는 누구에게도 뒤지지 않으려 하는 교육열로 나타난다(임용수, 1996: 466).

이러한 학력주의는 체계적인 학제가 도입되면서 등장하기 시작한 역사적 유산이다. 학력의 위계화에 따라 지위가 배분되면서 학력 수준과 능력 수준을 동일시하는 경향이 생겼다. 학력 수준과 능력 수준이 동일하다는 뚜렷한 과학적 증거가 없음에도 불구하고, 근대사에 들어와서도 학력이 중요한 선별지표로 사용되었다. 이러한 경향을 더욱 강화시킨 것은 60년대의 구조적 사회이동과 무관하지 않다. 당시에는 농업에 종사한 인구가 전 국민의 약 70%를 점유하고 있었다. 산업구조의 팽창은 농림업의 인구를 산업 인구로 구조적으로 흡수할 수밖에 없었다. 이때 중요한 선별지표로 이용된 것이 교육수준이다. 따라서 교육을 통해 지위 이동을 할 수 있다는 믿음이 확인될 수 있었고, 이러한 교육지표가 주는 후광효과는 사회적, 경제적, 문화 상징적 가치 등과 강한 관계를 맺게 하였다. 외형적인 학력 지표가 능력을 나타내는 지표로 사용됨으로써 결혼관계, 사회관계(학력망), 인간관계(인간무시) 등으로 확대되었다. 이런 조건 때문에 가정, 학교 그리고 사회일반에서 교육을 접하는 다양한 행위가 도출되었다. 즉 일류대학의 진학은 부모에게 있어 매우 자랑스러운 사건이 되고, 학교는 일류대학 진학률을 높이기 위한 효과적인 교수전략(암기식 교육)을 구사하게 된다. 이로 인해 파생된 부작용을 해결하기 위해 정부는 다양한 교육정책으로 고심할 수밖에 없게 된다(강창동, 2000).

눈여겨 볼 점은 한국사회의 교육열이 갖는 결과지향적 특성과 가족공동운명체적 연대성이다(김경근, 2003: 90-93). 즉, 한국사회에서 교육열은 주로 교육의 내재적 목적보다는 교육의 결과로 얻게 되는 사회적 성취를 중시하는 방향으로 움직이는 경향이 있다. 이러한 연유로 인하여, 한국사회에서 교육열은 자녀의 사회적 성취와 밀접한 연관성을 갖는 학교교육에 대한 집착의 형태로 발산된다. 사람들은 일단 학교를 다녔으면 그 과정에서 얼마나 많은 것을 배웠는가보다는 졸업장이나 학위를 받았는지를 훨씬 더 중시한다. 나아가 한국사회에서 교육에 관한 의사결정은 주로 자녀보다는 부모를 중심으로 이루어진다. 이러한 의식구조가 지배하는 문화에서는 항상 자기의 주장이나 감정을 억제하고 자기가 소속된 집단의 분위기에 추종하도록 요구받는다. 그리고 어떤 한 가족 구성원의 출세는 다른 구성원 모두의 지위에도 상당한 영향을 미치기 때문에, 자녀와 관련된 중요한 교육적 의사결정 과정에서 부모의 요구와 희망이 지대한 영향력을 발휘하게 되는 것이다.

> 대학은 나와야죠. 우리 딸이 지금 중3이니까……. 해양고등학교 이런데서(학교 입학) 광고가 오는데 우리 아이가 자기도 직업학교 쪽으로 가도 되지 않겠느냐고 해요. 우리 남편이랑도 그런 이야기를 해요. 상업학교를 가면 애가 그래도 내신 1등급이 될 거고 그 중 가장 뛰어난 애가 될 텐데. 그런데 목표가 대학 입학만이 아니고 우리 사회에서 봐도 대인관계가 중요한데, 고등학교도 중요한데 그런 상업학교를 가야 되겠느냐. 그리고 대학도 왜 가야 하느냐 그것도 인간관계에서 중요한 거지……. 우리 딸이 그렇게 이야기 해요. 대학을 가면 뭐가 좋으냐고. 그러면 저는 그렇게 대답해요. 대학을 가면 일단 생각하는 게 다르고 삶이 훨씬

> 주관도 뚜렷하게 서고. 광범위하게 생각할 수 있고. 나중에 직장을 가지더라도 폭넓은 직장을 가질 수 있다 그래요.
>
> 일단은 우리나라에서 학벌이 없으면 살 수가 없잖아요. 뭘 하든지요. 꼭 그 전공으로 먹고 살지 못하더라도 대학교는 꼭 가놔야 한다고 생각해요. 세상이 합리적이지 않잖아요. 힘을 가져야 하고 그 힘을 얻으려면 학벌이 필요하다는 거죠(이민경, 2007: 166).

한국사회 교육열의 가족공동운명체적 연대성 현상은 오욱환(1999)의 교육출세론과도 맥이 닿아 있다. 즉, 한국 사회에서 거듭된 사회구조의 변화로 교육의 사회·경제적 보상 효과가 실증됨으로써 교육출세론이 사회적 통념으로 굳어지게 되었다. 사회적 차별이 철폐됨에 따라 교육기회가 확대되었고 권력구조의 변화로 출세의 공간이 넓어지면서 교육을 통한 사회경제적 성공 사례가 늘어났다. 경제와 사회의 발전으로 출세의 의미가 확장됨에 따라 교육을 통해 얻을 수 있는 보상의 폭도 넓어졌기 때문이다. 예컨대, 전통사회는 가문의 어른들이 가문의 명예를 위해 재능 있는 아이들을 집단적으로 후원하였다. 오늘날에도 똑똑한 아이가 있으면 집안 어른들이 큰 인물로 만들기 위해 적극적으로 후원한다. 교육을 통해 출세한 사례들은 각 가정의 성공담으로 끝나지 않고 가문과 지역사회의 성공사례로 공유되면서 신화로 퍼져나간다. 이렇게 만들어진 신화들은 널리 파급되면서 한국사회의 모든 부모들로 하여금 신화 창조를 꿈꾸게 한다. 출세한 아동을 둔 부모들은 자신들의 삶을 보상받았다고 생각하며 아들의 혼처를 물색할 때에는 전략적 고지를 점령한 양 행세한다(오욱환, 1999: 18-19).

굳이 교육출세론이 아니더라도 한국의 어머니들에게 있어 '자녀교육 성공'은 가장 중요한 삶의 프로젝트의 하나이며, 어머니들의 자녀교육열은 자녀들의 성공에 의해 능력 있는 '어머니 되기'라는 자신들의 현실적이고 내재적 욕망과 '일류대 입학'이라는 자녀교육 성공에 대한 가족 등 외부 기대에의 호응이라는 상호작용에 의해 '정체성 전략' 형태를 지니기도 한다. 가족주의가 강한 한국사회에서 자녀의 성공은 어머니에게 가족의 사회적 지위재생산을 위한 가장 가능성이 많은 기제로 인식된다. 한국의 어머니들은 한국사회에서 '인간적'으로 대우받기 위해서는 고등교육을 받아야 하기 때문에 일류대학 졸업장은 경제적 소득이나 사회적 신분 상승 등 물질적, 현실적 보상이 아니더라도 그 자체만으로도 인간관계와 사회생활을 하는데 비가시적 힘이 된다는 생각을 가지고 있다. 어머니들은 자녀들의 교육성취는 반드시 좋은 사교육을 시킬 수 있는 부모의 경제적 뒷받침을 필요로 하며 더 이상 '개천에서 용 나지 않는다'는 인식을 가지고 있다(이민경, 2007).

학부모 교육열에는 실패의 공포와 성공의 유혹이 함께 자리 잡고 있다. 자신의 좌절된 꿈과 한, 그리고 성공하지 못한 소망들을 자녀들을 통해 이루고자 꿈꾸기도 하며, 경쟁으로 치달아가는 데 따른 갈등과 공교육에 대한 분노를 체험하기도 한다(이소희, 2004). 심지어 학력 인플레이션 시대에 격심해진 지위경쟁에 대처하기 위해 조기유학이나 해외유학과 같이 새로운 '경쟁적 가치'를 가진 학력을 찾아 '탈'한국을 선택하기도 한다(손준종, 2005).

요즈음은 자다가도 아이들 성적 때문에 벌떡벌떡 일어나기도 해요. 눈만 뜨면 아이들 성적이 머리에서 떠나질 않아요. 남편과도 가장 중요한 건 아이들 공부이지 우리들 관계가 중요한 건 아니에요. …(중략)… 아이들 성적으로 부부싸움도 하게 되더라고요.

다음 주에 우리 친정아버님 생신인데 민진이 시험날짜와 겹쳐요. 가족 모임이 다 연기 되었어요……. 그거에 대해서는 조금도 불만이 없으세요. 그런 것을 다 배려하는 편이세요. 시부모님도 아이들 공부하는 것에 대해서는…… 공부 땜에 못 간다고 하면 이해하시구요(이민경, 2007: 170).

이러한 한국사회의 학력사회적인 특성을 확인해주는 실증적 연구결과도 있다. 예컨대, 이정표(2001)는 우리나라 15-64세 국민 1,000명을 대상으로 한 학력관 차이에 관한 연구를 수행한 바 있다. 그의 연구결과에 따르면, 국민 중 51.2%가 사회 전반적으로 능력을 중시하는 사회로 이동하고 있다고 인식하지만 여전히 기업이 개인의 능력이나 노력보다 학력을 중시하는 경향이 있다. 국민의 약 44.8%가 인생에 있어 높은 학력을 소지하기 위해 학비를 투자하는 것은 개인이 성공할 수 있는 확실한 방법이라 생각함으로써 학력 소유에 따른 투자적 가치를 긍정적으로 인식하였다. 또한 55.6%의 국민은 학력을 개인의 능력 유무를 나타내는 중요한 수단으로 인식하고 있으며, 30%는 학력이 높은 사람을 인지적 능력이 높은 사람으로 인식하였다. 또한 국민들의 47%가 대학이 기업에서 요구하는 교육을 가르치고 있지 않으며, 79%는 대졸자가 사회에서 요구하는 것보다 과잉 배출되고 있다고 인식하고 있다.

국민의 학력관에 대한 집단 간 인식 차이를 보면, 성별이나 소득별로는 유의미한 차이가 크게 나타나지 않는다. 이에 비해 학력에 따른 학력관 차이는 크게 나타나는데, 전반적으로 학력의 가치나 효용성에 대해 학력이 낮은 중졸자가 가장 과신하고 있으며 다음으로 대졸 이상자들이 높게 인식하는 것으로 나타나고 있다. 연령이 높을수록 학력 전반에 대한 가치를 높게 두는 경향이 있는 셈이다.

### 나. 신자유주의 교육이념

1996년 문민정부 출범의 통치 이념으로 제시되어 국민의 정부로 이어지는 신자유주의는 1990년대 중반부터 2010년 오늘에 이르는 약 15년 동안 한국 교육 전반에 큰 영향을 준 요인이라는 점에 학자들 간에 큰 이의가 없다. 신자유주의 자체의 이중성, 다시 말해 이데올로기적 속성 때문에 개혁의 이념과 실체를 제대로 파악하는데 많은 어려움을 겪어 온 것이 사실이지만 많은 사람들이 신자유주의 교육개혁을 "시장 메커니즘에 따라 교육통치(educational governance) 구조를 근본적으로 변화시켜 '교육서비스'의 질을 향상시켜야 한다"는 주장과 견해를 크게 달리하는 것 같지 않다(김용일, 1999: 21). 공공성과 평등 및 복지 개념이 중시되는 국가 보다는 효율과 경쟁 개념이 우선적으로 적용되는 시장 중심의 교육개혁인 것이다.

주지하는 바와 같이, 김영삼 대통령 취임 후 2년 3개월이 지난 1995년 5월 31일에 발표된 '세계화 · 정보화 시대를 주도하는 신교육체제 수립을 위한 교육개혁 방안"이 발표되었다. 5 · 31 교육개혁안은 '교육복지국가(edutopia)의 건설'이라는 대의명분 하에 국민 개인의 잠재력을 최대한 계발하는 데 주안점을 두고 있으며, 이 교육개혁안은 기존의 교육활동에 대한 인식과 범주를 과감히 탈피하고자 했다는 점에서 가히 혁명적이다(신현석, 1996: 100-101). 즉, 종래의 획일적인 교육으로부터 교육을 다양화 · 특성화하고, 학교 교사 등 종래의 교육 공급자 위주의 교육활동을 학생 · 학부모 등 교육소비자 중심의 소비자 중심의 교육활동으로, 통제 위주의 교육을 탈피하여 책무성과 자율성에 바탕을 둔 교육, 시대 상황의 변화에 따른 정보화 교육 등 패러다임적 전환을 모색하고 있는 것이었다.

이러한 5 · 31 교육개혁안의 배경은 당시 우리 사회의 변화를 주도해 온 세계화, 정보화, 지식기반사회이며, 교육개혁, 구조조정, 행정개혁과 같은 변화의 배경논리는 신자유주의였다. 세계화 개념의 등장과 함께 추진된 신자유주의의 적용은 구조조정, 효율성, 부가가치 창출과 같은 담론을 확산시켰다. 또한 교육부분 역시 이러한 신자유주의 적용에서 예외일 수 없다는 인식의 반영이 시장주의 이데올로기 · 경제논리를 바탕으로 한 교육개혁과 교육제도의 시행으로 나타났다고 볼 수 있다(신인영, 2002). 교육개혁의 지향점은 '창의력 배양과 교육의 질적 수월성'이라는 두 가지 목표로 집약될 수 있다(김용일, 1997: 269). '창의력 배양'은 '정보화 사회'의 도래에 따라 교육에서 창출해야 할 인간상을 의미하며, '교육의 질적 수월성'은 세계화 시대의 도래로 인한 '세계 수준의 질 높은 교육'에 대한 요구를 반영한 것이었다.

이러한 신자유주의 시각에서 볼 때, 학교는 무기력, 타성, 질적 퇴락, 책무성의 부재 등과 같은 문제들을 가지고 있으며, 이 문제의 원인은 학생 유치를 위해 경쟁할 필요도 없고, 고객의 요구에 반드시 부응해야 할 필요도 없으며, 자신의 교육적 실패에 대해 책임질 필요도 없는 소위 '공급자 중심의 교육체제'에 있다고 보았다. 학교는 '국가가 보호하는 무책임한 교육기관', '학습 수준의 도달 여부와 상관없이 졸업장을 남발하는 곳', '자기 책임을 학생에게 전가하며 생존을 보장받는 곳', '학교의 본질인 교육이 불신 받는 곳', '자율성도 평가도 없는 곳' 등(박종렬, 1996: 169-170)으로 이해된다. 이를 해결하기 위해 '수요자 중심의 교육체제'를 주창하게 되었고 이는 기관의 운영에 관한 자율성을 부여받은 각 단위 학교가 스스로의 자유재량 하에 고객이 선호하는 교육을 실시하여 고객의 심판을 받고, 그 결과에 대해 자신이 책임지는 방안을 도입해야 한다는 개념이었다(이차영, 1998: 134).

중등교육과 관련해서도 기존의 어떤 개혁 시도보다 포괄적이고 전환적인 내용들로 이루어져 있었다. 우선 '학교운영위원회'를 구성하여 단위학교의 교육 자치를 활성화하고, 경쟁과 결과보다는 과정을 중시하는 학생생활기록부와 수행평가 제도를 도입하였다. 학습자 중심의 교육과정 개편 및 교수-학습법의 도입도 추진되었다. 적성에 따른 과목 선택권을 확대하고, 수준별 교과과정 및 학급 편성을 강화하며, 열린교육을 통해 자기 주도적이고 개별화된 학습이 이루어지도록 하고 있었다. 세계화교육과 더불어 정보화교육, 의사소통 중심의 영어교육, 독서교육이 강화되고, 토론문화 정착을 위한 노력과 더불어 진로지도도 활성화되었다.

개성과 창의성은 학교 개혁의 주요 이념으로 등장했다. 대학입학제도가 "국민의 고통을 덜어주는"방향으로 개편되면서 학교장 추천제 등 다양한 진학방식이 도입되었다. 보충수업과 자율학습이 특기적성교육과 특별활동으로 대체되면서 중등학교는 비로소 전인교육의 장으로의 변신을 기대할 수 있는 상황이었다(신재영, 2005: 164-165). 심성보(1999)는 이러한 김영삼 정부의 '국가경쟁력 강화를 위한 교육개혁'과 '교육의 수월성 확보' 및 '열린교육의 도입' 그리고 김대중 정부의 '신자유주의 정책의 도입' 등이 경쟁강화정책에 의한 교육 붕괴 현상이 심화되었다고 주장한 바 있다.

특히 김영삼 정부가 들어서면서 교육개혁의 담론으로 제창된 열린교육이 도입되면서 심화되었다고 해석하고 있다. 열린교육은 권위주의 교육으로부터 벗어나게 하는 중요한 의미를 갖는 교육개혁이었으나 아동중심의 새로운 열린교육 방식에 익숙하지 않은 사람에게 더욱 심대한 거부반응을 일으켰다.

또한 IMF 경제위기를 겪은 직후 출범한 국민의 정부에서도 수월성 추구, 경쟁과 성과 그리고 효율성을 중시하는 교육정책이 이어졌다(신현석, 2003). 특히, 정권 출범 초기 교육개혁 정책의 골격을 입안한 이해찬 장관은 '교육비전 2002: 새로운 학교문화 창조'를 통해 수행평가, 학교생활기록부, 고교장 추천제를 골자로 하는 새로운 대학입학전형제도 개선책과 학습자 중심의 열린교육, 학생의 자기 주도적 학습능력의 배양, 창의성 신장과 인성교육을 통한 새로운 학교문화 창조 등을 제시함으로써 문민정부 이후의 교육개혁의 가치와 정책을 계승 강화하고 있음을 알 수 있다.

## 다. 대학의 다양한 학생선발정책

국가 통치 권력이 표방한 교육이념은 다양한 교육정책으로 현실화되지만, 그러한 교육정책 가운데 중등학교에 가장 큰 영향을 미치는 것이 대학 입학 정책이다. 중등학교 교육이 대학입학에 종속되는 바와 다를 것 없는 한국의 교육현실에서 대학 입학 정책 요인을 경시할 수 없음은 자명하다. 그러한 의미에서, 중등학교 문화의 특성을 해석하기 위한 제도적 요인으로 대학 입학 정책의 목표와 주요 특징은 매우 중요한 의미를 갖는다.

실제 우리나라의 대학입학제도 개혁은 정권이 바뀔 때마다 어김없는 단골 주제로 등장하였다. 그만큼 대학입학제도는 모든 국민의 중요한 관심사였기 때문이다. 정도의 차이는 있지만 대학입학제도는 매년 바뀌었다고 해도 지나치지 않다. 해방 이후 지난 50년간, 대학입학 제도는 거의 가능한 모든 전형방법을 활용했으며, 역사적으로 비슷한 방법을 되풀이하고 있다. 대학입학제도는 우리나라 교육에서 부인할 수 없는 큰 제도적 축이기 때문이다. 현실적으로 대학입학제도는 초·중등교육에 엄청난 영향력을 미치고 있다. 한국교육은 대학입학 제도를 빼놓고 설명이 불가능할 정도가 되었다(강창동, 2007: 84). 대학입학제도가 자주 바뀌었지만 정권의 성격과 무관하게 한 가지 공통된 정책목표가 있었다면, 그것은 학교교육 정상화와 사교육 억제라 할 수 있다(김미숙, 2010: 25).

대학입학제도 운영방식은 대학의 이념과 교육적 필요를 반영하여 전문화된 학문의 계열로 학생들을 입문시키는 "진로선택"의 기능과 능력에 따른 "사회적 선별" 두 가지로 대별해 볼 수 있다(김동석, 2000: 21-22). 그러나 대학 입학 정책의 가장 핵심적인 기능은 대학에 진학하기에 적합한 자를 선발하는 선발의 기능이라고 할 수 있다. '입학적격자'가 어떠한 요건을 구비한 사람을 의미하느냐 하는 것은 대학을 둘러싸고 있는 사회 · 문화 및 역사적 전통에 따라, 그리고 국가정책에 따라 다르게 나타난다. 또한 대학 입학 정책은 학습자가 고교 교육과정을 충실히 이수하도록 지원하는 교육적 기능을 수행한다. 대학 입학 정책이 어떻게 수립 · 운영되느냐에 따라 고교교육의 방향 설정에 많은 영향을 미치기 때문이다. 일반적으로 대학 입학 정책의 교육적 기능이 순기능으로 작용할 때는 학생들에게 강력한 학습동기를 부여하고 교사들에게 수업효과를 평가할 기회를 주며, 교육 개선의 방향을 제시할 뿐만 아니라 학생 선발의 공정성을 국민들에게 보여주는 구실을 하게 된다. 반면에 역기능으로 작용하는 경우에는 교육 정상화 및 교육발전을 저해하게 된다. 그 외 대학 입학 정책은 효율적인 사회 운영을 위한 인적 자원을 관리하고 사회적 지위 배분 기능을 수행하는 사회적 기능이 있다(노명순, 2005).

대학 입학 정책이 갖는 기능 중에서 어떤 기능을 중시할 것인지, 누구의 요구를 우선적으로 반영할 것인지, 적용 기준, 전형방법 등에 따라 대학입학제도운영의 개념모형을 학생선발모형과 학교선택 모형으로 구분할 수 있으며(김동석, 2000), 한국 대학 입학 정책은 학교 선택 모형에 가까운 형식으로 유지되어 왔다. 이때 선발모형은 고학력 우대의 사회경제적 관행이 제도화되어 있는 학력지향의 사회구조가 사회적 배경이 된다. 학력에 문화적 화폐로서의 속성이 부여된 가운데 고등교육을 향한 교육적 열망과 투자적 교육관이 제도운영의 전 과정에 반영되어 있다. 선택모형은 자유로운 선택기회의 균등한 보장이라는 규범적 토대를 지니고 있다. 대학은 기능분화를 전제로 한 특성적 발전을 지향하여 다양한 프로그램을 개발하고 그 대학의 필요에 따른 학생을 선발할 수 있어야 한다. 이에 상응하여 학생과 학부모는 특성적 능력과 교육적 필요와 처지에 따라 다양한 대학교육프로그램을 선택할 수 있는 기회를 향유함으로써 사회적 서비스로서의 교육의 기회를 누리게 된다.

이러한 학생선발모형의 근본적인 한계는 어떠한 형태의 대학입학제도 개혁과 시험을 발전적으로 설계해도 학교교육의 정상화와 시험에 구속된 학생들의 삶, 입시준비위주의 학교운영을 근원적으로 해결하지 못했다는 점이다(김동석, 2000: 23).

본 연구의 대상 기간인 1995년 이후 대학 입학 정책은 크게 대학수학능력시험 · 학교생활기록부 · 논술고사병행기(1997-2001)와 다양한 전형자료 활용기(2002- 2007)로 나누어진다.

대학수학능력시험 · 학교생활기록부 · 논술고사 병행기의 정책목표는 첫째, 수능의 변별력을 제고하고 국 · 영 · 수 위주의 대학별 필답고사를 억제하여 과열과외 완화, 수험생의 학습 부담 감소, 고교교육의 정상화에 기여한다는 것이다. 둘째, 대학별 전형방법의 다양화를 통해 획일화된 입시위주의 교육에서 탈피하여 학생의 전인적 성장과 발달을 도모한다. 셋째, 정부의 획일적 규제에서 벗어나 대학에게 대폭적인 자율과 창의성을 보장하고, 정부로서는 중앙집권적 입시관리로 인한 국민적 부담을 완화한다. 넷째, 사회 · 경제적으로 그늘진 계층에 대한 특별전형의 확대로 자유와 평등이 조화된 교육을 실시하여 계층 간 위화감을 완화하고 사회적 화합과 안정에 기여하는 것이다.

이러한 정책목표는 전형자료와 전형방법의 다양화, 전형일정의 유연화를 통하여 달성하고자 하였으며, 이 시기의 대학 입학 정책의 구체적인 주요 내용을 정리하면 〈표 IV-1〉과 같다. 다양한 전형자료 활용기의 대학 입학 정책은 21세기 지식기반사회가 요구하는 인력양성, 대학 지원자의 감소로 인한 경쟁완화 등 대학입학 환경의 변화에 효율적으로 대응한다는 것이었다.

**〈표 IV-1〉 대학수학능력시험 · 학교생활기록부 · 논술고사 병행**

| 구 분 | 대학수학능력시험 · 학교생활기록부 · 논술고사 병행기 |
|---|---|
| 정책목표 | • 학교교육의 정상화 도모<br>• 대학교육 적격자 선발기능 제고<br>• 교육의 기회균등과 평생교육의 실현<br>• 대학입시로 인한 국민의 부담과 고통 완화 |
| 전형자료 | • 대학수학능력시험, 학교생활기록부, 대학별고사. 기타 전형자료 |
| 전형방법 | • 대학수학능력시험, 학교생활기록부(40% 이상), 대학별고사(국공립대는 폐지)<br>• 일괄합산, 전형자료별, 단계별 사정 가능, 동점자 전원 합격 처리 |
| 전형유형 | • 일반전형과 특별전형 |
| 전형일정 | • 학기별 선발<br>• 국가조정 일정과 대학자율일정(이원화)<br>• 최소 6회 지원 가능 |
| 정책결과 | • 대학의 학생선발권 확대<br>• 특별전형의 확대 |

| | |
|---|---|
| | • 수험생의 실질적인 복수지원 기회 확대<br>• 대학별 신입생모집 사전예고제 실시, 입학정보센터 설치 · 운영 |

자료: 노명순(2005). p. 39.

이 시기의 주요 대학 입학 정책에 관련된 내용을 정리하면 〈표 Ⅳ-2〉와 같으며, 가장 큰 특징은 학생의 소질과 적성을 중시하는 무시험 전형제의 채택과 선택중심 교육과정의 도입, 그리고 대학 전형자료의 다양화이다(김동석, 강창동, 2007: 107).

〈표 Ⅳ-2〉 다양한 전형자료

| 구 분 | 다양한 전형자료 활용기 |
|---|---|
| 정책목표 | • 교육적 기능과 사회적 기능의 조화<br>• 자율성 및 공공성, 일관성 원칙 강조 |
| 전형자료 | • 대학수학능력시험성적, 학교생활기록부, 대학별고사(논술고사, 면접, 구술고사, 신체검사, 실기 · 실험고사, 적성 · 인성 검사 등), 지원자 제출자료(자기소개서, 지원동기서, 학업계획서, 과외활동 상황 등), 업적 및 경력자료(각종 경시대회 수상실적, 봉사활동자료, 자격 · 경력자료, 선행상 등 각종 표창자료 등), 추천서(학교장 등 기타 경력 및 활동과 관련된 인사의 추천서), 기타 대학의 장이 전형에 필요하다고 인정하는 자료. |
| 전형방법 | • 다양한 일반전형과 특별전형의 확대<br>• 무시험 전형제 도입 |
| 전형유형 | • 일반전형과 특별전형<br>• 다양한 특기와 수상경력에 의한 특별전형과 실업계, 농어촌, 장애인, 취업자 등 보상 차원의 특별전형 확대 권장 |

| | |
|---|---|
| 전형일정 | • 과열경쟁을 부추긴 특차모집 폐지하고, 정시모집과 수시 모집으로 이원화<br>• 3학년 1학기 조기 선발제 도입(수시 1학기)<br>• 정시모집 추가등록 합리화를 위한 공동 관리 방안 도입 |
| 정책결과 | • 특별전형의 확대<br>• 수시모집 비율 증가<br>• 수능시험성적 활용의 다양화<br>• 대학의 자율권 확대 |

자료: 노명순(2005). p. 44.

## 3. 중등 학생문화 형성의 미시적 요인

신제도주의의 계층적 맥락에서 가장 낮은 수준인 행위자 요인의 측면에서 해석해 볼 때, 한국 중등 학생문화의 특성형성에 영향을 준 미시적 요인으로는 성적 향상을 주된 목표로 하는 '학력주의적 학습동기', '사교육 의존행동 확산', '안정 위주의 직업관과 대학 전공 선택 성향' 등으로 해석된다.

### 가. 학력주의적 학습 동기

중등학생들에게 있어 학교는 '대학에 가기 위해 건너야 할 징검다리' 정도로 인식하는 경향이 강하다. 이러한 학생들에게 학교는 도구적이고 자신들에게 필요한 수준에서 의미가 있을 뿐이다. 기본적으로 학교 가기를 즐거워하는 학생은 별로 없으며, 설사 학교에 간다 하더라도 수업시간에 스위치를 끄고 앉아 있다가 점심

먹고 방과 후에 친구들과 어울려 놀 생각을 하거나 매우 소극적으로 하루하루를 보내는 무수한 잠재적 중퇴자를 양산하는 온상이 되고 있다. 심지어 학생들은 교실을 중환자실 또는 영안실이라고까지 부르고 있을 정도이다(조혜정, 1996: 120-122). 학생들의 학교교육에 대한 만족도도 낮은 편이다. 그들이 학교가 싫다고 느끼는 이유를 보면, 학교규칙에 얽매임이 가장 크지만 다음으로 공부하기 싫음, 수업내용과 방식이 마음에 들지 않음, 교과서내용의 불필요성 등 주로 수업에 관련된 내용이 많다(박선웅, 2002: 91).

대부분의 학생들이 비중 있게 고민하고 있는 문제는 장래의 진로문제와 성적문제이다. 공부의 참 의미, 자신의 삶과 사회 공동체의 발전에 대한 꿈과 성찰은 찾아보기 어렵다. 전체 학생의 53.3%가 대학 진학을 위한 성적에 대해 매우 고민한다고 답했으며, 7.2%의 학생만이 고민하지 않는다고 답했다. 진로문제나 성적문제 이외에 절반 이상의 학생이 매우 고민하거나 다소 보통으로 고민하고 있는 문제는 성격, 부모님의 지나친 기대, 용모, 친구관계에 관한 것이다. 고등학생들은 그들에게 고민이 생겼을 때 44.1%에 해당하는 학생이 주로 친구나 선배와 상의하고 있다. 그리고 전체 표집 학생의 36.6%가 다른 친구와 상의하지 않고 혼자서 해결하고 있다. 이외에 부모님, 형제와 각각 9.4% 정도 상의하고, 선생님과 상의하는 학생은 0.6% 정도에 불과하다. 대부분의 학생들은 압도적으로 "직업에 성공하는 것", "결혼할 배우자를 찾고 행복한 가정생활을 누리는 것", "남을 위해 봉사하는 것"을 중요하다고 생각한다(안귀덕, 1990: 181- 184).

이러한 경향은 최근의 연구결과에서도 비슷하게 나타나고 있다.

예컨대, 서은국(2007)의 연구에 따르면 우리나라 10대 청소년들의 절반 수준인 49.0%가 자신의 행복에 가장 영향을 주는 사건이 친구/인간관계에 관련된 생활경험이며, 그 다음으로 성적과 대학입시 그리고 성취와 관련된 생활경험이 가장 행복했다는 응답이 34.1%에 이르고 있다. 반면, 청소년들의 불행에 관련된 생활경험에 대해서는 39.3%의 응답자가 자율성 박탈 경험이 자신의 불행에 영향을 주며, 그 다음으로 성적에 관련된 성취 좌절 경험을 32.2%, 친구를 포함한 인간관계문제 경험을 12.1%가 언급하고 있다. 바꾸어 말하면, 오늘날에도 변함없이 우리나라 청소년들은 학교 성적으로 인하여 불행한 느낌을 갖는 비율이 가장 높다. 그리고 학교 성적 때문에 성취감을 느끼는 경우도 두 번째로 높다. 이는 학교 성적에 따라 행복해하고 좌절하는 우리 청소년들의 삶의 모습을 잘 보여주고 있다 하겠다.

이러한 경향은 학교 급별에 관계없이 동일하게 나타나고 있다는 사실에 주목할 필요가 있다. 즉, 한국 학생들의 삶의 질을 결정하는 가장 중요한 변화요인은 학업성취도이며, 초등학교나 일반계 고등학교 및 실업계 고등학교를 막론하고 모두 학업성취 수준이 높은 학생 집단이 낮은 학생 집단보다 현저하게 높은 행복감을 나타내고 있다(박영신, 2007). 다음은 성적과 진로문제로 고민하고 있는 고등학교 1학년 학생들의 이야기이다.

> 지금 나에게 가장 큰 고민은 진학, 성적문제이다. 교육은 백년대계인데 이 나라는 대선을 한 번씩 치를 때마다 교육이 자주 바뀌니 중심을 잡을 수가 없다. 서울대와 정부의

> 정면 대결과 같은 일이 일어남으로써 우리들은 고(高) 1이 아니라 고(苦)1인 셈이다. 이러한 분위기 속을 헤쳐 나가는 것이 어려움이라 할 수 있다. 또 한 가지는 시간이 부족하다는 것이다. …(중략)… 한 마디로 말하면 지금 나를 가장 힘들게 하는 것은 불안감이다. 이 불안감을 떨쳐버리려고 스톱워치를 이용해 내가 하루 동안 공부한 시간도 재고 날짜별, 시간대별 계획을 잡아서 공부하기도 하고 때론 일기를 써 보기도 하는데 이 불안감이라는 것은 내 옆에 붙어서 떨어지려고 하지 않는다. 시간이 갈수록 날 더 감싸 안고 꽉 조여 오는 느낌이 들기도 한다(정병호, 2006: 71- 73).

따라서 학생들은 자신들에게 필요한 수업 내용만을 관심 있게 듣고 자신의 필요에 부응하지 못하는 수업에는 무관심하다. 고등학생들이 수업을 통해 얻고자 하는 것이 정선된 지식 속에 체계적으로 농축된 구조화된 논리의 힘이나 아름다움을 느끼거나, 그 지식이 삶 속에서 어떻게 활용되며, 미래의 새로운 진리를 탐구하는데 어떤 초석이 되는지를 아는 데 있지 않다. 수업에서 제시된 내용이 시험 성적 향상에 어떤 기여를 하는지에 관심이 있을 뿐이다.

학생들에게 있어 수업은 시험과 진학에 도움이 되는 정도에 따라 지식의 가치와 수업의 의미를 달리하며, 시험과 성적 평가에 도움이 되지 않는 교육활동은 별다른 의미가 없다. 그러한 수업은 당연히 재미가 없고, 애써서 들어야 할 이유도 없다. 자신들에게 필요한 시험과 성적 향상에 도움이 되는 공부는 학원에 가면 잘 해주기 때문에 굳이 학교에서 신경 쓰며 공부할 생각을 하지 않는다. 하여, 학생들은 졸거나, 떠들거나, 친구와 놀거나, 시험에 도움이 되는 다른 공부를 하거나, 방과 후에 재미있게 놀 공상에 젖어 있기 십상이다. 시험과 성적 향상을 위해 콕 찍어주는 요약과 전달식 수업이 좋은 수업이며, 체벌을 가해도 그러한 수업에 노련한 교사라면 고분고분 복종한다(오영재, 2007: 259).

따라서 아이들의 흥미를 유발하는 가장 좋은 방법은 가르치는 내용 중 시험에 나올 만한 것들을 찍어 밑줄을 치게 하거나, 칠판을 치면서 실제 시험에 내겠다고 강조하는 정도이다. 수업에 관한 아이들과의 상호작용에는 단답식 질의응답이 많다. 한마디로 교재 따라가기 수업, 교사의 모노드라마인 셈이다(김정원, 2002: 278-279).

### 나. 사교육 의존행동 확산

한국 중등교육에 있어 사교육 문제는 오래전부터 많은 사람들이 고심하고 각종 대책을 강구해 온 정책문제였고, 지금도 변함이 없다. 그러나 더 심각한 것은 사교육 문제가 시간이 지날수록 점점 더 심각해지고 있다는 사실이다. 실제 1980년보다 1990년 후반기로 갈수록 초·중·고등학교에 다니는 학생들의 사교육 참여 정도는 상당히 급격하게 증가하였다. 1980년도에는 전국 중학생의 20.3%가 사교육을 받은 반면 1990년에는 31.0%까지 증가하였고 1999와 2000년도에는 50% 이상의 학생들이 사교육을 받고 있으며 최근 2003년 조사에는 무려 75.3%가 사교육을 받고 있는 것으로 나타났다(양정호, 2005: 123-124).

나아가 이제 우리나라 사교육은 사회적으로 우려가 커지고 정부가 적극적으로 대응해야 할 정도로 확산되었다. 2008년도 기준으로 우리나라 중학생의 경우 72.%가 사교육을 받고 있으며, 더욱 우려되는 것은 사교육 시장 규모가 매년 증가하고 있다는 점이다. 2008년 전국 초 · 중 · 고 학생의 사교육비 전체 규모는 20조 9천억 원으로 추정되는데, 이는 2007년의 20조 4백억 원보다 4.3% 증가한 것이다. 2003년도의 13조 원에 비교하면 5년 동안에 50% 이상의 증가 추세를 보였다(김성식 · 송혜정, 2009).

양정호는 이러한 사교육 증가 현상을 교육정책이 과거의 엄격한 금지조치에서 점차 완화된 것이 주된 이유라고 하고 있다. 예컨대, 1980년 7월 30일 시행된 과외전면금지 및 보충수업 폐지 이후, 1991년 7월 22일의 초 · 중 · 고생 학기 중 학원수강 허용, 1996년 3월 1일의 대학원생 과외 허용, 1998년 8월 12일의 보충수업 자율학습 단계적 폐지 발표, 그리고 2000년 4월 27일 과외금지 위헌 결정으로 이어진 사교육 관련 정책의 변화로 인해서 사교육이 크게 증가되었다고 설명하고 있다.

물론, 이러한 주장이 타당하지만 본 연구에서는 그러한 과외금지조치들의 완화정책 이외에도 학부모들의 교육경쟁열이 한몫을 하고 있으며, 교육정상화와 과열과외 해소를 겨냥했던 각종 중등교육개혁 정책들의 의도하지 않은 결과로 나타난 측면도 있다는 시각을 가지고 있다. 학부모들의 교육경쟁열은 학원 수강율이 학생의 성적이 높을수록, 부모의 학력이 높을수록, 중산층 지역이 저소득층지역보다, 단과반이 종합반보다 더 높은 데서 잘 알 수 있다(김영화, 2004: 337; 안선회, 2009: 14). 또한 교육개혁제도의 의도하지 않은 결과를 보면, 학교교육의 정상화를 위해 도입한 내신제나 다양한 지표를 활용한 대학입학제도의 도입이 오히려 사교육 행동을 자극하였음을 보여주고 있다. 예컨대, 내신이 중요해지면서 내신 경쟁이 치열해지고 성적 뻥튀기 경쟁도 나타났고(중앙일보, 1999. 1. 23), 내신이 중시되면서 학교 내 성적 역시 중요성을 더하지만 수능은 개인의 목표이자 학교의 집단적 목표가 되는 반면, 내신은 개인의 목표가 되는 점이 큰 차이지만 이러한 당연한 차이도 점차 변해서 내신조차 집단의 목표가 되어 버리기 때문이다(신재영, 2005: 171-173).

대학수학능력시험, 학교생활기록부, 논술, 추천서, 심층면접 등 다양한 지표를 활용하는 '2008학년도 대입제도 개선안'이 발표될 당시 학부모들과 학생들은 그러한 제도가 정책이 목표로 하고 있는 사교육 해소가 아니라 오히려 사교육 부담이 더 늘어나는 것이 아닌가 걱정하고 있었다(동아일보, 2004. 8. 27). 또한 전국교직원노동조합도 "학생부도, 수능도 소홀히 할 수 없는 상황에서 대학별 고사준비까지 늘어나 입시경쟁이 더욱 심화되고 사교육비 지출도 늘어날 것"이라고 논평하고 있다. 다음은 사교육이 제도 변화에 얼마나 영향을 받고 있는지를 잘 보여주는 보도내용이다.

> 번창하는 사교육 '학원공화국'
> '초중고생 상대' 2년새 1300곳 급증
> 수능석차 비공개로 벌써 '재수 문의'
>
> 학원이 문전성시다. 학교교육만으론 대학에 갈 수 없다는 인식이 사교육을 부추긴 지는 이미 오래지만 올해는 더욱 사람들이 학원으로 몰리고 있다. 올 수능이 워낙 어려웠던 데다, 작년까지 공개했던 전체석차(총점 누적분포)를 올

> 해부터 공개하지 않은 여파다. 이제 입시학원들은 더 이상 고2, 고3의 전유물이 아니니다. 중3, 중2, 심지어 초등학생까지 학원에 다닌다. 특기 적성과 다양한 입학전형을 내세운 2002학년도 새 입시제도도 결과적으로 사교육만 부채질했다. 학생들은 특기적성 과외, 경시대회 과외, 심지어 단소·줄넘기 과외까지 해야만 했다(조선일보. 2001. 12. 6).

> '거꾸로 가는 교육개혁-사교육 열풍;
> 공부는 학원서 잠은 학교서'
>
> 전국이 과외열풍에 휩싸여 있다. 중·고생은 물론, 초등학생, 심지어 유아에게까지 사교육 바람이 몰아치고 있다. 2년 전 정부가 강력한 교육개혁으로 공교육을 획기적으로 정상화해 과외 등 사교육을 획기적으로 줄이겠다고 했으나 현실은 되레 거꾸로 가고 있다. "수능시험을 잘 보려면 학교수업만으론 불안하지 않느냐. 우리 반에서 1-2명을 제외하고는 거의가 학원에 다닌다.", 고 한다. 대학입시 전형이 다양해지자 그에 따라 과외도 갖가지로 등장하고 있다. 수능과외뿐 아니라 '수행평가 과외', '내신과외', '경시대회 과외' 등 변종과외가 성행하고 있다(조선일보. 2000. 4. 22).

학생들의 학원에 대한 의존도가 높아지고 아이들이 학원교육에 힘겹게 매달리는 생활을 해나가면서, 학교는 교육의 중심으로서의 위상과 기능을 상당히 잃어가고 있다. 이제 학교는 학생들이 유일하게 쉴 수 있는 곳이면서, 유일하게 친구들과 놀고 쉴 수 있는 곳으로 변했다. 학교가 새로운 지식을 익히고 배우는 배움의 터전이기보다는 친구를 사귀고 친구들과 어울리는 곳으로 이용되고 있는 것이다. 학부모들도 성적과 관계없는 인성교육과 행사활동에 호의적이며, 심지어 학교에서 수업보다 학교행사를 더 자주 하기를 바라기도 한다. 학교는 학생들을 '시험 봐서 등수 매겨주는 곳', '성적과 관계없는 인성교육을 시켜주며', '학원을 보충해 주는 곳'이며 학생들이 '숨 쉴 수 있는 틈을 주는 곳'인 것으로 나타나고 있다(양인실 · 김병찬, 2010: 138-139).

### 다. 안정 위주의 직업관과 대학 전공 선택 성향

지난 10여 년 동안 우리나라 중등학생들의 직업관은 일의 즐거움, 가치, 만족감, 성취, 인정감, 보람, 사회적 기여 등과 같은 내재적 가치를 중시하는 경향에서 돈, 지위, 성공, 직업적 안정과 같은 외재적 가치를 지향하는 방향으로 바뀌어 온 것으로 해석된다. 이러한 추세를 파악하는 데는 중등학생들이 선호하는 직업 선택 기준과 이 학생들의 대학 전공 선택 행동 흐름이 의미가 있다.

우선 김홍주 외(1998; 64-68)의 조사에 의하면, 우리나라 중등학생들은 응답자의 68.4%가 장래 직장을 고를 때 적성과 취미에 맞는 직장이 가장 좋은 직장으로 인식하고 있었다. 17.9%는 안정적인 직장을 선택하였으며, 그 외 유명세가 있는 직장, 보수가 많은 직장, 승진기회가 많은 직장 순으로 나타났다. 즉, 1998년 당시 우리나라 중등학생들은 월급이나 승진기회, 직장의 유명세보다는 적성과 취미, 그리고 안정성을 직업 선택의 기준으로 중시하고 있었음을 알 수 있다.

중등학생들이 선호하는 직업을 보면, 응답자의 16.8%는 판사 혹은 검사, 의사, 대학 교수 등 전통적으로 지금까지 우리 사회에서 좋은 직업이라고 말해 온 직업을 선택하였고, 그 다음으로는 15.8%의 학생들이 가수 혹은 배우, 탈렌트 등의 연예인을 선택하였다. 10.3%는 일반 행정공무원 혹은 일반 회사의 사무직원을 선택하였다. 1차 산업과 관련한 직업, 생산근로자, 정치인, 언론인 등은 비교적 낮은 반응으로 나타났다.

그 이후 6년이 지나 이루어진 우리나라 중등학생들의 생활 및 문화실태 연구(박효정 · 연은경, 2003)에 따르면, 우리나라 중 · 고등학생들의 직업 선택 기준은 응답자의 56.2%가 '적성과 소질'을, 수입(16.7%), 가치나 보람(12.4%), 권력(8.0%)의 순으로 나타나 1998년에 비해 적성과 소질을 중시하는 경향이 약 12% 정도 감소하고, 수입과 같은 경제적 안정을 선호하는 경향이 증가한 것으로 보인다. 선호하는 희망 직업을 보면, 교사(13.1%)를 가장 선호하였으며, 그 다음으로 예술가(9.2%), 의사와 약사(9.1%), 전문기술자(8.5%0, 연예인(7.0%) 순으로 나타나 당시 우리 사회의 안정희구 성향이 더욱 크게 반영되고 있음을 알 수 있다. 학부모들이 자녀들에 대해 갖고 있는 직업선호가 교사(20%), 일반 공무원(6.5%), 교수, 연구원, 과학자과 같은 학자(5.2), 군인과 경찰관(4.4%) 순으로 나타나 중등학생들보다 안정지향적인 성향이 더 큰 것으로 밝혀지고 있다. 이는 IMF 경제위기 이후 우리 사회에 크게 형성되고 있는 안정지향적인 가치관의 영향으로 보이며, IMF 이후 형성된 '믿을 것은 나와 가족밖에 없다'는 인식의 확산에 비추어 학부모들의 자녀 직업 영향력이 더욱 안정과 보수적인 성격을 띤 것으로 해석된다.

그 외에, 우리 사회에 불어 닥친 경제위기와 구조조정, 불확실한 미래에 대한 불안감은 중등학생들의 대학 전공 선택 행동에 적지 않은 영향을 미쳤다. 대학생들의 전공 선택에 영향을 미치는 것이 전공의 취업률인 바, 2005년 기준으로 대학에서 취업률이 가장 높은 학과로 의학 계열과 교육계열이 많았다. 2001년부터 2005년까지 취업률 상위 10위 안에 속하는 학과 중 의약학계열의 비중이 매년 50% 이상이었다(교육인적자원부, 2005). 그 외 초등교육학과, 특수교육학과, 유아교육학과 등과 같은 교육계열에 속하는 학과들의 비중도 높은 반면, 공학계열의 퇴조가 두드러졌다. 다음은 안정적 취업중심으로의 대학 학과 선택 쏠림현상에 대한 단면을 보여주는 시사 내용이다.

> 의대 진학 화려한 성적표, 상산고 이사장 쓴웃음 왜? "훌륭한 과학자 양성 꿈…… 의사직 쏠림현상 염려"
>
> 의예과 · 치의예과 · 한의학과 합격 87명, 서울대 33명, 고려대 92명, 연세대 79명…… 자립형사립고인 전북 상산고의 2009학년도 대학입시의 화려한 성적표다. 올해 졸업생 335명 가운데 서울대 고려대 연세대 등 소위 'SKY대' 진학률만 60.9%이고 의 · 치 · 한의대 진학률은 26%에 이른다. 그러나 이사장은 이런 성적이 반갑지만은 않다. "제가 상산고를 설립한 목적은 우리나라에서도 퀴리부인이나 아인슈타인 같은 훌륭한 과학자를 길러내고 싶었던 것이지

의사들만 잔뜩 양산해 내려는 게 아니었습니다." 이 학교 교감은 "학생들이 더 넓은 시야를 가질 수 있도록 교사들을 독려하고 있다. 하지만 학생이나 학부모의 의지가 더 중요하고 잘못될 경우 원망을 살수도 있기 때문에 교사들이 나서는 데는 분명 한계가 있다."고 토로했다(동아일보. 2009. 2. 25).

Chapter V

# 중등 교사문화 형성과정의 영향요인 해석

1. 구조적 요인
2. 제도적 요인
3. 미시적 요인

# V

# 중등 교사문화 형성과정의 영향요인 해석

## 1. 구조적 요인

한국 중등학교 교사문화에 영향을 준 거시-국가적 수준에서의 영향요인으로는 '정보화 사회의 도래'와 '정치체제의 영향' 등 크게 두 가지를 들 수 있다.

'정보화 사회의 도래'를 구조적 요인으로 선정한 이유는 정보화 사회의 도래가 필연적으로 교사들의 생활과 수업 등에서 변화를 요구할 수밖에 없었다는 점을 중시한 것이다. 교실에 배치된 다양한 정보 기기와 인터넷을 비롯한 정보통신기술의 도입은 정보능력에 따른 교사 간 혹은 교사와 학생들 간의 관계양상에 변화를 가져올 가능성이 매우 높다. 실제 정보기기가 도입된 학교에서의 교사생활 연구(정바울, 2001)를 보면 그러한 개연성이 사실로 확인되고 있기도 하다.

또한 정보화 사회는 전문가 중심의 지식 창출과 전달의 독점성이 사라지고 사회전체가 정보 가치를 공유하는 열린사회로의 진입을 가져오기 때문에 교사들의 가치관과 행동양식 형성에 영향을 주었을 것으로 예상되기 때문이기도 하다.

'정치체제의 영향'이 중요한 이유는 한국 사회에서는 정치권력이 바뀔 때마다 새로운 교육개혁정책이 시도되었기 때문이다. 특히 1995년 이후 문민정부, 국민의 정부, 참여정부, 이명박 정부로 이어지는 정권 교체시마다 정치체제의 이념에 따라 이루어진 교원노조의 합법화, 교원정년단축, 교원평가제 등 다양한 교사 관련 정책들은 교사들의 삶과 문화에 적지 않은 영향을 준 요인이 되었을 것으로 본다.

### 가. 정보화 사회의 도래

21세기의 문명사적 특징 중의 하나가 정보화 사회이다. 정보화 사회란 산업 사회와는 달리 정보의 생산 · 저장 · 분배에 관련된 산업이나 활동이 경제의 가장 중요한 활동으로 등장하고, 그 결과 컴퓨터나 통신 기술 등을 비롯한 정보기술이 정치 · 경제 · 사회 · 문화 등의 모든 생활 영역을 지배하는 사회(강정인, 1998: 117-118) 혹은 새로운 종류의 미디어를 통해 정보가 대량으로 배포되고 컴퓨터 기술을 활용한 정보 분류, 사용 및 분석이 가능하며, 잘 정리된 현대적 지식이 중요한 생산요소로서의 역할을 수행하는 사회를 말한다. 달리 표현하면, 정보화 사회는 컴퓨터와 통신기술이 사회를 선도하는 사회, 지식 및 정보의 수명 주기가 단축된 사회, 전통 지향에서 미래 지향으로 변한 사회, 집중화로부터 분산화가 강조되는 사회, 시간과 공간이 새로운 의미를 갖는 사회, 시민참여가 활성화된 사회, 공급자 위주로부터 수요자 중심으로 변화하는 사회를 말한다(안문석, 1997). 이러한 정보화 사회는 교육정보화를 가져왔다. 교육정보화란 기존 교육의 틀과 방식은 물론이고 관련법과 나아가 개개인의 의식과 행동을 정보화 사회에 맞게 재구성하는 조직적이고 체계적인 활동(대통령자문교육개혁위원회, 1996: 34-35)을 말한다.

정보화 사회에서 무엇보다 지식의 개념에 획기적인 변화가 일어났다. 기존의 "알아야 할 지식" 혹은 명제적 지식이나 원리적 지식을 중시하는 지식관에서 지식을 생성하는 "방법적 지식"을 강조하는 지식관으로 바뀌었다. 또한 지식의 생산, 전달, 축적 그리고 재생산이 용이해지면서 교사에 의한 지식의 독점화가 어렵게 됨으로써 교육 내용인 지식의 생산 및 선택 · 가공 · 유통과정에서의 민주화가 진행되었다. 정보통신기술은 지식에 대한 전통적 권위와 위계의 정당성을 무너뜨리고, 배타적이고 독점적인 소유의 가능성을 없애버렸다. 지식의 가치도 단지 사용자가 자신의 목적에 알맞게 사용할 때에만 나타나는 상대주의적 관점을 취하게 되며, 그 결과 교육적으로 가치 있는 지식이나 교육내용의 경계가 불분명해졌다(손준종, 1997; 김경자, 2002).

교육의 공간 개념과 대상도 달라졌다. 정보통신 기술로 인하여 학교라는 닫힌 공간에서 사이버 공간으로 교육의 시 · 공간이 확대되었다. 청소년 중심교육에서 생애에 걸친 다양한 연령층을 대상으로 하는 교육으로 변화되었으며, 교육 공급자인 교사 중심에서 자기 주도적이고 구성주의적인 학습자 중심 교육으로 이행하고 있다. 강의 중심의 일방적인 교육방법에서 토론, 발표, 관찰, 견학, 실습, 문제해결학습 등 다양한 교육방법으로의 변화가 그 대표적인 것들이다(권이종 외, 2004). 정보화 사회가 기존 교육의 패러다임과 개념, 길러야 할 인간상, 교육에서 중시하는 지식의 종류, 효과적인 교육방법, 교사의 역할 등에서 커다란 변화를 가져오게 한 것이다.

이러한 정보화는 교육에 긍정적인 변화를 가져올 것으로 기대되었다. 예컨대, 온라인학교, 가상학교, 원격교육 등을 통해 교육기회를 확대하고, 전자 미디어 교재를 통해 교육내용의 다양화를 촉진하며, 개별화와 협동학습을 가능하게 하여 교육효과와 참여를 제고한다는 것이다. 심지어는 위성을 통해 과외를 실시함으로써 과도한 사교육비를 해소할 것이라는 기대까지 받고 있다. 교육의 정보화는 '새로운 교육 패러다임'이나 '칠판 없는 학교교육의 실현'으로 표현되듯 교육의 질을 나타내는 상징이자, 미래 교육의 모습으로 받아들여졌다(손준종, 1997: 200).

특히 학교교육과 교사문화의 측면에서 볼 때, 정보화된 미래사회에서 예상되는 몇 가지 변화가(허병기, 2000) 갖는 함의에 주목할 필요가 있다. 첫째, 개별 인간들은 자기결정, 자기표현, 자기성취의 욕구와 행동성향을 강하게 나타낼 것이다. 자신의 의욕과 감정을 자연스럽고 막힘없이 드러내고 자신이 의미를 부여하는 일에 몰입하는 경향을 나타낼 것이다. 둘째, 정형과 획일성이 아닌 다양성과 혁신이 중시될 것이다. 다양성에 대한 가치 부여와 쉼 없는 변화의 모색은 사회의 전형적 특징이 될 것이다. 셋째, 심미적 · 감성적 욕구충족을 포함하는 세련되고 고차원적인 효용성과 행복을 추구하게 될 것이다. 기술발전과 생산력의 고도화는 풍요와 편의의 증대를 가져오고 이는 여가의 증대와 생의 질에 대한 안목의 확대를 유발할 것이다. 넷째, 창조적 지력과 개별 인간의 재능이 생산력과 국부의 주요 결정요소가 될 것이다. 지식과 발상에 기초한 끊임없는 변화와 유동이 일반화되는, 창조적 지력이 경쟁력이나 발전의 관건이 된다. 다섯째, 창조적 무질서 혹은 생산적 무질서의 질서개념과 그것에 대한 관용이 증대될 것이다.

이러한 변화는 학습자의 적극적인 표현을 존중하고 학습의 자발성을 격려하며, 창의적인 사고와 다양한 잠재능력을 최대로 계발하는 풍토를 진작하게 한다. 뿐만 아니라 지성과 감성 그리고 사회성을 조화롭게 겸비한 사람을 기르는 교육을 독려할 것이다. 교육전반에 대한 기존의 사고와 행위 경계를 넘어 교육의 내포와 외연이 깊고 넓어지게 된 것이다.

정보화 사회에 적합한 교육의 개념과 길러내고자 하는 인간상이 달라짐에 따라 교사에게 기대되는 역할도 변화하였다. 전통적인 교사가 학습 주도 전문가, 학생 통제자, 학업성취 독려자였다면 정보사회에서의 교육 역할은 수업 보조자, 협조자, 코치, 문제 해결자, 지도 및 격려자로 바뀐 것이다.

이러한 정보통신기술의 급속한 발전과 인터넷의 태동으로 인한 지식의 급속한 팽창과 그에 따른 사회의 급격한 변화는 교사들의 생활과 수업문화에 큰 영향을 준 요인이다. 무엇보다 정보통신기술의 획기적 발전으로 인한 매체를 활용하는 학습과 생활이 불가피해졌으며, 정부에서도 이러한 시대적 요구에 부응하기 위해 교육정보화와 지식기반사회 구축을 교육개혁의 핵심으로 삼아 의욕적으로 추진해왔다.

실제 1999년 3월 당시 교육부는 「창조적 지식기반 국가건설을 위한 교육발전 5개년 계획」 시안에서 학교교육의 기본 방향을 창조적 지식기반국가 건설의 주역을 기르는 것으로 설정한 바 있다.

이「창조적 지식기반 국가건설을 위한 교육발전 5개년 계획」시안에서는 "개개인의 소질과 적성을 중시하고 …(중략)… 지식 암기 위주의 교육에서 벗어나 자기주도적인 학습 태도를 바탕으로 지식과 정보의 바다를 스스로 건널 수 있는 능력"을 키우도록 하고, "학교가 제공하는 다양한 종류의 특별활동, 단체활동, 특기 · 적성 교육[방과 후 교육활동]에 참여함으로써 풍부한 인성과 개성을 계발"하고자 "다양한 프로그램"을 개발하는 것을 강조하고 있다(김경자, 2002: 31).

또한 교육인적자원부에서는 당초 2002년 완료 예정이었던 '1단계 교육정보화 종합 계획'을 2년 앞당겨 전국 모든 초 · 중 · 고교를 인터넷으로 연결하는 등 교육 정보 인프라 구축을 완료한 데 이어 2005년까지 정보통신기술을 활용한 학교 교육 활성화, 전국민 ICT 활용 능력 신장, 건전한 정보문화 조성 및 전자교육행정 등을 골자로 하는 '2단계 교육정보화 종합 발전계획'을 완성한 바 있다(정바울, 2001). 정보화 시대 도래로 인한 교육적 변화를 좀 더 구체적으로 요약하면 〈표 V-1〉과 같다.

〈표 V-1〉에서 보는 바와 같이 정보화 시대의 도래는 교육 패러다임 변화, 교육의 개념과 대상의 변화, 정부의 교육개혁 사업 일환으로 시작된 정보 인프라 구축 사업의 성공적 종료, 다양한 수업 방법의 구사, 정보통신기술을 활용한 수업의 활성화, 교사의 역할 변화에 대한 공감대가 형성됨으로써 자연스럽게 기존의 교사문화에 영향을 줄 것으로 예상된다.

<표 Ⅴ-1> 정보화 시대 도래에 따른 교육의 변화

| 산업 사회에서의 교육의 개념 | 정보사회에서의 교육의 개념 |
|---|---|
| 교육 패러다임 측면<br>• 교육공급자 중심<br>• 시간과 공간의 제약<br>• 소수의 교육정보 소유<br>• 지식 생산자, 사용자의 분리<br>• 느린 정보 유통<br>• 합리적 이성 강조 | 교육 패러다임 측면<br>• 교육 수요자 중심<br>• 시간과 공간의 제약 없음<br>• 다수의 교육정보 소유<br>• 지식 사용자의 지식 생산 참여<br>• 순간적 정보 유통<br>• 이성과 감성의 조화 |
| 인식론적 측면<br>• 획일적, 단선적 가치관<br>• 교실 내 교육 강조<br>• 동일한 교육과정<br>• 상급학교 진학 중시<br>• 학교규율 중시 | 인식론적 측면<br>• 다양성, 나선형 가치관<br>• 생활과정에서의 교육 강조<br>• 교육과정 선택의 다양성<br>• 자아성장 중시<br>• 자율성 중시 |
| 방법론적 측면<br>• 대면적 수업<br>• 강의 중심 교수-학습<br>• 교실 중심 | 방법론적 측면<br>• 원격수업 중시<br>• 토론, 탐구학습, 체험학습 중시<br>• 재택학습 허용 |

자료: 김병성(2010). p. 192.를 보완한 것임

그러나 정보화에 대한 비판적 성찰도 중요하다. 정보화는 우리가 기대하는 것처럼 그렇게 낙관적이지만은 않기 때문이다(손준종, 1997). 특히 실용주의와 천박한 낙관주의에 젖어 정보통신기술의 공학적이고 도구적인 활용에만 집착할 경우 예기치 않은 부정적 효과를 낳을 수도 있다. 예컨대, 인터넷은 창의력을 기르고, 세계관을 확대하며, 계층 간 · 지역 간 불평등을 해소하는 기능을

갖지만, 동시에 획일적 가치관을 심어주고, 자아정체성을 혼돈에 빠지게 하며, 불평등을 오히려 강화할 위험성도 있기 때문이다.

뿐만 아니라, 정보화가 거스를 수 없는 거대한 세력으로 삶의 대부분을 점령하고 있고, 정보화는 국가적 사업으로 모든 자원을 동원하여 달성하여야 한다고 주장하고 있지만, 정보화가 갖는 도구적 가치와 기술적 가능성에 도취해 '돌진적' 정보화를 추진하고 있는 것은 아닌지 성찰할 필요가 있다. 즉, 정보화는 새로운 학습 공간을 만들어내며, 정보의 확산을 가능케 함으로써 세계관의 지평을 넓혀주고, 풀뿌리 민주주의를 가능하게 하는 기술적 토대를 제공해 줄 것으로 기대되고 있지만, 정보화는 숱한 위험의 가능성 또한 내포하고 있기 때문이다. 예컨대, 디지털의 기술적 가능성은 원격교육을 통하여 열린교육의 가능성을 제시하기도 한다. 하지만, 다른 한편으로는 가르치는 일을 표준화하고 상품화하며, 교사를 주변화 시키고, 인간의 일인 교육을 기계의 일로, 공동체적 덕성을 함양하는 일인 교육을 파편화된 개인적 관심사로 변질시킬 위험이 있다(손준종, 2001: 197-198).

요약하면, 정보화 사회의 도래는 교육에도 큰 변화를 가져왔을 뿐 아니라 교사문화에도 영향을 준 것으로 판단된다. 무엇보다 정보화 사회는 교사들로 하여금 아이들을 어떤 사람으로 길러야 할 것인지, 가르쳐야 할 지식의 선정과 재구성, 효과적인 교수방법의 판단, 각종 정보화 기자재의 활용 능력 등과 측면에서 새로운 시각과 가치관을 형성할 수밖에 없는 시대적 환경으로 작용한 것이다.

## 나. 정치체제의 영향

지난 10여 년 동안의 정치체제 변화과정에서 각기 정권들이 서로 다른 수준과 강도로 교사문화에 영향을 주어왔지만, 교사문화 변화의 내용과 방향에 가장 큰 영향을 준 정권은 김대중 정권으로 보인다. 김대중 정권 시기에는 교사들의 일상적 삶과 교단활동에 직접적인 영향을 준 예민한 정책들이 다른 정권에 비해 상대적으로 많았기 때문이다.

「국민의 정부」는 헌정 이후 최초로 선거에 의한 여야 정권교체로 탄생한 야당정권으로서 김대중 대통령은 정치적으로 직접 민주주의와 경제적으로 자유 시장경제 체제를 지향했다. 특히, 관주도의 하향식 개혁을 지양하고 교원, 시민단체, 교육 NGO 등이 중심이 된 범국민적인 공동체 운동으로서 교육개혁을 추진하고자 하였다. 대선 공약에서도 교사, 교육 전문가, 학부모, 시민사회단체 관련자 등이 다양하게 참여하는 '교육개혁추진단'을 대통령 직속으로 상설하여 상향적 교육개혁을 지속적으로 추진하고자 하였다.

「국민의 정부」가 출범한 1998년은 외환위기를 겪은 직후여서 정부는 국가신용도의 하락, 급격한 환율 상승 등의 경제적 위기에 직면하고 있었다. 정부는 이러한 경제적 위기의 원인을 사회체제 전반에 걸쳐 비효율성에 있다고 인식하고 이의 개선을 위해 시장 중심의 정부 비 개입주의를 표방하는 신자유주의 사상을 수용하였다. 이러한 흐름에 따라 교육개혁정책에 있어서도 수월성을 추구하고, 경쟁과 성과 그리고 효율을 중시하게 되었다. 김영삼 정부의 '5.31 교육개혁' 이후 견지되어온 소비자 중심주의와 시장 논리가 공세적으로 강화되는 경향이 두드러지게 나타났다. 이러한 경향은 우선 교육 분야와 전혀 관련이 없었던 이해찬 국회의원의 교육부 장관 임명을 통해 '교육개혁다운 교육개혁'을 하도록 임무를 부여한 것으로부터 드러났다(신현석, 2003).

이러한 「국민의 정부」 탄생이 교사문화 형성에 영향을 준 과정은 정치 · 경제 논리에 의한 예기치 않은 정책수요의 발생 등이 동시다발적으로 진행되면서 「국민의 정부」 교육개혁정책 추진과정에서 일관성, 연속성, 체계성을 약화시키는 원인으로 작용했다는 점이다. 구체적으로, 전 정부의 교육개혁정책을 일관성 있게 추진하려던 당초의 방침은 돌발 변수에 의한 정책 추진으로 당초 계획이 뒷전으로 밀리면서 변경되기 일쑤였고, 체계적인 정책 메커니즘 또한 유지하기 힘든 상태가 초래되었다. 이에 따라 교육개혁정책은 일관성과 연속성을 뒤로 한 채, 그간 산발적으로 추진되었던 정책과제들의 재음미, 반복을 통해 종합 · 재구성되어 각종 종합대책, 방안, 계획의 이름으로 발표되었다. 즉, 「국민의 정부」에서 실행된 교육개혁이, 국가의 정치 · 경제적 요구에 민감한 교육개혁, 다원주의 사회의 갈등적 특성이 그대로 투영된 교육개혁, 기획과 실천 사이의 괴리가 심화된 교육개혁의 특징(신현석, 2003)을 띰으로서, 교사들의 교육정책에 대한 소외의식과 냉소적 인식, 형식화된 일상 교단생활과, 갈등적인 수업 등에 관련된 문화에 일정한 영향을 준 것으로 해석된다.

「국민의 정부」 뿐만 아니라 2008년 출범한 이명박 정부에서도 김대중 정권의 정치철학이 더욱 공세적으로 이어지고 있다. 2008년 2월 5일 발표된 이명박 정부의 국정기조 보고에 나타난 '국가발전전략 체계'에 따르면 창조적 실용주의를 기반으로 하면서 시장경제의 활력, 인재 양성을 통한 국가발전, 국제적 감각의 강조, 복지정책 강조, 효율적 정부 활동이라는 다섯 가지 국정지표를 설정하였다. 이 가운데 교육과 관련된 국정지표에서는 수요자 중심의 교육경쟁력 강화, 핵심 인재 양성과 과학 한국 건설, 평생학습의 생활화라는 3대 전략에 맞추어 18개 과제가 제시되고 있다. 이를 보면 이명박 정부는 실용주의, 경쟁력, 효율성 등과 같은 담론을 기반으로 한 정부임을 알 수 있다(양성관 외, 2008).

바꾸어 말하면, 이명박 정부 교육개혁정책의 기본 방향은 지식정보화 · 세계화 시대에 교육경쟁력을 상실하게 되면 국가의 경쟁력도 상실된다는 관점에서 교육경쟁력을 위해 관치교육을 종식시키고 교육의 자율성을 확대함으로써 다양성을 촉진하고 수월성과 특수성을 조장함으로써 경쟁력을 제고하는 것으로 집약된다(유현옥, 2008). 이러한 교육정책의 기본방향에 따라 교육자율화 정책의 일환으로 교육경쟁력 강화 강조, 입시정책의 자율화, 고교 다양화 300프로젝트, 학교선택권의 다양화, 영어몰입교육정책 등이 시도되고 있는 것이다.

김영삼 정부 이후 김대중 정부와 이명박 정부로 이어지는 일련의 큰 교육 정책적 기조, 즉 정보화 · 세계화의 문명사적 흐름에 대응하여 시장 중심주의적인 다양성, 자율성, 경쟁, 효율 등을 기저로 하는 교육관이 이어져오고 있다고 판단된다.

## 2. 제도적 요인

중등 교사문화에 영향을 준 제도적 요인으로 '교사들에 대한 언론매체의 보도코드', '전교조의 합법화', '교원정년단축 정책', '교원성과급제', '교원평가제' 등을 들 수 있다.

특히 전교조의 합법화, 교원정년 단축, 교원 평가제와 성과급제와 같은 제도적 요인들은 도입되는 과정에서 적지 않은 논란과 갈등이 있었다. 이들 법이 시행 된 이후에도 교사사회에 지속적인 영향을 준 요인들이라는 점에서 중등 교사문화의 형성과 변화에 의미 있는 관련성을 가지고 있을 것으로 보았다.

### 가. 교사들에 대한 언론매체의 보도 코드

중등교사들에 대한 사회 일반적 의식은 교사문화의 형성과 그 성격을 이해하는 데 있어 의미 있는 제도적 요소이다. 사회학적 신제도주의는 사회적 현실(social reality)을 구성하는 공유된 개념과 의미로서의 제도에 주목한다. 제도란 사회적으로 정당화된 인간 행동유형이며 구성원들 사이에서 당연한 것으로 받아들여지는 하나의 현실구조(structure of reality)로서 개별 행위자들을 규제하는 환경으로 작용한다고 보기 때문이다(하연섭, 2003; 정경순, 2006: 4).

그러한 의미에서 살펴 본, 한국 중등교사들에 대한 사회적 인식은 대체로 부정적인 것으로 알려져 왔다. 특히 각종 교육정책의 형성과 결정 그리고 집행에 적지 않은 영향을 주는 언론매체의 교사에 관한 보도 코드가 그렇다. 언론매체에서는 대체로 많은 교사들의 교육자로서의 헌신감과 교육적 사명감, 학생들에 대한 사랑과 풋풋한 사제관계, 직업인으로서의 자기계발 노력과 변화 추구 과정을 발견하고 알리기보다는, 직업인으로서의 교사들의 비효율성, 일탈 혹은 비교육적 행위 등을 고발하는 자극적 보도 코드를 유지해 오고 있다. 한 예를 들면 다음과 같다.

> 교사들의 담임 기피가 심각하다. 교사들은 "담임만은 제발……"이라며 손을 내젓는다. 이 때문에 새 학년을 앞두고 학교마다 담임 배정을 놓고 교장 · 교감과 교사들 간에 얼굴을 붉히는 일이 잦아지고 있다. 일부는 '애를 봐야 한다', '대학원에 등록해서……' 등 갖가지 이유를 대며 '담임 제외' 로비를 하기도 한다. 교사들이 담임을 기피하는 가장 큰 이유는 수업 부담 외에 생활기록부 작성, 성적 관리, 조례 · 종례 참석 등 비담임에 비해 업무량이 몇 배나 많기 때문. 쥐꼬리만한 수당도 불만 중 하나다. 이 학교 교장은 "힘들어도 학생들과 뒤섞이면서 보람을 찾아야 하는데, 편하게만 지내려하는 교사들에게도 문제가 있다."고 씁쓸해했다(조선일보, 2002. 1. 24).

> '비리로 뭉친 교사들……. 너무합니다'
>
> 서울의 한 사립고 교사들이 학부모에게서 금품 또는 접대를 받고 시험문제를 미리 알려주거나 족집게 과외를 알선한 것으로 드러났다. 지난 달 초부터 서울 동작구 K 고교의 교사 비리를 수사해 온 서울 방배경찰서는 학생에게 시험문제를 미리 알려준 혐의로 교사 3명에 대해서 이번 주

중 구속영장을 신청하기로 했다고 밝혔다(동아일보. 2005. 6. 2).

고가의 명품 백 등 1000여만 원을 챙겨 경찰 조사를 받는 경기 성남시 분당의 교사 사건을 계기로 해당 학부모를 만났더니 다음과 같은 말이 나왔다. 담임교사가 밤늦게 집을 찾아왔다, 결혼할 남자를 인사시켰다, 어쩔 수 없이 축의금으로 100만 원을 건넸다, 알고 보니 고급 아파트에 사는 다른 학부모 6명에게도 같은 요구를 했다……. 일부의 사례일지 모른다는 생각이 잠시 들었지만 고민 끝에 기사화했다. 교육과학기술부가 교육계의 비리를 뿌리 뽑으려고 특별감찰팀을 신설한다는 내용과 함께(동아일보. 2011. 2. 11).

'언제까지 교과서를 뇌물 받고 고를 건가'

특정 교과서와 참고서를 채택한 대가로 판매업자로부터 뇌물을 받은 서울 지역 13개 고교 교사 30명이 적발됐다. 교사들이 업자들의 로비를 받아 교재를 채택하고 교재 값의 20%를 뒷돈으로 챙기는 오랜 관행이 다시 한 번 확인된 셈이다. 경찰은 고교 부교재가 채택되도록 하는 데만도 연간 최소 520억 원이 제공됐을 수 있다고 보고 있다. 국민 세금과 학생 등록금에서 봉급 받는 교사 가운데 일부가 '촌지'를 받는 것도 문제지만 교재 채택료는 이미 관행으로 정가(定價)에 반영돼 있다니 교사가 책 1권에 1000~1500원씩 학생 호주머니를 턴 것이나 다름없다. 이런 교사 비리가 최근까지 판쳤는데도 학교 책임자와 교육청, 교육인적자원

> 부는 몰랐다니 곧이들어야 하나. 혁신과 교육개혁을 부르짖고, 교육 현장에 사사건건 개입하는 정부가 이렇게 썩은 구석은 눈치조차 못 챘다니 웃긴다. 한번 교사로 임용되면 별다른 평가 없이 정년을 채우고 평생 연금까지 받는 철밥통 구조가 교사들의 도덕적 해이와 비리를 키운다. 교원평가 및 학교평가제도를 빨리 도입해 교사와 학교를 제대로 검증해야 교육 경쟁력도, 교육자의 기본 자질도 높일 수 있다. 감사 시스템을 가동해 교재 관련 비리를 뿌리 뽑고, 교재 유통구조를 개선해 값을 낮추는 것도 마땅히 할 일이다(동아일보. 2006. 11. 22).

신문만이 그러한 교육 보도 코드를 유지해 온 것이 아니다. 정보화 사회에서 인터넷의 정보 생산과 가공 및 유통에 대한 영향력이 막강한 상황에서 인터넷의 교사 관련 보도는 신문보다 더 자극적이고 부정적인 코드를 보여주고 있다.

> 서울의 한 중학교에서 일부 교사들이 망치와 죽도 등으로 학생들을 체벌하고, 욕설을 하는 등 인권침해가 벌어졌다는 주장이 제기돼 인권단체가 진상 규명과 서울시교육청의 감사를 촉구하고 나섰다. 문제가 된 학교는 서울 마포구에 있는 ㅈ중학교로, 이 학교 일부 교사들이 도구를 이용해 학생들을 체벌하는가 하면 인권 비하 발언도 서슴지 않았다는 지적이다. 특히 ㅇ교사는 특별실 등의 수업시간 때 쇠파이프와 망치로 학생들을 때리는 등 폭력을 가했다는 주장이다. 학생들을 체벌하는 과정에서 여학생의 속치마를

> 벗게 하고, 서울시교육청의 체벌 금지 조치를 비판한 교사에 대한 지적도 제기됐다.
>
> 이밖에 대나무 악기인 단소로 학생들을 때리고 맞은 학생이 울면 "짐승이 울 줄도 아네. 왜 울어?"라며 체벌과 함께 비하 발언을 한 교사도 있다는 것이 학생들의 주장인데 해당 교사가 1일자로 학교를 옮겨 해명을 들을 수 없었다(오마이뉴스 2011.03.08).

> 교사들에게 약간의 폭행이나 뇌물수수, 비리 등의 과오가 있으면 무조건 해임시켜라…… 제일 순수하고 맑은 곳이어야 할 교육계가 요즘 가장 더러운 곳으로 드러나고 있다. 초등생을 개 패듯이 두들겨 패지를 않나, 성폭행이나 성추행교사가 연일 등장하고, 비리로 얼룩진 교장들이 신문을 장식하고……도대체 우리 학교에선 어떤 교사들이 장악을 하고 있는가? 그만큼 우리 교단이 정체되고 폐쇄되어서 일어난 현상이다. 교직을 개방하라. 혹자는 말한다. 일부는 극히 소수의 선생들이 그렇고 나머지 선생들은 열심히 한다고. 하지만 난 확신한다. 드러난 비리와 의혹들은 빙산의 일각이라고. 조금이라도 비리가 드러난 교사들은 솜방망이 처벌이 아니고 무조건 해임시켜 맑고 투명한 교육사회를 이룩하자(2011. 4. 다음 자유토론 게시판).

이처럼 신문과 인터넷 매체들은 대체로 교사집단에 대해 호의적이지 않은 코드를 보여주고 있다. 교사집단을 촌지나 뇌물을 받곤 하는 비리집단으로 비난하거나, 직장의 안정성에 비해 근무여건이

나쁘지 않은데도 불구하고 불만이 많고 학교 일에 잘 협조하지 않는 이기적인 집단으로 묘사하는 경우가 대부분이다. 우리 사회의 교사집단에 대한 의식의 단면라고 볼 수 있다.

## 나. 전교조의 합법화

전국교직원노동조합(이하 전교조라 함)은 1930년대의 교원노동운동과 1960년대의 한국교원노조연합회 결성 그리고 1980년대 후반에 본격화된 전교조 활동으로 이어지는 일련의 교원노동운동사에 있어서 처음으로 합법성을 획득한 의미 있는 변화로 평가될 수 있다. 이때 주목되는 점은 교원노조법안을 제안한 정부의 입법취지이다. 정부는 법안 심사과정의 제안 설명을 통해 이 법안의 입법취지를 "그동안 제한되어 왔던 교원의 노동기본권을 보장함으로써 보편화된 국제노동기준을 준수할 수 있도록 하고, 1998년 10월 31일 노사정위원회에서 합의한 교원의 기본권 보장방안을 존중하여 그 보장범위와 단체교섭의 구조 등을 정하려는 것"으로 설명하고 있었다. 즉 이 법안은 국제노동기준의 준수와 노사정위원회 합의라는 정치적 선택과 결정과정에 의해 진행되었다는 것을 알 수 있게 하는 내용이다. 이는 교원의 노동기본권 보장이 헌법정신을 실현시키기 위한 제도보장 차원으로서나 교직 및 교사에 대한 사회 일반의 공감대적 가치질서를 반영하기 위한 입법조치로서 의미 부여되지 못하고 국제적 압력과 국내적 정치상황 논리에 의해 좌우되었다는 것(고전, 1999)을 의미한다. 따라서 전교조의 합법화가 교육 민주화를 바라는 많은 교육 관계자들의 염원이자 긴

투쟁의 산물이었음을 인식시키면서도 동시에 향후 전교조의 영향력과 교직사회의 갈등을 예고하는 것이었다.

실제, 전교조의 합법화는 한국 교직사회에 커다란 전환점이 된 하나의 법적, 정치적, 교육적 계기로 작용하였다. 특히 전교조의 합법화 운동을 주도해 온 교사들은 전교조의 합법화가 그동안 관료적이고 비민주적인 군림행정, 학교 현실을 모르는 비효율적인 탁상행정이라고 비난 받아왔던 한국 교육의 지배구조와 교육정책 패러다임을 크게 바꿀 수 있을 것으로 기대하기도 하였다. 그러한 반면, 전교조 합법화에 반대하거나 미온적인 사람들은 전교조 합법화가 역기능적인 교단의 갈등을 야기하는 등 적지 않은 문제를 일으킬 것으로 우려하기도 하였다.

전교조가 합법화된 이후 7년이 지난 다음 전교조 합법화가 교육현장에 미친 변화를 연구한 김혜숙(2007)의 연구결과에 따르면, 전교조 합법화는 학교행정의 민주화, 학교경영의 투명성 제고, 교원의 복지 증진 등 주목할 만한 긍정적 변화가 있는 반면 관리자의 수행 효과성 저하, 교직사회 내의 긴장 및 갈등, 교직의 사회적 위상 저하 등 부정적인 효과도 있는 것으로 밝혀졌다.

> 긍정적인 변화는 관리자들이 지배적인 위치에서 협조체제로 갔다는 점일 것입니다. 행정의 민주화 측면에서 변화가 있다고 보아야지요. 부정적인 변화는 교사가 노동자가 되어버린 정서적 측면의 문제가 있고 교육활동에 대한 열성적 분위기가 줄었습니다. 또한 교사들이 너무 복리후생이나 개인의 이익에만 집착한다는 것입니다. 솔직히 놀고 먹는 교사가 더 많아졌습니다(김혜숙, 2007: 117).

그럼에도 불구하고, 전교조 합법화가, 특히 1999년 합법화 초기 단계에서 2000년대 초반까지 갈등 상황이 지속되고, 시간이 지날수록 전교조의 각종 학교 내 의사결정에서의 영향력이 커지면서 교사문화의 특성 변화에 영향을 미친 점은 주목되는 현상이다.

합법화 초기 단계에서 전교조는 그 이념성이 강했다. 교육정책 당국과 학교 관리자들과의 헤게모니 쟁탈전이라고 해도 과언이 아닐 정도로 전교조는 단체협약 외에도 2003~2005년에 걸쳐 교육정책 당국 주도로 시행된 교육행정정보시스템(NEIS), 초등학생 대상 기초학력 진단평가, 특수목적고 · 자립형 사립고 설립 확대, 교원평가제, 교원성과급제도, 7차 교육과정, 사립학교법 개정, 전교조가 시도한 교장 선출제 추진 등과 같은 각종 주요 교육정책을 둘러싸고 전 조합원 연가(年暇)투쟁, 단식농성, 단식수업, 지역 민주노총 및 지역 노동운동단체들과의 연대투쟁을 벌이는 등 운동의 방법 때문에 학부모 및 시민단체와 심한 갈등을 빚기도 하였다. 다음은 그러한 상황을 보여주는 신문 보도 내용의 한 예이다.

> 전교조 이부영 위원장이 정부 중앙청사 후문에서 9일째 단식농성을 하고 있는 가운데 이날 전국 시 · 도 지부장 등 10명이 단식농성에 합류했다. 이들은 정부 중앙청사 뒤편에 차량 3대를 놓고 인도에 자리를 깔고 농성을 벌이고 있다. 전교조는 5월 15일 열린 교섭 소위원회에서 76개의 교섭 의제 중 21개에 잠정 합의해 극적 타결이 이루어지는 듯했다. 그러나 노조활동 보장, 임금 인상 등 전교조의 핵심 요구사항에 이견이 생겨 협상이 또 중단되었다. 전교조는 이에 따라 5월 24일 위원장 단식농성을 시작했고, 28일에는

서울 올림픽공원에서 1만 명이 참여한 가운데 전국 교사대회를 열었다(조선일보. 2000. 6.2).

> "교육자 · 학부모 등 전 국민이 뜻을 모아 전교조를 바로잡는 일에 나서야 한다." 최근 교육부총리 자리에서 물러나기 전까지 50년 동안 교육계에 몸담아왔던 이상주 전 부총리의 말이다. 그는 "전교조를 바로잡지 않으면 우리 교육이 제대로 될 수 없다"고 말했다. 또한 그는 "전교조 교사들이 과거 교단에서 쫓겨날 때는 그들에 대한 동정심도 있었고 노조 합법화에 대해서도 인정했지만 요즘의 행위를 보면 교육자라고 할 수 없는 상황"이라고 주장했다. 그는 이어 "전국의 교장들이 전교조에 겁을 먹고 있고 시 · 도 교육감들조차 전교조 교사들의 집단행동을 두려워해 문제 해결이 잘 안되고 있다."며 안타까움을 토로했다. 순수하게 참교육운동을 하는 교사들도 있겠지만 상당수 교사가 너무 정치화 · 과격화돼 있다고 지적한 그는 "학교현장이 이렇게 가면 교육이 망가진다."고 힘주어 말했다(중앙일보. 2003. 4. 8).

교육정책 당국과 전교조와의 갈등과 대립은 교육행정정보시스템(NEIS) 도입과정에서 빚어진 상황을 분석한 송광용 · 김수윤(2004)의 연구가 잘 보여준다. 이 연구에 따르면, 교육부의 행정 효율성과 전교조의 정보인권보호 주장이 상호 대립하면서 NEIS 시행 여부는 오랜 기간 동안 불투명한 상태였으며, 2년여 동안 계속된 두 집단의 갈등 상황은 NEIS 논란을 교육부와 전교조 간의 정치적 힘겨루기로 변질시켰고 두 집단 간의 힘겨루기는 결국 교육현장과 교육계에 적지 않은 혼란을 야기했다. 결국 NEIS 도입 여부는 교육계 전체적으로 보았을 때, 비효율적이고 소모적인 상황을 초래했다는 것이다. 그 결과 그동안 교육정책에 관한 독점적 주도권을 행사해 왔던 교육부는 전교조를 정책 협상의 파트너로 보기보다는 방해자로 여기고, 전교조 역시 교육부를 투쟁을 통해 넘어야 할 상대로 여기게 되었다는 것이다.

이러한 전교조의 합법화와 교육정책 당국과의 잦은 갈등 상황, 나아가 전교조 활동내용에 대한 사회 일반의 부정적 시각의 확산, 학교현장에서의 영향력 확대 등으로 인하여 교사문화 특히 교사들과 학교장 그리고 교사들 간의 인간관계에 일정한 영향을 미친 것으로 해석된다.

학교장이 학교운동장에서 분회 창립총회를 여는 노조원을 재단 징계위원회에 회부하는가 하면, 평교사들의 노조활동을 둘러싸고 재단 및 학교장과의 의견 충돌이 자주 빚어지곤 했다. 학교장이 전교조의 눈치를 보기도 하고, 어느 경우에는 학교장들 사이에 전교조 교사들이 지나친 정치투쟁을 하고 교단을 정치화한다는 인식이 많았다. 학교장들이 전교조 교사들의 각성을 촉구하는 대규모 집회를 개최하는가 하면(중앙일보. 2003. 5. 12), 전교조 교사들 때문에 일을 하기 힘들다는 하소연도 적지 않았다. 평교사들 간의 갈등도 적지 않았다. 교원노조가 정식으로 출범하면서 전교조냐 교총이냐에 따라 연령적으로 젊은 층과 노령 층이 갈라지는 등 냉소적이고 이기적인 분위기가 교단을 휩쓸기도 했다(조선일보. 1999. 9. 12).

전교조 교사들과 비 전교조 교사들 사이에 형성된 의식적, 무의식적인 심리적 장벽과 정책 사안에 대한 갈등들은 교단사회에 전교조-비 전교조로 나뉘는 이분법적인 경계를 만들고, 노조 상부의 지시를 더 중시하는 일부 전교조 운영 주도 교사들의 정책에 대한 투쟁성은 전교조 가입 평교사들의 정부 당국과 학교장의 독점적 행정 권력에 대한 정치적 보호막이 되어주기도 한 것이 사실이다. 전교조의 합법화가 학교장의 독점적 군림행정을 바꾸어 학교행정을 보다 민주화한 계기가 된 것도 사실이지만, 교사들 사이에 학교장의 합법적 권력에 대한 지시와 요구를 회피하거나 마지못해 하는 체 하여 수용하는 형식주의가 생기게 했다. 또한, 서로에 대한 온정적인 마음으로 같이 교단을 지켜온 학교장과 교사들 사이에 경계와 불신의 기운이 조성되기도 한 것이다.

이와 같은 측면에서, 전교조의 합법화 이래 학교장과 교사들 사이에 형성된 긴장과 갈등, 부분적인 불신 현상의 확대는 교사들의 학교장에 대한 교사들의 경계 유지 문화와 고립적 개인주의 문화를, 학교장의 교사들에 대한 방관주의 문화 형성에 영향을 준 것으로 해석된다.

### 다. 교원 정년단축 정책

「국민의 정부」의 교원정책은 교직사회를 재구조화하고 교원들의 전문성과 책무성을 증진시키는데 초점이 맞추어져 있었다. 그러한 맥락에서 볼 때 「국민의 정부」 교원정책에서 가장 획기적인 변화 중의 하나는 1999년 1월에 단행된 교원 정년단축 정책이다. 교원 정년단축은 당시 각 부처를 중심으로 추진되던 '구조조정'의 차원에서 접근되었고 이는 교육현장의 세대교체를 통한 신규 수요의 창출로 실업난을 해소하겠다는 시각을 반영한 것이었다. 나이 먹은 교사는 실력이 없다는 노령교사 무능론과 나이 먹은 교사 1명으로 젊은 교사 2.59명을 쓸 수 있다는 경제논리로 이루어졌다고 볼 수 있다(노종희, 2002).

교원 정년단축은 교육예산을 절감하고, 교원임용적체를 해소하여 교직사회를 활성화하며, 일반 공무원과의 형평성을 유지하고, 학생과 교사의 세대차를 해소하며, 사회적 여론을 적극 반영할 필요가 있다는 정책목표로 추진되어(신현석, 2003: 54) 교육현장에 매우 커다란 영향을 가져다 준 정책이었다. 본격적으로 논의가 시작된 지 불과 2달 정도의 짧은 기간 내에 교원의 정년을 65세에서 62세로 단축하는 중대한 결정이 내려졌다. 이해 당사자들의 참여는 물론 충분한 사회적 합의도 얻지 못한 상태에서 정년 단축이 결정된 것이다. 따라서 교원 정년단축을 정당화할 수 있는 정책의 교육철학적 기반은 약했으며, 상황논리에 따른 대증(對症) 처방의 성격이 강했다고 할 수 있다.

정부가 교원 정년단축을 추진하자 이해당사자인 교원 집단은 당연히 이에 반발하였고, 반면에 학부모 및 시민단체가 교원 정년단축에 적극 찬성함으로써 교원 집단과의 반목과 갈등이 빚어지게 되었다. 문제는 이와 같은 사회집단 간의 갈등이 민주적 논의과정을 통해 해소되거나 정부 정책안에 영향을 주는 방식으로 이루어지지 못하고, 외환위기 상황에서 사회 각 분야에서 이루어지고 있던 '구조조정'과 '고통분담'이라는 명분과 여론의 지지를 앞세워 이러한 반발을 무마하였다는 점이다(노종희, 2002).

갑작스러운 정년단축 결정으로 교원사회는 적지 않은 충격을 받고 혼란에 빠졌다. 천직으로서의 헌신과 봉사라는 가치가 약화되고 교원의 사기가 크게 떨어지게 되었다. 또한 교원 정년단축을 추진하면서 마치 젊은 교원은 우수하고 유능한 반면 나이 든 교원은 무능한 것과 같은 인식을 심어줌으로써 교단 내부의 위화감 조성이나 교원의 사기 저하에 영향을 미쳤다. 이러한 교육현장의 사기 저하는 교육 의욕의 저하로 이어지고 교원의 정체성 상실 등 교직 사회 전반의 침체로 이어졌다. 예기치 않은 일방적인 정책 결정으로 교원 사회에서 정부 정책에 대한 불신감이 높아졌으며 교직에 대한 매력의 감소로 우수한 자질을 갖춘 이들이 교단에 투신할 수 있도록 하는 유인력이 약해졌다(노종희, 2002: 67).

교사들은 정년단축을 교사들에게 있어 큰 정신적 상처를 준 정책으로 기억하고 있다. 실제, 많은 교사들이 명예퇴직으로 교단을 떠났다. 정년이 아닌 명예퇴직으로 교직을 그만둔 전국의 초중등 교사는 97년 1천6백2명에서 98년에는 5천1백37명으로 급증한데 이어 98년 상반기(2월 퇴직자)에만 9천3백91명에 이르렀다. 특히 99년부터는 공무원 연금기금의 고갈로 연금조차 제대로 받지 못하게 된다는 소문마저 돌면서 8월에는 적어도 1만2천6백여 명의 교원이 명예퇴직 할 것으로 예상되기도 했다(동아일보. 1999. 4. 7).

> 김 모 교사(52 · 여)는 요즘 명예퇴직 문제를 놓고 밤잠을 설치고 있다. 8월 말까지로 되어 있는 명예퇴직 희망원을 제출하자니 30년 동안 사명감과 애정을 가지고 지켜온 교

단을 차마 떠날 수 없다는 생각이 앞서고, 머물자니 학생과 학부모가 더 이상 자신을 필요로 하고 있지 않다는 생각에서 벗어날 수가 없기 때문이다. 지난해까지만 해도 건강이 허락하는 한 아이들을 가르치는 것이 그의 꿈이었다. 그러나 올해 새 학기에 학교를 찾은 학부모들이 '어, 젊은 선생이 아니네' 하면서 서로 수군거리는 것을 보고 참담함을 떨칠 수가 없었다.

고교에서 음악교사로 근무하다 올해 2월말 명예퇴직한 정 모 씨(60)의 퇴직 이유는 '창피함' 때문이었다. 정씨는 강남 지역의 어느 학교 정문에 '우리 학교 교사는 촌지를 받지 않습니다'라는 내용의 플랜카드가 걸려 있는 것을 예로 들며 "교원 정년단축으로 교직생활이 몇 년 남지 않기도 했지만 '이런 분위기에서 아이들을 어떻게 더 가르치나' 하는 생각이 들었다"고 털어놓았다. 최근 교단을 등지는 교사들이 크게 늘고 있다. 이들 자진 퇴직 교사들이 공통적으로 밝히는 퇴직 이유 중에는 '교직생활에 대한 환멸'도 들어 있다. 사명감 하나로 교육현장에 몸을 던졌던 교사들이 이제 울면서 교직을 떠나고 있는 것이다(동아일보. 1999. 4. 7).

정부는 나이 많은 교사에 대해 무능하고 컴퓨터도 못한다는 논리를 강조했다. 컴퓨터를 못하긴 누가 못한단 말인가? 그리고 고령교사 1명을 내보내면 젊은 교사 2명을 채용할 수 있게 돼 교사들의 수업부담이나 잡무도 그만큼 줄어든다고 공언했다. 그러나 그렇게 되었는가? 초등학교에선 금세 교사 부족으로 퇴직한 사람들을 다시 불러들였다. 그

> 때 교육현장에선 교육공황을 예고했지만 정부는 듣지 않았다. 그래서 정부가 교사집단을 우롱했다는 생각을 갖고 있는 것이다(주간조선. 2001. 11. 15)

실제, 교원 정년단축조치와 명예퇴직 파동으로 학교를 그만둔 교사가 초등학교의 경우 2만1700여명에 달했으나 이 가운데 33.6%에 해당하는 7319명이 다시 교단에 복귀했다. 이 조치로 인해 교사 부족 사태가 초래됐고 교육당국이 궁여지책으로 퇴직교사들을 기간제(계약제)교사라는 형식으로 다시 불러들인 실패한 정책이라 할 수 있다(동아일보. 2000. 10. 20). 교원 정년정책이 시행된지 3년이 경과한 후 교사들을 대상으로 한 교육개혁 정책에 대한 조사에서, 현직 교사 74.1%가 김대중 정부의 교육개혁 정책에 대해 50점 이하의 낙제점을 주고 있는 것으로 나타났다. 교원의 84.4%는 교육개혁이 오히려 공교육의 위기를 불렀다고 응답했으며 72%는 교직사회를 침체시켰다고 응답해 현 정부의 교육정책이 각종 부작용을 양산한 것으로 평가했다. 교육개혁 정책이 교육의 질을 향상시키는 데 기여했다는 응답은 11.3%에 불과했다. 교육개혁 추진 방식의 문제점으로는 교육여건 무시(28.8%), 경제논리의 지나친 강조(26.3%), 정부 주도의 밀어붙이기(17.2%), 현장 교원들의 참여 미흡(10.1%), 준비 소홀과 졸속 추진(10.1%) 등의 순으로 꼽았다.

교원 정년단축 정책의 부정적 영향은 우리로 하여금 개혁조치가 순조롭게 진행될 때 상당한 열매를 거둘 수 있는 반면 미숙하게 추진됐을 경우에는 엄청난 혼란이 빚어진다는 아픈 교훈을 주었다. 그래서 개혁에는 과감성 못지않게 현실적합성을 따져보는 주도면밀함이 요구되는 것이다. 특히, 백년대계(百年大計)로 불리는 교육 분야의 개혁은 어느 분야보다 치밀한 현실파악과 계획수립이 필요하다.

이렇듯 교원 정년단축 정책은 교단사회 전반에 크고 긴 파장을 남겼다. 교사들은 정부의 교사의 전문성 경시 시각을 확인하고 나아가 경제논리에 의한 교육개혁의 폐해를 느끼며 교단을 떠나게 한 아픈 과거 경험으로 남아있다. 교사들의 마음에 상처를 남긴 것은 정부뿐만이 아니다. 교원 정년단축 정책이 나왔을 때 많은 학부모들과 시민사회단체들도 교사들의 비효율과 무능을 이유로 교원 정년단축을 적극 지지하는 생생한 장면을 목도한 바 있기 때문이다.

교육정책 당국과 일부 학부모들이 교사들을 세상 변화에 제대로 적응하지고도 못하면서 촌지나 받는 무능한 비리집단으로 취급하는 상황에서, 교사들의 마음에 교육에 대한 사명감과 아이들에 대한 헌신감이 클 수 없는 것은 어쩌면 당연한 지도 모른다. 이러한 상황에서 교단을 지킨다는 자존심과 명예로 살아가는 교사들은 학교에서의 일상과 수업 및 행정업무를 수행함에 있어 '하는 체하는' 보여주기식 형식주의, 자신을 닫고 보호하려는 폐쇄적 개인주의 등과 같은 문화적 특성을 나타나게 되었다고 판단된다.

### 라. 교원성과급제 도입

우리나라에서 성과급제도가 시작된 것은 1995년 11월 중앙인사위원회에서 교육개혁의 일환으로 '능력 및 실적 반영 승진보수체계' 마련과 관련하여 '성과급 지급 지침'을 발표하면서부터이다(이쌍철 · 홍창남, 2008). 도입 초기만 해도, 1996년과 1997년 교원 및 교육전문직에게 근무평정결과와 특별근무성적을 고려하여 특별상여수당의 형식으로 10%의 우수교사에게만 지급하였기 때문에 논란의 여지가 적었으며, 그마저도 IMF 외환위기로 중단되었다. 그 후 「국민의 정부」가 들어서면서 1998년 12월 공무원수당규정에 성과급제도를 도입한 이래 긴 시간 동안 교육부와 교원단체들 간의 논란과 갈등, 시안의 수립과 반대로 인한 유보의 과정을 거쳐 왔다.

기본적으로 교원성과급제도는 우수한 교원에게 상여금을 지급하여 교원들 간 선의의 경쟁을 유도함으로써 궁극적으로는 교육의 수월성을 제고하기 위한 것이다. 2006년 7월 교육부가 정한 '06년 교육공무원 성과상여금 지급 지침'에 따르면 교원성과급의 지급대상은 고등학교 이하 각급 학교 교(원)장, 교(원)감, 교사, 장학관 등이며, 성과상여금 예산의 80%를 균등, 20%를 차등 지급하는 것을 원칙으로 하고, 차등지급 방법은 담임 여부, 보직 여부, 수업시수, 포상실적, 학습지도 및 생활지도 능력을 고려하여 국가기관장 또는 시 · 도교육감이 결정하도록 되어 있다. 차등지급 기준은 상위 10%인 S등급에게는 지급 기준액의 100%, 10%초과 30%이내인 A등급에게는 70%, 30%초과 70%이내인 B등급에게는 50%, 하위 30%인 C등급에게는 35%를 지급하는 것이고, 조직 구성원들의 의견을 수렴하여 S등급의 인원을 A등급에 통합하여 지급하는 것을 가능하도록 하였다(조혜진, 2007: 189).

그러나 이 교원성과급제도의 시행에 대해 당시 교육부와 교원단체 및 일선 교사들의 인식에 상당한 차이가 있기도 하였다. 예컨대, 중앙인사위원회는 일반직 공무원의 경우 성과급을 100% 차등 지급하고 있으며 성과평가로 등급을 결정하고 있으므로 이들과의 형평성을 꾀해야한다고 주장하기도 했다. 따라서 교원성과급 전원 지급은 곤란하며, 타 공무원의 경우처럼 학기별로 지급할 것을 주장하기도 하였다.

이에 대해 교직단체들은 교직의 특수성이라는 가치를 지지했다. 교총은 교직의 경우 고도의 전문적이고 창의적인 교육활동을 수행한다는 직업적 특수성으로 인해 교육활동의 성과에 대한 객관적인 평가 기준 설정과 측정이 사실상 불가능하다고 했다. 뿐만 아니라 성과 또한 오랜 시간을 요하는 경우가 대부분이어서, 단기간(1년)의 성과에 대한 측정(평가)을 요하는 성과급은 근본적으로 교직과 부합되지 않는 제도라고 주장하였다. 전교조 역시 교원성과급제도가 교직사회에 비교육적인 경쟁과 갈등을 유발할 것을 염려하면서 이로 인해 상호협력과 정보공유가 이루어지지 않게 될 경우 학교 교육력은 오히려 약화될 것임을 주장했다(조혜진, 2007: 198).

실제, 교사성과급 지급을 위한 교사평가에 대한 교사들의 반응을 분석한 하봉운의 연구(2000)에 따르면, 많은 교사들이 교사평가의 기준과 절차 등에 대하여 제대로 이해하지 못하고 있었으며, 평가의 기준이 교사 자신들이 생각하는 올바른 교사성과와는 거리가 멀어 받아들이기 힘들뿐 아니라, 교사 개개인의 수업과 학교업무수행에 별다른 영향을 끼치지 못한다고 인식하고 있었다.

<표 Ⅴ-2> 교원성과급제도 추진과정

| 시기 | 내 용 |
|---|---|
| 1995 | 5.31 교육개혁위원회에서 능력에 따른 승진체계 및 차등 보수 제안 |
| 1996-1997 | 특별 상여 수당형태로 상위 10%에게만 성과급 지급 |
| 1998 | 국민의 정부 100대 개혁과제 중 '능력, 업무성과 등을 반영하는 성과급제' 도입 발표 |
| 1999 | 중앙인사위원회에서 공무원 보수규정 개정을 통해 전 공무원을 대상으로 '성과상여금 제도'도입 |
| 2001. 2. 12 | 중앙인사위원회에서 교육공무원 성과상여금제 시행지침 통보 |
| 2001. 2. 24 | 교원단체의 반발로 교육공무원 성과상여금 지급 보류 조치 |
| 2001. 9 | 전 교원에게 성과상여금을 지급하되 지급등급 및 차등완화, 성과급 예산 일부를 10% 정도 절감하여 교원복지비로 사용-전교조의 반납투쟁(8만1천명 교원들이 298억원 반납) |
| 2001. 12 | 수당화 또는 폐지 등 전면적인 성과급 개선안을 마련하기로 교원노조와 단체협약 체결 |
| 2001. 2 | 교원성과급제 폐지, 자율연수비 지급으로 방향 전환→전교조 투쟁 종료→언론, 학부모단체, 중앙인사위 이의 제기 |
| 2002. 8 | 교육부 90% 균등 지급(능력개발지원비), 10% 차등지급 제안→중앙인사위, 교직단체 모두 수용 |
| 2002-2005 | 성과급 예산의 90%를 균등 지급, 10% 차등 지급(년 1회 지급) |
| 2006. 9 | 성과급 예산의 80% 균등 지급, 20% 차등 지급하고 연 두 차례(7, 10월)에 걸쳐 분할 지급 |
| 2007. 2 | 성과급 차등 폭 확대에 대한 반발로 전교조 성과급 반납 투쟁, 반납 성과급으로 사회기금 조성을 통한 장학금 지급 결정 |
| 2007. 11 | 성과급 예산의 80% 균등 지급, 20% 차등지급(연 1회 지급) |
| 2008. 10 | 성과급 예산의 70% 균등 지급, 30% 차등지급 |

자료: 이쌍철 · 홍창남(2008). p. 221.

또한 평가자(교장, 교감)들이 교사를 평가할만한 전문적인 학과목 지식과 자격을 가졌다고 보지 않으며, 평가자의 개인적인 선입견과 편애를 평가의 공정을 해치는 주요한 요소 중의 하나로 보았다. 평가의 절차와 결과에 대한 공정성이 의문시되었으며, 교사들 상호간에 평가결과에 따른 갈등이 발생한다고 반응하며 이 제도의 계속 시행여부에 대해서도 부정적인 인식을 가지고 있었다. 같은 맥락에서, 이 제도가 시행된 후 8년이 지난 시점에서 이루어진 연구결과(이쌍철 · 홍창남, 2008)에서도 교사들의 거부감은 크게 감소되지 않은 것으로 밝혀졌다. 이러한 결과는 교원성과급정책을 집행함에 있어 학교의 문화와 교사들에 대한 이해가 부족했거나, 이해는 하고 있지만 이를 중요하게 고려하고 적절히 대응하려는 노력이 부족했다는 반증이기도 하다. 다음은 이 제도가 학교현실을 제대로 반영하고 있지 못하다는 주장에 대한 한 보도사례이다.

> 공업고등학교 교사로서 요즘 논란이 되고 있는 교원 성과급 제도에 대해 한마디하고 싶다. 서울시내 대부분의 공고 교실의 수업 상황은 일반인이 상상할 수 없을 정도로 '교육 부재(不在)'의 현장이다. 대다수 학급에서 교과서와 필기구를 지참하는 학생은 5, 6명에 불과하고 대부분의 학생은 수업시간에 떠들거나 잠을 자는 것으로 3년 동안 허송세월을 보낸다. 더러 예외도 있지만 설득과 훈화로는 정상적인 수업을 진행하기가 불가능한 지경이다. 한마디로 교육과 무관한 곳이라고도 볼 수 있다. 교직원들의 봉급을 주기 위해 존재하는 '국민 혈세 낭비 기관'이라는 자괴감까지 든다.

> 이런 곳에서 '교육성과'를 이야기한다는 것은 참으로 어처구니없는 일이다. 교육의 근본 목적이나 내실과 관계없는 현장에서 어떻게 교육성과를 측정한단 말인가. 교원 성과급제를 말하기 전에 실기 실습 위주의 교육을 실시하거나 단기 기능 양성과정을 설치하는 것이 급선무다. 공고의 교육개혁이 전제되지 않는 교원성과급제도는 공허할 따름이고 국민 혈세를 낭비하기 쉽다. 당국은 일선 교육 현장을 충분히 살핀 뒤 학생과 교사를 위한 교육정책을 마련하기 바란다(동아일보. 2001. 8. 27).

또한 본 연구와 관련하여, 교원성과급제도가 교사들의 형식주의 문화를 더욱 부채질 하고, 교사들의 자긍심과 사기에 부정적 영향을 준 정책이었음에 주목할 필요가 있다. 예컨대, 교육부의 차등지급방법 결정에 대한 광범위한 재량권 허용과 등급별 대상자 선정에 대한 불명확한 기준의 제시는 정책의 본래 목적을 달성할 수 없게 만드는 형식주의적 집행의 직접적인 원인이 되었기 때문이다. 이로 인해 실제로 차등 지급된 교원성과금을 모아 균등하게 재분배하거나, 교원의 업무성과가 아닌 연공서열에 따라 등급을 책정하며, 교원성과급 예산을 복리후생비로 지급하는 경우가 생기기도 하였다.

교원성과급제도가 교사로서의 자부심과 전문직으로서 갖는 사기(士氣)에 부정적 영향을 끼친 사례는 여러 군데에서 확인된다. 교원성과급제도는 무엇보다 교사들의 보상기제를 잘못 읽은 정책이라는 인식이 강하다. 심리적 보상 동기가 강한 한국교사들을 대상으로 경제적 동기에 기초한 경쟁을 통하여 교단을 활성화시키고자 한 정책의 이론적 전제에 오류가 있었다고 판단된다.

> 최근의 교원성과급 지급문제는 '현장 무시'의 대표적 사례로 꼽힌다. 교사집단은 교사 간의 경쟁보다는 상호 협조와 협력을 통해 공동과제를 해결하고 학습을 해나가야 교육의 효과를 극대화할 수 있는데 어설프게 교사 간 경쟁을 유도한다고 성과급을 'A급 · B급 · C급'으로 차등지급하는 바람에 교무실 분위기만 흐트려 놓았다는 것이다(주간조선. 2001. 11. 15).

한국 중등학교 교사문화에 나타난 내용을 살펴보면, 교사직을 선호하는 요인은 여러 가지가 있지만 가장 중요한 입직동기가 심리적 보상성이다. 대부분의 교사들은 학생을 사랑하고 잘 가르치는 선생님이 되고 싶어 한다. 즉, 교사들의 선생으로서의 보람과 기쁨의 원천은 학생들을 가르치고 인간적으로 무엇인가 베풀며 학생들의 가치 있는 행동 변화를 보는데 있다. 교사들은 학생들이 가치 있는 행동 변화를 보일 때, 학급운영의 원칙이 지켜질 때, 졸업생들의 방문, 만족스러운 수업이 이루어질 때 교단에 선 교사로서의 기쁨을 느낀다. 담임교사이든 비담임 교사이든 대부분의 교사들이 학생들에게 교과지식이든, 사랑이든 무엇인가 주는 것을 통해서 행복을 느끼고 있다는 점에 주목할 필요가 있다. 즉, 중등교사들은 학생들에게 무엇인가 베풀고 자신의 가르침에 대한 긍정적 반응이 나타날 때 보람을 느끼고 즐거워하는 심리적 보상에 대한 기대가 가장 크다는 점에서, 교원성과급제는 그러한 교사문화와 조화를 이루기 어려운 정책이었다. 그러한 이유로 학교현장을 제대로 반영하지 못한 대표적 정책이라는 교사들의 반응이 나온 것이다.

### 마. 교원평가제의 시행

교원평가제는 2000년 교육부가 시안을 내놓은 이래 2010년 전면 시행되기까지 약 10년의 시간이 흘러갔다. 사실, 교원평가제는 기본적으로 문민정부와 국민의 정부를 거치는 동안 도입된 신자유주의 이념의 영향으로, 교원 인건비에 대한 투자의 효율성을 확보하려는 주장과, 이제는 기정사실화된 공공기관의 평가에서 교육 역시 예외일 수 없다는 주장 등이 제기되면서 도입의 필요성이 제기된 바 있다(김이경, 2005). 또한 공교육의 부실을 지적하는 학부모들의 질 높은 교육 및 책무성에 대한 요구의 증대와 그간 우리나라 교원에 대한 평가를 담당해 온 「교원근무평가제도」에 대한 비판의 본격적인 제기, 그리고 교원평가의 세계적 확대 추세가 교원평가제의 도입을 촉진한 요인들로 작용하였다(교육부, 2005).

교육부가 제시한 교원평가의 개념은 교원의 전문성 신장에 목적을 두고 교원들이 자신의 능력을 스스로 진단하고 개선하기 위하여 동료교원에게 수업 평가를 받고, 학생과 학부모의 만족도를 확인하는 것이다. 2006년 10월 교육부가 제시한 「학교 교육력 제고를 위한 교원능력개발평가 정책 추진 방향(시안)」에 따르면, 교원평가제의 평가목적은 교원 능력개발 자료로 활용하는 것이고, 평가자는 동료 교원(교장, 교감, 교사 상호간 관찰)과 학생 · 학부모

(만족도 조사)이다.

평가주기는 3년에 1회이며, 평정요소는 교장과 교감의 경우 장학활동, 교원의 능력개발 등 학교운영 전반이고, 교사의 경우 수업계획, 수업실행, 수업평가 등이다. 평가지표는 단위학교의 특성을 반영하여 자율적으로 결정하도록 하였고, 평가방법은 절대평가이며, 평가의 결과는 환류조치 하도록 되어있다(조혜진, 2007: 187).

<표 Ⅴ-3> 교원평가제도 추진과정

| 시 기 | 핵심내용 | 추진내용 |
|---|---|---|
| 2000 | 평가제도 개선 | 교직종합발전방안(시안)에 교원평가 위원회 구성 언급(교직단체 반발로 무산) |
| 2001-2002. 9 | 관련 정책 추진 시도 | '01 성과상여금 차등 지급 결정(교직단체 반발로 무산)<br>'01 교원의 정년연장(62→63세) |
| 2002. 10-12 | 전문성 신장 목적으로 전환 | '02. 10 근무성적평정의 객관성 결여 문제 지적→동료평가 20% 반영<br>'02. 12 교원의 전문성 신장을 위한 제도개선으로 교원평가 논의 |
| 2003 | 인사제도 연계 언급 | OECD 능력개발을 위한 교원평가제 도입 권고<br>교육개발원에 평가제 포함 교원인사제도 개편 연구 의뢰 |
| 2004-2005 | 시범학교 운영으로 대립 격화 | '04. 4교원인사제도 혁신방안 수립 공청회(전교조 반대로 무산)<br>'05. 4교원평가제도 개선방안 발표(교직단체 반발로 공청회 무산)<br>'05. 9 부적격 교원대책 발표(교원평가와 별도)<br>'05. 11 시범학교 48개교 지정 운영 |
| 2006 | 입법화로 분쟁해결 | '06 학부모단체 교원평가제 도입 촉구<br>'06 교원능력개발평가 정책추진(시안)발표 |

| | | |
|---|---|---|
| | 시도 | '06. 11 입법예고(교총반대, 전교조 연가투쟁)<br>'06. 12 초·중등 교육법 개정법률안 국회 송부 |
| 2007 | 시범학교<br>확대 실시 | '07 시범학교 506개교 운영<br>'07. 8 미래교육비전과 전략(교사자격갱신제 언급) |
| 2008-2009 | 인사연계<br>법제화<br>논란 | '08 시범학교 669개교 운영<br>'09 시범학교1,570개교 운영 |
| 2009-2010 | 교원평가<br>전면 시행 | '09. 8 교총 전격수용<br>'09. 11 전교조 법제화 논의 참여<br>'09. 10 전면 시행 |

자료: 류민영 · 신상명(2010). p. 63. 재구성.

교원평가제의 주된 목표는 교사의 부족한 능력을 자기계발을 통해 높이도록 한다는 것이다. 그러기 위해서는 무엇보다 어떤 능력이 부족한지 알아야 할 필요가 있었다. 서울대사범대부설여중에서는 학생들에게 교사에 대한 평가를 서술형으로 받았다. 그 후 학교는 각 교사들에게 가장 많이 나온 지적 사항 5가지를 개별적으로 공지했다. 한 교사는 "그냥 5점 만점의 만족도 점수만 받았다면 뭐가 부족한지 잘 몰랐을 것"이라며 "아이들의 서술 평가가 수업 개선에 크게 도움이 됐다"고 말했다. 이 교장은 "만족도 점수가 낮았던 교사들이 다양한 노력을 하면서 전체 평균 만족도 점수가 높아지는 효과가 있었다"고 말했다. 교사들은 다른 교사의 수업을 볼 기회가 많아지면서 동료 평가가 제 기능을 할 수 있게 됐다는 반응이었다. 오지은 교사는 "교원평가는 교사 순위를 매기자는 것이 아니다. 자기가 부족한 점을 알고 발전시키자는 것이다"라고 말했다. 이 학교에서는 매월

> 한 번씩 외부 강사를 초청하거나 자체 연수를 하는 등 수업 전문성 향상을 위한 프로그램을 진행하고 있다. 같은 과목 교사끼리 모여 서로의 수업을 평가할 때는 거침없는 비판이 나오기도 한다. 이 교장은 "교원평가가 성공적으로 정착했지만 개선할 것이 여전히 남아있다"고 말했다(동아일보. 2010. 3. 3).

이렇게 추진된 교원평가제가 교직사회와 갈등을 빚은 가장 큰 이유는 교육부가 추구한 '교직의 책무성과 수월성' 가치가 '교직의 특수성 및 교원의 자율성'이라는 가치와 대립되었기 때문이다(조혜진, 2007: 194). 교육부는 교원평가제가 학부모들의 자녀 교육권을 최소한이라도 보장하는 장치가 되어 줄 것이며, 이를 통해 학교교육의 책무성을 확보할 수 있다고 주장하였고, 학부모단체들은 특히 부적격 교원과 능력부족교원에 대한 책무성 확보 수단으로서 교원평가제의 실시를 지속적으로 요구해왔다. 결국, 교원평가제의 도입과정에서 교육정책 당국과 학부모들은 1999년 이래 우리 사회에 이슈화되어 큰 반향을 일으켰던 교육붕괴, 학교붕괴, 교실붕괴 등과 같은 공교육 위기의 책임을 비효율적인 학교운영과 자기계발에 게으른 무능한 교사에 있다는 암묵적 전제를 가지고 있었음을 알 수 있다.

그러한 의미에서, 교총이나 전교조와 같은 교원단체들이 소위 교직의 특수성과 교원의 자율성이라는 가치를 가지고 교육정책 당국이 일반적이고 잘못된 가정으로 도입·시행하고자 하는 교원평가제에 대해 반대운동을 전개했다. 실제, 전교조는 학교교육은 교원과 학생이 지속적인 관계를 가지고 이루어지며, 교육적 성과가 단기간에 나타나지 않은 특성을 가질 뿐 아니라 교육에 영향을 미치는 요소들이 다양하기 때문에 일반기업체나 행정직에서 통용되는 평가방법을 그대로 도입하는 것은 현실적합성이 없다고 주장하였다. 교총 또한 교수-학습활동은 오랜 시간이 경과된 후 학생의 인생 전반을 통해 그 결과가 나타나는 것이므로 한 번의 수업 관찰로 전체를 평가한다는 것은 매우 제한적이라고 주장하였다. 또한 교총은 수업계획서 수립이 평가의 대상이 된다면 교원의 자율성은 출발부터 무너지는 것이라고 주장했고(정동섭, 2005), 전교조 역시 이렇게 되면 결국 교원은 평가기준에 맞춰 계획하고 준비하여 수업하는 타율형 인간으로 변하게 될 것이고 이로 인해 교직사회의 황폐화를 가져올 수도 있다고 주장했다(하병수, 2005).

이러한 상황에서 교육정책 당국과 교원단체 간의 갈등은 계속되었다. 실제로, 2001년 1월부터 2010년 4월까지 국내 10대 일간지에 교원평가와 관련된 신문보도 685건과 교육과학기술부의 공식보고 문서자료들을 분석하여 교원평가제 관련 갈등을 분석한 류민영과 신상명(2010)의 연구에 의하면, 교원평가제 도입이 추진되던 2000-2001년, 시범학교 운영이 되던 2005-2006년, 교원평가 법제화 추진이 이슈가 되던 2009년 등 세 번에 걸쳐 갈등이 크게 높아진 것으로 밝혀졌다.

그러나 교원평가제에 대한 교사들의 반응을 조사 분석한 하봉운(2005)의 연구와 2009년 교원평가제 관련 신문보도에서 알 수 있듯이, 교사들은 평가과정이 공정하고, 평가자가 자격과 능력을 갖추고 객관적이며, 평가결과가 공정하고 정확하다면 비교적 일관되게 교원평가제를 수용할 의사가 있다는 점에 주목할 필요가 있다.

> 교육과학기술부가 12~17일 여론조사 전문기관인 리서치앤리서치를 통해 초중고교 교원 500명과 19세 이상 성인 남녀 513명 등 총 1013명을 대상으로 설문조사한 결과 교원의 63%, 일반국민의 76.3%가 교원평가제 도입에 찬성한다고 응답했다. 교원 가운데 교장은 응답자의 90%가 찬성했다. 교원평가 결과를 다른 학교로의 전근이나 승진 등 인사에 반영하는 것에 대해서는 일반 국민의 64.7%가 찬성했지만 교원의 73.1%는 반대했다. 교원평가의 실시 주기에 대해서는 교원의 52.8%, 일반 국민의 50.6%가 '1년에 한 번'을 꼽았다(동아일보. 2009. 3. 24).

이러한 연구결과와 언론 보도를 참고해보면, 교사들이 교원평가제를 무조건 거부하는 것이 아니라 교사들이 신뢰할 수 있고 합의되는 평가의 영역과 측정도구의 개발, 그리고 평가자의 전문성이 확보되는 제도 시행을 위한 치밀한 준비와 이해 당사자들 간의 원만한 합의도출 과정이 중요함을 알 수 있다.

전체적으로 볼 때, 교원평가제 도입과 2010년 3월 전면시행까지 교원평가제를 실시하여야 한다는 점에 대해서는 교육정책 당국과 학부모 사이에 별 이견이 없었다. 오히려 교원평가제를 둘러싸고 교육정책 당국, 학부모 단체와 교직단체가 이견을 보이고 갈등하는 과정에서 교원들은 당연히 받아야 하는 교원평가제를 거부한다는 "역시" 문제가 많고 비효율적인 집단이라는 사회일반의 지속적 비난을 받아왔다. 평생직장이 사라진 새 직업 패러다임의 등장과 사회 전반의 구조조정의 회오리바람 속에서도 오랫동안 누려왔던 기득권을 지키기 위해 꿈쩍하지 않으려는 교직사회를 향해 "교직은 철밥통"이라는 곱지 않은 시선을 보내기도 했다. 그러나 이에 따라 교사들은 마음의 상처를 받고 교사들의 교직에 대한 생각과 아이들의 교육에 대한 행동이, 정도의 차이는 있겠지만, 예전과 같지 않고 흔들리게 된 것으로 보인다.

일련의 교원평가제 도입과정에서 교육정책 당국과 학부모들의 요구와 압력을 받으며 일선 학교 교사들 사이에서 공유된 두 가지 의식이 있었던 것으로 해석된다. 하나는, 교원평가제가 경쟁과 효율 중심의 신자유주의 교육개혁 정책의 실패로 나타난 공교육의 위기와 사교육 창궐 현상의 상당한 책임을 일선 학교 교사들에게 돌리고 있다는 동의할 수 없는 정책적 전제에 대한 거부이다. 다른 하나는 대부분의 교사들은 교원평가제가 긍정적인 효과를 낼 수 있는 필요한 제도라는데 동의하지만 성공적인 제도 시행을 위한 철저한 준비와 합의과정을 요구하는 교사들을 시대에 역행하는 이기적 집단으로 취급하는 여론과 그 흐름을 이용하는 제도 추진 세력에 대한 불신이다.

### 바. 하향식 교육개혁정책

문민정부, 국민의 정부, 참여정부, 이명박 정부에 이르기까지 지난 20여 년에 걸친 한국 교육개혁정책은 충분한 준비나 검토가 부족한 채 연이어 하달되는 많은 개혁과제와 추진 지침들로 분주한 학교현장, 개혁방안들의 현장 부적합 현상과 부작용들, 그리고 상부의 지시와 감독 및 현장의 수동적이고 형식적인 실천 보고의 패턴을 만들어냈다(송준수 · 신재영, 2003). 중등교육과 관련하여 문민정부 시기의 학교운영위원회를 통한 학교자치 활성화, 종합학생생활기록부 제도 도입, 수요자 중심 교육과정, 수준별 수업, 열린교육 등은 주목할 만한 개혁적 정책들이었다. 또한 1998년 10월에 발표된 국민의 정부 「교육비전 2002: 새로운 학교문화 창조」에서는 문민정부 주요 교육개혁 정책들의 교육현장 추진 상황 점검 및 강화 방안들이 나왔다.

국민의 정부에서 추진된, 그리하여 학교현장에 크고 작은 긍정적 혹은 부정적 영향을 준 대표적인 교육개혁정책으로는 수행평가, 학교생활기록부, 학교장 추천제를 골자로 하는 새로운 대학입학전형제도 개선책, 교원성과급제 도입, 교원 정년단축, 교원노조 합법화, 학교운영위원회 설치 의무화, 교육정보화 종합발전방안 수립, 학습자 중심의 열린교육, 학생의 자기 주도적 학습능력의 배양 등을 들 수 있다.

또한 참여정부에서는 교육소외와 교육부적응 및 교육 불평등 현상들을 해소하기 위하여 특수교육기회 확대, 유아교육 기회 확대, 저소득층 교육기회 보장, 기초학력 보장, 사교육으로 인한 교육 불평등 해소, 학교부적응 치유, 복지 친화적 교육환경 조성 등과 같은 평등과 복지 지향의 교육정책들이 추진되었었다. 마지막으로 이명박 정부에서는 학교자율화, 고교다양화, 영어 공교육강화, 대학입시자율화, 학교정보 공시제, 국가수준 학업성취도평가 등과 같은 자율과 효율의 가치를 추구하는 교육개혁정책들을 추진하고 있다.

이처럼 문민정부 이후 이루어진 우리의 교육개혁은, 교육의 공공성을 강조하여 평등과 복지의 교육적 가치를 추구한 참여정부를 제외하면, 대체로 경쟁과 효율을 중시하는 신자유주의 이념으로 수요자 중심 교육, 열린교육, 수행평가, 공교육 정상화를 겨냥한 대학입학제도 개선, 자율성과 책무성 중심의 교원 성과급 및 정년단축 정책 등으로 정리할 수 있다. 주목되는 점은 중등교사들은 국가 차원에서 이루어지는 여러 교육개혁정책과 같은 환경변화에 대해서 거의 유사한 반응 양상을 보여준다는 사실이다.

정권이 바뀔 때마다 끊임없이 내려오는 각종 교육개혁정책을 호의적으로 생각하는 중등교사들은 드물다. 오히려 학교현장의 사정을 고려하지 않은 밀어붙이기 개혁이라는 인식을 많이 하고 있다. 실제, 신현석(2005)의 교육개혁업무의 추진과정에서 나타난 인식조사 연구를 보면, 각종 교육개혁정책을 "학교현실을 감안하지 않은 무리한 발상"으로 인식하는 경우가 가장 많고 다음으로 "정치 · 경제논리 위주의 방안"에 대한 인식이 많다. 특히 "정치 · 경제논리 위주의 방안"이며, "학교현실을 감안하지 않은 무리한 발상"으로 인식하는 경우가 많고, '정권 교체에 따른 즉흥적이고 무계획적인 발상'이라는 인식이 지배적이어서 교육개혁 추진 업무의 내용에 대해 부정적인 견해가 많았다. 그 결과 교육개혁정책들은 "교육문제의 해소 미흡", "교육이해 당사자들 간의 갈등 증폭", "무리하고 급박한 추진으로 인하여 혼란 가중", "불신" 등의 반응도 나타났다. 다시 말해, 상위교육행정기관으로부터 시작하여 단위학교에 이르는 일련의 교육개혁 과정은 '적극적인 재정지원은 이루어지지 않으면서 결과를 지나치게 중시하는 실적주의의 개혁'으로 교육력이 낭비되고, 현장에서는 교육개혁의 피로감이 누적되어 있는 것으로 인식되고 있었다.

이러한 교육정책의 변화 압력과 요구에 대해서 교사들은 냉소적이지만 선택적으로 수용하기도 한다. 바꾸어 말하면, 한편으로는 급격하고 무리하다고 판단되는 변화 요구에 대해서 "참 답답하다, 우리가 알아서 잘 할 텐데 왜들 이 난리인가", "현장을 모르는 사람들이 그렇지 뭐", "너희들 그래봐라, 잘되나 보자" 등과 같은 반응을 보이면서도 다른 한편으로는 "안 하면 안 되겠지? 에이, 하는 척이라도 해야지", "이런 건 맞아, 한 번 해보는 것이 좋을 것도 같아", "옳기는 한데 이건 현장에 잘 안 맞아, 조금 바꿔서 해보는 것이 좋겠어"와 같이 선택적으로 수용하기도 한다는 의미이다(오영재, 2009).

또한 일선학교 현장의 여건과 문화에 맞지 않은 정책들에 대해서는 소극적 실천과 같은 형식주의 전략으로 대응하곤 해 왔다. 형식주의(formalism, red-tape)는 일의 본질 보다 형식, 본래 달성하고자 하는 목적보다 수단적 가치들이 중시되면서 나타나는 가치전도(displacement) 현상이라고 할 수 있다. 또한, 그에 따른 당연한 결과로서, 본래 수행하고자 했던 과업의 본질이 소홀하게 다루어지고 형식에 집착하는 가운데 과업수행이 제대로 이루어지지 못하여 본래의 목적이 달성되지 못하는 현상을 의미하는 것으로 볼 수 있다(이인회, 2007: 29-30).

형식주의적 행동유형으로는 가장(假裝), 타협, 피상적 학습, 소극적 실천 등이 있는데 학교사회에서 가장 많이 볼 수 있는 유형은 가장과 소극적 실천이다. 가장은 과업수행의 실제의 모습과 다르게 외부나 다른 상대방에게 보고, 자료 제출, 전시하는 행위를 말하며, 자연히 허위, 과장, 축소 등의 행위가 따르게 된다. 다음으로 소극적 실천인데, 주어진 과제 또는 대상에 대한 긍정적 의미를 부여하기 어려움에도 불구하고 이를 완전히 거부할 수 없는 상황에서 대상에 대한 미온적 또는 회피적 자세를 취하며 적당히 소극적으로 일을 처리하는 것을 말한다.

학교에서 형식주의가 생기는 외부요인으로는 외부로부터 부과되는 과제로서 내부의 관점에서는 절실하지 않은 것, 현실여건에 맞지 않는 비현실적 과제, 조급하게 추진되는 과제, 정치적 혹은 행정적 시간 틀(time-frame) 적용에 의한 교육적 시간 틀의 침해, 효과 없는 과거 방식의 반복 및 강화 등이 있다. 또한 학교 내부요인으로는 변화가 필요한 국면에서 '관리중심' 리더십에 집착, 업무 배분의 불공정성 혹은 불합리성, 자율적 권한과 책임의 부재로 인한 주인의식의 결여, 다수의 참여 부족, 협동적 과업수행의 미흡, 구성원의 과업수행 역량 부족, 부적절한 평가, 인정, 보상체계, 동기부여 시스템과 문화의 미흡 등이 있다(이인회, 2007: 33-37).

중등교사들은 정권이 바뀔 때마다 교육개혁이라는 이름으로 학교현장으로 지속적으로 내려 보내는 많은 교육개혁 정책들을 보며, 두 가지의 상념에 잠기는 것으로 보인다. 하나는 '왜 우리는 늘 개혁의 대상이 되어야 하는가?' 하는 자괴감이고, 다른 하나는 '지금까지의 경험으로 보아 또 다시 내려오는 저 교육개혁정책이 학교현장에서 성공하기 어려울 것'이라는 정책 실패에 대한 예단이 그것이다.

우선, 늘 개혁의 대상이 되어야 하는 자신들에 대한 자괴감은 교육개혁정책 그 자체에 대한 불쾌감으로 작용한다. 교사들은 자신들이 교육전문가인 동시에 실제 교육활동에 나름대로 헌신하고 있기 때문에 사회로부터 혹은 교육 정책적으로 존중되어야 하는 사람으로 인식하고 있다. 따라서 그러한 교사로서의 자긍심에 상처를 주는 정책 전제 설정과 일방적 요구와 지시 행태를 가장 싫어하며, 또한 심리적으로 저항한다.

다음으로 '지금까지의 경험으로 보아 또 다시 내려오는 저 교육개혁정책이 학교현장에서 성공하기 어려울 것'이라는 정책 실패에 대한 예단은 '소극적 실천' 혹은 하기는 '했다'는 실적 그 자체에 의미를 두게 되는 형식주의를 만들게 된다. 교사들은 교육개혁정책들이 장기적으로는 실패할 것으로 예상하지만, 단기적으로는 수시로 내려오는 확인 및 보고 행정에 대응해야 하기 때문이다. 학교교육을 보다 학생 중심적이고 미래 지향적으로 변화시키려는 개혁의 본질은 흐려지고 형식에만 집착하는, 그리하여 정책을 생산하고 강요하며 확인하는 과정을 통해 교육기관의 제도적 생존이 관성적으로 보장되고 그에 대한 순응으로써 학교의 존속이 보장되는, 그런 건조한 현장만이 덩그렇게 남을 수밖에 없는 현실이라 하지 않을 수 없다.

## 3. 미시적 요인

중등 교사문화 형성 과정의 미시적 요인으로는 '꿈과 현실 간의 괴리가 큰 학교현장', '교실붕괴의 위기적 증후 현상', '줄지 않는 행정업무' 등 세 가지로 해석되었다. 이러한 요인은 교사문화에 대한 선행연구들의 결과를 종합한 가운데 도출된 것이다. 특히, 1999년 이후 오늘에 이르기까지 한국 사회에 큰 반향을 불러일으킨 소위 '교실붕괴' 현상과 교사들의 행정 잡무 문제는 중등 교사들의 문화에 적지 않은 영향을 준 미시적 요인들이라고 할 수 있다.

### 가. 꿈과 현실간의 괴리가 큰 학교현장

교직에 입직할 당시의 한국 중등교사들은 공통적으로 교직에 대한 푸른 희망과 뜨거운 열정을 가지고 있는 것으로 나타난다. 아이들을 향한 사랑, 존경받는 교사가 되고 싶은 바람, 교사로서 할 수 있는 개인적 성취에 대한 설렘, 교직의 사회적 기여와 헌신에 대한 자부심 등이 가득한 경우가 많다. 그러한 중등교사의 교직에 대한 꿈과 기대는 이미 교육실습과정에서부터 형성되는 경우가 대부분이다.

김병찬(2005)은 4주의 교육실습 과정은 1주차 "어색한 만남", 2주차 "첫 교감", 3주차 "교직에 빠지기", 4주차 "헤어지기"로 제시하고, 교육실습 3주차 시기에 이르면 아이들과 좀 더 깊은 관계를 맺어가며 "진정한 교사"를 경험하며 "교직의 매력"에 빠지기도 한다고 설명한 바 있다. 특히 교육실습 과정에서 "아이들의 순수함"을 경험해 나가며, 교생들이 수업을 하고 상담을 해가며 아이들과의 접촉이 늘어 갈수록 아이들의 부정적인 측면보다 긍정적인 측면을 더 많이 보게 되는데 특히 아이들의 "순수함"에 매료되고 '가르치는 일의 매력'을 발견해 간다고 하였다. 나아가 교육실습은 '잊을 수 없는 행복한 경험'으로 남고, 대학에 돌아와서도 "자꾸 생각나고", "아이들을 생각하면 눈물이 나는", "평생 잊을 수 없는 경험"이 되어 교직에 대한 동기와 의지는 더욱 강해지고 교직진출

준비에 '전의'를 가다듬는 것으로 나타났다. 학교는 "내가 교육실습을 하고 떠나 온 곳"이 아니라, 언젠가 "내가 돌아 갈 잠시 떠나 온 곳"으로 오랫동안 추억되는 것으로 해석하고 있다.

> 아이들은 생각했던 것보다 정말 순수하고 착했다. 우려했던 문제들은 많지 않았다. 대부분의 학생들이 정말 너무 착하고 순수한 것을 보고 놀라지 않을 수 없었다. 목요일에 직접 수업을 했다. 떨리는 마음, 두근거리는 마음을 진정시키면서 수업을 시작하였다. 많은 준비를 했고 게임형식으로 수업을 진행했는데 다행히도 아이들이 잘 따라와 주었다. 아이들이 내 가르침에 귀를 기울인다는 느낌이 들자 그동안 준비하면서 힘들었던 것이 눈 녹듯이 사라지는 것 같았다. 이런 기분, 이런 성취감 때문에 교사라는 직업이 매력이 있는 것 같다.
>
> 아이들이 사랑스럽고, 삐뚤어져 있는 아이들과 어려운 환경에 처해 있는 아이들이 다시 자리 잡을 수 있도록 해주고 싶고, 학생들과 수업할 때 몸이 피곤한 줄 모르고 목에 핏줄이 터지도록 소리치며 수업을 하는 것이 나에게 큰 기쁨이라는 것을 알게 되었기 때문이다. 이제는 내가 교사로서의 삶을 살게 되어도 평생 후회하지 않고 기쁨으로 학생들을 가르치며 살 수 있을 것이라는 확신이 든다(김병찬, 2005: 67-68).

그러나 교육실습을 통해 아이들과 맺은 "첫 사랑"의 행복한 추억은 잠시뿐이다. 가슴 깊은 곳에 행복한 추억을 간직하고 교단 진출에 성공한 초임교사들은 그 짧은 교육실습 시절에는 보지 못했던 학교생활의 다양한 장애와 애로를 겪으며 교직을 다시 보게 되고 적지 않은 갈등을 경험하게 된다. 예기치 않았던 여러 요인들이 초임교사들에게 불만과 스트레스를 주기 때문이다. 그 요인들은 대체로 학교의 관료적 분위기, 생각보다 훨씬 많은 행정업무가 주는 스트레스, 평등할 것으로 생각했지만 실제로는 상당히 위계적인 인간관계, 동료교사들 간의 폐쇄성, 낮은 보수, 학부모들의 지나친 개입, 교직의 전문성과 특수성을 경시하는 교육정책 기조, 교사들에게 부정적인 언론의 논조 등이다. 이런 것들이 초임 시절의 교직에 대한 기대와 바람을 저버리게 하는 것으로 나타난다.

그 외에도 우리나라 교사발달 사례에 나타난 조직적 · 개인적 환경에서의 긍정적 · 부정적 요소를 밝힌 이윤식 · 박안수(2000)의 연구에서도 알 수 있듯이, 초임교사들이 학교생활에 적응해 가는 과정에서 학교장의 군대식 학교경영, 선배교사의 권위적 태도와 명령 하달식 업무처리, 성적위주로 교육하는 동료교사, 전보로 인한 통근문제 · 적응문제, 결혼과 자녀 출산, 양육의 어려움, 객지에서의 교직생활 등이 부정적 영향을 주는 것으로 나타나고 있다.

이같이 초임교사들을 힘들게 하는 여러 요인들 때문에 초임교사들은 스트레스를 받으며 적지 않은 조직 부적응 경험을 하게 된다. 실제 우리는 초임교사의 지치고 피곤한 모습을 쉽게 보곤 한다. 많은 교사들은 자신들이 초임교사로서 새롭게 요구받는 역할 때문에 스트레스를 받고 긴장하여 이삼일을 꼬박 새우는 예들을 기억할 수 있을 것이다. 또한 초임교사들은 학교에서 가장 어려운 업무를 맡는 경향이 있다. 새로운 수업준비, 학생들의 지도, 불충분한 자료, 동료 교사로부터의 지원 부족 등은 초임교사들이 공통적으로 겪는 문제이다(이윤식, 2004: 47).

훌륭한 교육자가 되겠다는 꿈을 가지고 교직에 입문한 교사들은 이론적으로만 배우던 수업방식을 직접 실천해야 하고, 아직 완전히 익숙하지 않은 교과내용을 익히면서 학생을 가르치는 일이 쉽지 않다는 것을 알게 된다. 이 때문에 대부분 처음 교사가 되고 나서는 다른 생각을 하지 못하고 교육에 전념하게 된다. 이러한 초임 적응 기간이 대체로 3-4년 걸린다(강일국 · 문희경, 2009).

> 제가 발령 난 지 3년째인데 그냥 학생들과 수업하는 것이 좋아요. …(중략)… 선생님이 되어보니까 다른 사람의 삶에 영향을 줄 수 있다는 직업이라는 점에서 두렵기도 하고 너무 좋기도 해요. 나로 인해서 좋은 기회를 만나는 학생들이 생기길 바라면서 수업해요. 섬 아이들이 너무 착해요. 발령 받은 친구들에게 물어보면 애들에게 푹 파묻혀 지낸다고 해요. 공부를 잘 하는 것은 중요해요. 그러나 착한 것은 더 중요하다고 생각해요(강일국 · 문희경, 2009: 482).

초임 시절에 경험하는 다양한 개인적 · 조직적 요인들의 부정적 영향으로 인하여, 초임교사들은 교직 입문시기에 품었던 '아이들에게 사랑받는 좋은 교사'로서의 꿈과 열정은 조정을 받게 된다. 무엇보다 이상적인 수업에 대한 기대는 충분하지 못한 수업 여건과 성적 위주의 교육에 대한 주변의 기대 차이로 인하여 갈등을 일으키게 되고 교사들을 고민하게 만드는 요인이 된다. 예컨대, 서경혜와 유신영의 좋은 수업에 대한 연구(2004)를 보면, 이론적으로는 학생들이 자신의 현재 지식을 더욱 높은 수준으로 재구성할 수 있도록 지원해주는 '구성' 관점의 수업을 가장 이상적인 수업으로 제시되고 있다. 하지만, 교사와 학생 및 학부모들은 압도적으로 교과내용을 명확하고 효과적으로 전달해주는 '전달' 관점의 수업과 교사와 학생들이 활발하게 상호작용하며 서로 존중하고 신뢰를 쌓아가는 '관계' 관점의 수업을 좋은 수업으로 인식하고 있는 것으로 나타나고 있는 데서도 잘 알 수 있다.

여기서 특히 주목되는 점은, 중등교사들의 초임시절 학교현실 사회화가 동료교사나 상급자의 지원이 거의 없는, 극히 개인적인 차원에서 홀로 이루어지고 있다는 점이다. 또한 개인적 차원의 교직 사회화가 바람직하게 닮을 수 있는 역할모형과 누적된 지식적 매뉴얼이 없는, 일종의 '상황에 맞추어 헤쳐 나가기' 형식으로 이루어진다는 측면에 주목할 필요가 있다. 이는 중등교사들 사이에 고립적 개인주의 문화가 만들어지고, 변화와 창의가 지배적인 혁신주의 문화보다는 닮음과 적응이 선호되는 보수주의 문화가 형성되는 주된 원인이 된다.

적어도 수업에 관한한 상호교류는 상당히 단절되어 있고 수업개선을 위해 필요한 것이 있다 하더라도 그것을 대개 혼자 힘으로 해결하고 있으며, 혼자의 힘으로 여의치 않을 경우 쉽게 포기한다. 교내에서 이루어지는 동료장학도 거의 형식화되어 있으며 자발적 동기에 의한 활성화가 이루어지지 않는 것으로 확인되고 있다. 수업을 잘하든 못하든 서로에게 잘 공개되지 않고 있으며 상호간의 건설적 비판과 도움도 거의 오가지 않는다(허병기, 2000: 224)는 것이다.

수업뿐만이 아니다. 교사들은 자기 업무는 잘 처리하지만 동료 교사들의 업무를 도와주거나 업무나 학생지도에 대해 서로 의견을 교환하는 경우가 드물다. 그 이유는 교사들이 학교 구조상 고립되어 있고, 교사들 서로에 대한 배려의 부족, 개인주의가 팽배한 점 때문으로 보인다. 또한 대부분의 교사들이 자랄 때 학업성적도 우수한 편이며 성취도 또한 높은 편이어서 자기가 최고라는 우월의식 때문에 다른 교사들의 충고나 협조를 받기를 꺼려하는 데서도 원인을 찾을 수 있다. 물론 교사 개개인의 업무량이 많다보니 옆 교사가 바쁜 줄 알면서도 못 도와주는 경우도 있다(박미옥, 2003: 49).

### 나. '교실붕괴'의 위기적 증후 현상

중등교사들이 학생지도 측면에서 보여주는 문화적 특징은 온정주의적 통제와 방임적 면책의식의 공존현상이다. 특히 방임적 학생통제 경향과 면책의식 문화는 1990년대 말 이후 우리 사회에 이슈화되어 큰 논란이 된 소위 '교실붕괴' 혹은 '학교붕괴' 현상과 밀접한 관련이 있다.

1990년대 말부터 우리나라에서는 학교에서 교사가 학생을 교육하고 지도하기 곤란한 상황이 나타났고 이것은 '학교붕괴' 혹은 '교실붕괴'라는 말로 비유되기까지 하였다. 수업시간 중에 돌아다닌다거나 교사의 지시를 거부하거나 지도에 저항하는 현상이 그 예이다. 그것은 학교에서의 수업이나 생활지도의 어려움을 넘어 학교교육이 큰 곤경에 처했음을 드러내주었다. 학부모들은 학교교육을 불신하고, 학생들은 학교생활에 불만족스러워하며, 교사들은

사기가 떨어져 학생들의 문제행동에 적절히 대처하지 못하는 악순환이 계속된 것이다(윤정일, 2003: 2)

특히, 문민정부 이후 수요자 중심의 교육개혁이 진행되고 있는 가운데 교육현장에서는 학생들의 일탈행동이 집단화-일상화되고 있다는 우려의 목소리가 높아졌다. 학생들 사이에는 공부 기피, 등교 거부, 장기 결석, 가출, 수업방해, 비행, 약물남용, 이성문제, 절도, 교내폭력, 자살, 집단따돌림 등 교육의 병리적 현상의 증세가 더욱 심화되어 사회적 불안요소로 자리 잡았다. 교사들은 교실에서 적극적으로 수업에 참여하는 학생들은 30% 이하로 정상적인 교육이 어려울 만큼 '교실붕괴' 현상이 급격히 진행 중이라고 보고하기도 했다. 1999년 전교조 주최 토론회에서 발표한 어느 교사의 체험담은 교실붕괴 현상의 단면을 잘 설명해주고 있다(손경애, 2000: 68).

> 수업시간에 집중하는 아이 3명, 내처 자는 아이 5명, 잡담하고 노는 아이 10명, 딴 생각하는 아이 30명, 수업시간 시작 5분 만에 양치질 하고 온다고 양해를 구하는 아이, 출석을 부르고, 자는 아이 깨우게 하고, 이어폰 빼게 하고, 휴대폰 끄게 하고, 교과서 꺼내게 하고, 수업 중 못 떠들게 하고, 자는 아이 또 깨우고, 한 학생이 교과서를 발기발기 찢고 있기에 그 원인을 물었더니 그것은 자기의 취미라고 한다. 이것은 한 마디로 수업이 아니라 전투이다(조선일보. 1999. 10. 19).

> 적지 않은 교사들은 1990년 중반부터 학생들과 의사소통의 어려움을 느꼈고 "교직을 그만두어야 하나…"라는 근본

> 적인 고민과 갈등을 겪었다고 회상하고 있다. 교사들은 수업시간에 학생들이 자거나, 돌아다니거나, 휴대전화의 문자 메시지를 전송하는 학생들의 모습에 당혹스러워 하고, 학교 규칙에 명문화된 머리 모양과 옷 모양을 지키지 않은 학생들을 어떻게 지도해야 할지 고민스러워 한다. 학생들이 예전과 달리 크게 변화하여 통제하기 힘들고, 교사들의 권위가 잘 수용되지 않는 현실에 직면하여 교사들은 일종의 당혹감을 느끼고 있는 것이다. 좀 더 심하게 말하여, 아이들이 통제가 되지 않는 상황에 대하여 속수무책인 경우가 적지 않은 현실인 것이다. 사실 교실붕괴는 교사들에게만 고통스러운 것이 아니다. 학생들에 따르면, 그들이 수업에 집중하지 않는 이유는 의외로 간단하다. 공부에 관심이 없는 학생들에게 학교는 무의미하며, 입시가 중요한 아이들에게도 교실은 '저효율의 표본'이기 때문이다(오영재, 2009: 232-235).

여기서 주목되는 점은 '학교붕괴' 혹은 '교실붕괴' 등의, 공교육의 위기를 초래한 요인이 다양하다는 사실이다. 예컨대 '학교붕괴' 혹은 '교실붕괴'는 교육제도 및 정책, 교육행정 체제와 교육과정, 교육의 물적 여건 등과 같은 제도적 차원, 새로운 시대에 잘 대처하지 못하는 교사의 수업방식이나 지도능력, 생활지도 혹은 학교운영 방식과 같은 학교 차원, 새로운 세대의 등장, 가정교육의 부재, 비교육적인 사회문화 차원 등과 같은 여러 요인들에서 비롯되는 현상이다(윤정일, 2003: 8). 그럼에도 불구하고, 교사들은 교실붕괴의 원인을 주로 자신들과는 상관없는 학교 외적 요인들에 돌리고 있다. 즉, 교사들은 '교실붕괴'의 원인으로 교육제도의 경직성, 교육부의 정책 실패, 교사의 과실만 물고 늘어지는 학부모, 가정의 과잉보호에 따른 버릇없는 아이들 등 학교 외적 요소로 돌리고 있음을 알 수 있다(박윤배 · 김경식, 2002: 102-103).

이러한 교사들의 '교실붕괴' 원인에 대한 인식은 교사-학생-학부모 간의 신뢰를 약화시키는 중요한 원인이 되고 있다. 실제, 중등학생들은 자신들이 당면한 문제를 해결하는데 학교와 교사가 도움이 된다고 생각하지 않는다. 교사와의 관계도 매우 소원한 것으로 나타났다. 중등학생들의 30% 이하만 교사가 자신의 고민을 이해하고, 교사를 고민을 상담할 대상으로 인식하고, 자신들의 의사를 교사들에게 쉽게 전달할 수 있다고 생각한다. 그리고 절반의 학생들은 학교가 학생들의 문제에 별 관심이 없으므로 학교에 해결책을 기대할 수 없다고 인식하고 있다.

뿐만 아니라 절반의 학생들이 교사에 대한 불신이 매우 심각함을 보여주고 있다. 특히, 주목되는 점은 이러한 학생의 교사에 대한 불신은 낮은 학업성취와 일탈을 경험하는 하층의 학생들만 경험하는 것이 아닌데도, 성적이 높은 학생들이나 낮은 학생들이나, 학생들이 직면하는 문제에 대해 학교나 교사에게 해결을 기대하고 있지 않으며, 교사들에게 의사를 전달하기를 어려워하고 있다는 사실이다. 이는 중학교와 고등학교에서 동일하게 나타나는 현상이기도 하다. 이는 학교 및 교사에 대한 불신을 부모의 사회경제적 지위나 하층문화의 탓으로 돌려서는 안 되며, 학교 및 교사불신에 대한 가정적 책임이 지나치게 강조되어서는 안 된다는 점을 의미한다(황갑진, 2002).

교육은 이해 당사자들 사이에 형성된 신뢰와 존경의 관계, 배려와 봉사의 행동에서 이루어지는 상호 교류적이고 전문적인 인간적 활동임을 생각할 때 소위 '교실붕괴' 현상은 다면적인 원인에서 비롯되는 일종의 교육위기현상이다. 이러한 교육위기현상이 중등 교사문화에 대한 이해에 있어 중시되는 점은 그러한 현상이 교사들에게 어떤 의식과 행동의 표준을 공유하게 하였는가 하는 점에 있다.

그러한 의미에서 보았을 때, 학생과 학부모로부터의 존경심을 잃은 교사들, 성적 향상이라는 도구적 학습동기에 매달린 학생들, 수업이 제대로 진행되지 않는 무질서한 교실 상황 등과 같은 부정적인 교단의 붕괴 기류는 중등교사들의 책임감과 자기성찰의 계기로 작용하기보다는 '교사 외 요인에서 비롯된, 그리하여 자신들에게는 별다른 잘못이 없는 교육현상'이라는 방임과 면책의식으로 이어진 것으로 해석된다.

### 다. 줄지 않는 행정업무

"학교는 공문에 의해 움직인다", "모든 행정업무는 문서로 시작해서 문서로 끝난다"는 현장의 목소리가 시사하듯이, 교사가 수행해야 할 업무는 공문과 밀접하게 연결되어 있다. 위계적인 관료조직구조 속에서 상부기관에 의해 결정된 정책과 지침은 공문에 의해 일선 학교에 전달되며, 학교에 접수된 공문은 교무업무 분장표에 근거하여 담당 교원에게 배분된다(홍창남 외, 2009: 278). 공문은 여러 유형이 있다. 보고형 공문은 공문에서 요구하는 내용을 학교가 반드시 따라야 하고 그 결과에 대해 보고를 하는 것으로

"정책운영 실적 제출"이나 "현황파악" 등의 내용이 이에 해당되며, 지시형 공문은 공문에서 요구하는 내용을 단위학교가 반드시 따라야 하나 그 결과에 대한 보고를 요구하지 않는 성격의 공문으로 "2008년 교육공무원 성과상여금 지급지침 알림"이나 "학기 중 재량휴업(단기방학) 운영 안내" 등의 내용이 이에 해당한다. 또한 협조형 공문은 공문에서 요구하는 내용을 학교가 반드시 따라야 할 의무는 없으나 보고를 요구하는 것으로 "연구학교 공모 신청" 혹은 "교사 연수 신청" 등의 내용이 이에 해당한다. 마지막으로 알림·홍보성 공문과 정보제공형 공문은 공문에서 요구하는 내용을 학교가 반드시 따라야 할 의무도 없으며 보고할 의무도 없는 성격의 공문이다(홍창남 외, 2009: 287).

이러한 행정공문이 필요 이상으로 너무 많이 내려옴으로써 교사들의 본령인 수업을 방해하고 직무의 효율성을 저해한다는 데 문제가 있다. 뿐만 아니라, 교사의 공문 처리 업무(소위 잡무) 부담을 줄여주기 위한 노력은 오래 전부터 지속적으로 추진되어 왔고, 오늘날과 같이 정보화가 진행되어 학교의 많은 업무가 전산화되었음에도 불구하고, 일선 학교 현장의 행정업무 부담은 크게 줄어들지 않았다는 데 문제가 있다.

예컨대, 2008학년도 한 초등학교에서 처리된 공문의 기본현황을 보면(홍창남 외, 2009: 289), 총 3,954건의 공문 중 외부기관으로부터 수신한 공문이 2,981건으로 가장 많았으며, 내부 결재 공문 513건, 외부 기관으로 발송한 공문 460건으로 나타났다. 학교에서 처리되는 대부분의 공문은 온라인을 통해 전달되고 있지만, 우편 또는 팩스를 통해서도 440건이 전달되었다. 학교에서 처리된 공문의 총 분량은 19,348쪽이며, 1건 당 평균은 4.9쪽이었다. 공문 처리가 가장 많은 달은 새 학기가 시작되는 3월로 515건이 처리되었으며, 연말인 12월이 490건으로 그 뒤를 이었다. 방학이 포함되어 있는 7월(257건), 8월(108건), 1월(145건)은 상대적으로 공문 처리 접수가 적었다. 일반교사 중 공문처리 건수가 가장 많은 교사는 학적관리담당 교사로 185건의 공문을 처리하였다. 공문의 수신 및 발신기관별 현황을 보면, 교육과학기술부 1건, 시교육청 104건, 지역교육청 1513건이었으며 그 밖에도 교육연수원, 교육정보원 같은 교육청 산하 기관이 발송한 공문, 교원 및 청소년 단체에서 발송한 공문 173건이었다. 발신 공문 역시 지역교육청으로 발신한 공문이 254건으로 가장 많았으며, 교육과학기술부 및 시교육청으로 보내진 공문은 없었다.

이러한 행정업무에 대한 중등교사들의 인식은 매우 부정적이다. 소위 잡무라고 하는 행정업무들이 교사의 수업 준비할 시간을 빼앗아가고, 형식적인 공문 처리 업무가 교사들을 짜증나게 한다는 것이다. 교사들은 특히 공문에 대해서 너나없이 불만이 아주 많다. 업무 연락이나 급한 공문이 있을 시는 정규시간이 끝나도 학교에 남아 업무를 계속 하기도 하고 집으로 일을 가져가기도 한다. 어떤 때는 "공문 처리하러 학교에 온 것이 아닌가?"라는 착각마저 든다고 한다. 상급기관에서는 공문을 줄인다고는 하지만 말뿐이라는 것이다. 오히려 해마다 취급해야 하는 공문의 양은 더욱 많다고들 말한다. 특히 도교육청 감사가 있을 시에는 당일 보고하라는 공문도 있다. 다음은 행정업무에 대한 교사들의 인식과 태도를 알 수 있는 사례들이다(오영재, 2009: 116-119).

> 교사는 학생을 잘 가르치는 것이 제일이라는 생각을 갖고 있었던 내 생각이 착오임을 알게 된 수 많은 공문들. 많은 학생들을 가르치고 관리하고 내려오는 공문을 처리하다 보면 교재 연구할 시간이 없다. 거기에 잦은 출장. 교사들이 자기 발전을 위해 할애할 시간이 없다는 말을 비로소 실감하게 되었다. 수업보다는 업무가 우선순인 현실이 나에겐 낯설었고, 내가 생각했던 것처럼 교직은 학생과 교사만 있는 곳이 아니라 공문들과 그 밖의 잡무가 많다는 것을 알게 되었다(박미옥, 2003: 41).

교사들은 학생들의 수업과 생활지도에 관련된 일을 교사가 원래 수행해야 할 직무로 인식하는 반면, 그 외의 학교운영을 위해 해야 할 일은 행정업무로 생각한다. 장학지도 준비라든가 감사 준비, 국회의원이나 도의원들의 요구 자료, 각종 선거와 개표 종사, 학교 환경 정리, 장부정리, 각종 회의 참석, 각종 행사 계획 및 추진 등의 일들은 잡무로 여기고 있다. 특히 소규모 학교일수록 이런 잡무들이 과다하여 한 교사가 서너 가지 업무를 맡는 것은 당연한 일이며, 경우에 따라서는 예닐곱 가지의 업무를 맡기도 한다. 여교사들은 대부분이 업무가 과중하다고 느끼고 있다. 과중한 업무 때문에 정작 중요한 수업준비나 담임의 역할 수행에 지장을 받는다고 하소연한다. 행정업무가 학생지도보다 앞선다는 것이다.

학교 일은 시급을 다투는 일은 없다고 하지만 실상은 기일을 엄수해야 하는 공문이 쌓인다. 그러다 보니 교육적 기능을 고려할 시간도 없이 대부분의 행정업무들을 처리한다. 수업시수가 적은 교사는 그래도 나은 편인데 수업시수도 많은데다가 행정업무까지 많이 맡게 되면 대부분의 시간을 업무 처리에 매달리게 되고 수업 준비나 학생지도는 뒷전이 되고 만다. 그래도 다 못하고 밀리게 되는 일은 집에까지 갖고 가기도 한다. 학교에 근무하는 동안 휴식을 취한다거나 책을 읽는 시간이 별로 없고, 끝내지 못한 일은 집에 가지고 가며 밀린 일에 대한 부담감으로 잠을 못 이루고 새벽까지 업무를 해결하고 있으며, 그러한 자신의 인생이 고달프다고 말하고 있기도 하다. 그래서 교사들 사이에서는 특히 서류를 많이 만져야 하는 교무기획이나 학생기획의 경우 자신의 처지를 "주사"라고도 표현한다. 공문 줄이기 운동을 벌이고 공문을 줄이라는 공문도 내려오지만, 이들은 갈수록 늘어가고 교사들은 가르치는 주업무보다 공문서 처리에 더 매달려야 하는 현실에서 교사의 정체성에 대해 혼란을 겪기도 한다(박미옥, 2003: 38-40).

이러한 불필요하고 많은, 그리하여 정말 귀찮고 하기 싫지만 어쩔 수 없이 해야 하는, 행정공문 처리 업무가 교사들로 하여금 수동주의 문화를 형성하게 한다. 교육과학기술부-시 · 도교육청-지역교육청으로 이어지는 관료적 상명하달 행정체계에서 행정적 공문 처리업무는 행정적 약자의 입장에 있는 학교 혹은 교사들이 지시대로 하지 않으면 기관감사나 근무평가에서 불리하고, 지시대로 하자니 그 교육적 의미를 느끼지 못하는 시간 낭비성의 잡무가 되는 것이다. 따라서 요구하거나 지시하는 일도 못마땅한 상황에서 능동적인 업무수행이 가능할 수 없고, 단지 보고를 요구하거나 일을 지시하는 공문 처리를 수동적으로 하게 될 뿐이다.

Chapter VI

# 중등 학교장문화 형성요인 해석

1. 구조적 요인
2. 제도적 요인
3. 미시적 요인

Ⅵ

# 중등 학교장문화 형성요인 해석

## 1. 구조적 요인

중등 학교장 문화 형성에 영향을 준 구조적 요인으로는 '세계화'와 '학교장 인력구조의 변화' 등 크게 두 가지를 들 수 있다. '세계화'는 학교사회에 교육의 질적 경쟁과 개방화를 촉진하고, 단위학교 자치와 같은 새로운 학교경영 패러다임의 도입을 유도하여 기존의 학교장 문화에 새로운 변화를 요구할 것이기 때문이다. 또한 '학교장 인력 구조의 변화'는 교원 정년 단축 정책으로 인하여 학교장으로의 임용 연령이 낮아졌다는 점과 여성들이 학교장에 임용되는 비율이 점차 늘어나고 있다는 것, 이 두 가지 측면에서 중요하다.

학교장의 임용연령이 낮아졌다는 사실은 보다 젊은 학교장이 빠른 교육환경 및 학교문화의 변화에 좀 더 잘 대응할 수 있는 문화적 감수성을 가지고 있을 개연성이 높다는 점에서 의미 있는 요인이 된다고 보았다. 또한 여성의 학교장 진출 비율 증가는 문화와 감성이 중시되는 21세기의 시대정신과 여교장이 갖는 감성적 리더십이 조화를 이루어 학교문화 형성에 일정한 영향을 줄 것이란 점에서 주목할 필요가 있다.

### 가. 세계화

21세기 세계사적 변화의 핵심은 자유민주주의의 확산, 시장의 힘에 의한 지배, 세계경제의 통합, 생산체제와 노동시장의 변혁, 기술변화의 가속화, 매체혁명과 소비주의 등이다. 특히 사회주의 체제의 붕괴 이후 세계경제가 자본주의 체제로 통합되면서 범지구적인 시장주의가 확산되고 있고, 이에 따라 시장 개방과 무한 경쟁을 요구하는 자본의 국제화가 급속도로 이루어지고 있는 바, 이러한 세계사적 변화를 반영하는 구호가 세계화(globalization)이다(김천기, 1997: 219). 세계화란 본래 새로운 생산, 재정 및 소비 시스템에 바탕을 둔 세계화된 경제의 출현을 말한다. 세계화된 단일한 경제와 세계화된 단일한 노동의 분업, 지식과 정보 중심의 경제가 특징적이다.

세계화는 경제적 · 정치적 · 문화적 측면에서 교육에 변화를 가져왔다. 세계화는 교육의 전통적 목적을 약화시켰고, 신자유주의 원리에 따라 감세와 국가영역의 축소, 시장주의적 학교선택, 학교조직의 합리적 관리, 수행평가, 원격교육을 포함한 새로운 교육기관의 출현 등 탈규제화를 추구하였다. 정치적 측면에서 보면, 세계화는 OECD 등 초국가 기구의 외적 요구에 따라 교육정책 형성에서 국가의 자율성을 제한하는 반면에 세계적 차원의 갈등 · 범죄 · 테러 및 환경문제 등을 밝히고 이를 해결하기 위해 세계시민교육을 등장시켰다. 또한 문화적 측면에서 세계화는 가정, 지역 혹은 국가를 넘어선 "상상의 공동체(imagined community)"에 초점을 맞춘 교육 혹은 다문화주의(multiculturalism) 교육활동의 중요성을 강조한다. 세계화를 지지하는 입장에서 보면, 교육의 세계화 즉, 국제 인재 양성을 위해 시장원리에 따라 수요자 중심으로 교육 시스템을 재구조화하고 교육의 '상품화' 정책과 문화의 '동질화' 교육을 추구한다(김민호, 2007: 26).

세계화에 따라 교육도 자체 개혁을 통해 경쟁력 강화에 기여하도록 요구 받아왔으며, 개혁의 주요 목표는 '교육의 질적 제고'였다. 이러한 세계화의 논리와 교육에 대한 요구는 1995년 교육개혁위원회가 발표한 '신교육체제 수립을 위한 교육개혁 방안'의 기조가 되었다. 교육에 대한 시장논리가 한국의 교육개혁에서 지배적 논리로 수용될 수 있었던 데는 '문민정부'의 세계화 구호와 잘 들어맞았기 때문이다. 당시 문민정부의 세계화 전략은 대외적 시장 개방, 작은 정부, 경제에 대한 정부 개입의 최소화, 국유산업의 민영화, 대학의 민영화 등 전형적인 시장논리에 입각해 있었다. 사회경제분야와 마찬가지로 교육 분야도 시장논리만이 한국 교육의 경쟁력을 제고시켜줄 수 있는 최선의 교육개혁논리로 여겨졌으며, '소비자 중심 교육' '탈규제' '단위학교 중심 운영'이 시장 논리적 교육개혁의 대표적 예에 속한다(김천기, 1997: 220).

세계화의 교육개혁은 다선형 학제 개편과 직업교육의 다양화, 선택 중심 교육과정과 교육과정의 차등화, 교육의 자율성 강화와 단위학교 중심 운영 등으로 나타날 수 있다(김천기, 1997). 이처럼 세계화는 교육정책과 단위 학교 행정에 시장과 효율 중심, 교육의 수월성 추구, 학습자와 학교구성원 중시, 탈규제, 분권화 등 새로운 가치를 가져오게 되었다. 이 중 학교장 문화에 특히 영향을 주었다고 판단되는 것이 단위학교 중심 학교경영제이다. 이 단위학교 중심 학교경영제의 핵심은 자율화와 책무성 강화이며 이를 위해 학교별로 '학교운영위원회'를 설치하여 학교단위의 교육자치를 실현하는 것이다. 학교운영위원회는 교육 이해 당사자들이 참여하고 함께 책임지는 단위학교 행정을 실현하여 이들의 필요와 요구가 학교운영에 반영될 수 있도록 하는 제도이다.

이와 같은 단위학교 중심 학교경영제가 학교장 문화의 특징 형성에 영향을 주었을 것이라고 판단되는 이유는 이 제도가 지향하고 있는 개방과 참여 그리고 분권의 행정적 가치가 기존의 학교장들이 누리고 있던 집권적 행정권력 구도에 변화를 요구하였고, 또한 학교장들은 행정구조의 변화에 대응하는 새로운 리더십과 행정행위를 보여주었을 것으로 보이기 때문이다.

또한, 학교 자율화의 정책적 가치는 학생과 학부모의 요구에 부응하는 다양하고 특색 있는 교육활동을 운영하여 공교육의 만족도와 경쟁력을 제고 하는 2008년 「학교자율화 추진계획」으로 시간이 흐르며 더욱 구체화되었다. 이 추진계획은 교육과정 운영 등 학교운영에 관한 권한을 학교장 등 학교 구성원에게 부여하고, 초·중등교육에 관한 교육감의 권한과 책임을 강화하며, 국가는 국가기준의 설정 등 기획과 조정, 학생의 건강과 안전, 교육 수요자의 권리 보호 등의 역할을 하는 것으로 되어 있다. 이와 같은 맥락에서 제3단계 학교자율화 추진방안 역시 2009년 6월에 확정 발표된 바 있다(박균열, 2010).

이 학교 자율화 정책에서 주목되는 점은 학교운영위원회 설치로 인한 학교장 권한의 분권 요구와 학교 자율화 정책이 전제하고 있는 학교장의 교육과정 운영에 있어서의 재량권 및 교원 초빙과 전보 상의 인사권 강화가 서로 상충되어 미묘한 갈등을 유발할 소지가 있다는 점이다. 실제 최만덕(2009)의 연구에 의하면, 교직원 인사 자율화 방안에 대하여 교원들은 교장의 인사권 확대에 따른 교사 간 불화 및 위화감 조성을 우려하고 있으며, 학교 전보 시 초빙교사와 일반교사 간에 '보이지 않는 벽'을 염려하고 있는 것으로 밝혀졌다.

### 나. 학교장 인력구조의 변화

IMF 외환위기 직후인 1999년 김대중 정권에 의해 시행된 교원 정년단축으로 사상 최대 규모의 교장 세대교체가 이루어져 교장 평균 연령 50대 시대가 열렸다. 전체 초·중·고 교장 8천 여 명의 48%인 3천 8백 명이 교체됐다. 특히 전체 교장의 44%인 3천 5백여 명이 교감 등에서 신규 임용됐다. 학교와 학교운영위원회가 자율적으로 영입한 초빙교장도 41명이나 되었다. 대규모 명예퇴직 등을 고려하면 약 4,000-5,000명의 학교장이 신규 임용되는 셈이다. 최초 교장 임용 연령도 낮아져 서울시 교육청의 경우 신임 초등학교 교장 연령이 57.3세에서 56.6세, 초임 중·고교 교장 연령이 60.7세에서 57.6세로 각각 3년 정도 낮아졌다. 그만큼 교직사회 인사적체의 숨통을 트고 교직사회에 활력을 불어넣을 것으로 기대되었다(중앙일보. 1999. 8. 28).

학교장의 세대교체에 따라, 교장 교감을 포함한 모든 초중고 교원의 인사가 연공서열 대신 능력과 실적 중심으로 바뀐다는 발표도 있었다. 교장임용 심사를 위한 시도 인사위원회에 교육부장관이 추천하는 인사가 참여하고 대상자의 학교경영계획과 교육개혁 의지 등이 심사에 반영되는 등 교장임용 심사가 대폭 강화되었다. 1999년 1월 20일 교원 정년단축과 교원노조 법제화에 따른 교육부의 교원인사지침에 따르면(동아일보, 1999. 1. 21), 능력과 실적 위주의 교원인사를 위해 승진과 전보에 반영되는 경력 근무 연수 평점의 산정방식이 변경되었다. 당시 교장자격 취득을 위한 경력 평점 90점 만점을 받기 위해서는 교직경력이 최소 25년이 돼야 하지만 그 기간을 20년 정도로 줄였다. 또한 교장임용심사 강화를 위해 대상자의 교육관, 학교경영실적, 학교경영계획, 교육개혁의지, 학교관리능력, 건강상태 등이 심사내용에 포함되었다.

학교장이 되기 위한 자격연수 프로그램도 일부 바뀌었다. 새로운 학교문화 창조를 위해 2002년 2월에 발표한 교육부의 지침에 따르면, 교장이 되기 위해서는 봉사활동을 해야 하고 민간 기업에서 연수를 받아야 하며 논술형 시험까지 치러야 했다. 또한, 2백~3백 명 단위로 교원대 등에서 강의 중심의 연수가 이루어졌으나, 그것을 40명 단위로 3단계에 걸쳐 다양하게 연수를 진행한다는 것이었다. 이중에는 민간 기업에서의 연수도 포함돼 기업의 조직관리나 경영기법 등을 배우게 되었다. 또 이론 중심의 강의보다는 토의식이나 참여식 연수가 주로 행해지고 직접 현장에 나가 봉사활동을 하는 등 체험학습도 곁들여졌다.

학교장의 인사정책 중에서 눈에 띄는 것이 여교원의 학교행정가 진출 확대 정책이다. 2002년부터 정부는 여학교의 교장 교감 중 1명은 반드시 여 교원으로 배치하고 승진 후보 3배수에 드는 여교원은 교장 교감으로 우선 임용하도록 했다. 2002년 3월 말 현재 일선 학교의 여교장 교감 비율은 초등학교 8.8%, 중학교 12.3%, 고등학교 3.8% 등 평균 9%로 2001년에 비해 0.6%포인트 늘었다. 이러한 여교원 행정직 확대 정책은 2003년에도 계속되었음을 알 수 있다. 예컨대, 교육인적자원부는 초중고교 교장 교감 등 관리직 교원의 20% 이상을 여성으로 임용하도록 하는 양성평등인사제도를 2003년부터 도입한 바 있다. 실제, 교육인적자원부는 2003년 1월 현재 전체 교원의 10%에도 못 미치고 있는 교장 교감 등 여성 관리직의 비율을 2007년까지 15%로 높이고 앞으로 20%까지 올리는 내용의 '관리직 교원 양성평등인사제도' 시행 방안을 마련 중이라고 한 바 있다(동아일보, 2002. 4. 5: 2003, 1. 22)

사실 학교는 그 어떤 요인보다 인적 자원이 중요한 조직이다. 사람이 바뀌면 학교의 분위기도 바뀌고, 새로운 생각과 가치관을 가진 사람이 종전과는 다른 학교문화를 만들 가능성이 높다. 정년단축으로 인하여 학교장의 연령이 2-3년 정도 낮아진 것을 학교장의 인구학적 세대교체라고 표현하기에는 무리가 있어 보인다. 하지만, 21세기로 접어들며 시도된 학교장의 정년단축은 단순히 교장의 연령을 낮추었다는 의미가 아니라 학교장에게 학교의 변화와 개혁을 주도해달라는 정책적 메시지였다. 그러한 의미에서, 대거 새로 학교장에 임명된 신임 학교장들은 기존의 경험과 안정위주의 보수적이고 현실안주적인 행정보다는 자율과 변화의 진취적 행정으로 새로운 행정문화를 만들 의미 있는 구조적 요인이 될 수 있다고 판단된다.

관리자들이 세대교체가 되어서 많이 달라졌다고 봅니다. 대체로 합리적 의견 수렴을 위한 노력을 하고 있다고 생각합니다(분회장B)……. 요즘은 관리자들이(전교조와 민주적 의사결정에 대해) 의식은 하는 것 같습니다(김혜숙, 2007: 112)

그 뿐 아니라, 여 교장이 늘어나는 것도 눈여겨볼 요인이다. 여 교장이 늘어나면 남 교장이 갖지 못하거나 남 교장에게 부족한 새로운 교육관과 행정행위로 학교문화를 바꾸어갈 수 있기 때문이다. 다음은 여 교장이 학교를 변화시킨다는 실증적 연구결과의 한 사례이다.

여성 교장이 있는 학교의 학업성취도가 남자 교장이 있는 학교보다 높다는 조사결과가 나왔다. 서울시교육청은 2010 서울교육종단연구의 하나로 서울시내 284개 초중고교의 학업 성취도와 학교장 특성을 조사했다. 조사 결과 초등학교에서는 교장이 여성인 학교의 영어 학업성취도가 평균 88.04점으로 남자 교장이 있는 초교(74.70점)보다 13.34점이나 높았다. 수학 학업성취도에서도 여성 교장이 있는 초교가 평균 76.02점으로 남자 교장이 있는 학교(71.97점)보다 점수가 높았다. 중학교와 전문계고에서는 국어 학업성취도가 교장의 성별에 영향을 받는다는 분석 결과가 나왔다. 여성 교장이 있는 중학교의 국어 학업성취도는 평균 58.86점으로 남자 교장이 있는 중학교(54.04점)보다 다소 높았고, 전문계고 역시 여자 교장이 있는 학교의 국어 학업

> 성취도가 46.34점으로 남자 교장이 있는 학교(33.58점)보다 훨씬 높았다. 다만 일반계고에서는 교장의 성별과 학업성취도 사이에 별다른 상관관계가 없는 것으로 조사됐다.
>
> 연구진은 "교과연구회 구성과 운영 등에서 여성 교장이 좀 더 적극적인 점 등이 영향을 미쳤을 수 있지만, 이런 차이가 나타나는 원인을 구체적으로 밝히기 위해서는 지속적이고 면밀한 연구가 필요하다"고 말했다(동아일보 2011. 2. 5).

이처럼 교원 정년단축으로 학교장의 평균 연령이 낮아지고 여교장이 늘어난 것은 학교장의 행정스타일과 그에 따른 학교문화의 변화에 어느 정도 영향을 줄 수 있다는 가정을 하게 하는 내용이라 판단된다. 특히 교원 정년단축은 양날의 칼과 같이 긍정적, 부정적 효과가 동시에 발생했다는 점에 주목할 필요가 있다.

또 한편으로는 학교장들의 교육자로서의 소명감에 차 살아왔다고 자부한 자신들의 지난 삶의 자취와 교육 전문가로서의 자존감에 큰 상처를 주었고, 다른 한편으로는 변화와 혁신의 문명사적 흐름을 주도할 수 있는 젊고 모험적인 학교장 시대의 도래를 촉발하기도 하였기 때문이다. 즉, 세기적인 문명사적 전환과 새로운 학교장의 자질과 능력 그리고 혁신적 리더십을 요구하는 환경의 압력에 대하여, 한국의 학교장들은 어떤 특징적 양상으로 대응을 하였을 것이고, 따라서 그러한 대응행동들이 학교장 문화 형성에 일정한 영향을 주었다고 보는 것이다.

## 2. 제도적 요인

학교장 문화 형성에 영향을 준 제도적 요인은 '학교운영위원회의 설치', '개방형 교장 공모제의 도입', '교장 선출 보직제 도입 시도' 등 크게 세 가지이다.

'학교운영위원회의 설치 운영'은 기존 학교장 중심으로 이루어져 왔던 학교 운영체제를 학교운영위원회라는 심의 공동체로 바뀌게 하여 학교 운영 문화의 변화를 불가피하게 하였다. 또한 '개방형 교장 공모제의 도입'과 '교장 선출 보직제 도입 시도'는 학교장 인력 공급 제도의 다양화와 혁신을 겨냥하고 있기 때문에 이러한 제도변화는 학교장 문화에 영향을 주지 않을 수 없는 요인이 된다.

### 가. 학교운영위원회의 설치 운영

5.31 교육개혁을 통한 학교운영위원회의 설치 · 운영은 교육자치의 기본원리인 주민참여, 분권화, 전문성 등에 기초하여 단위학교의 자치 및 자율적인 학교경영을 실현하려는 조치이다. 1995년 시범학교를 거쳐 1996년부터 전국 초 · 중등학교에 시행되기 시작한 학교운영위원회는 교원, 학부모, 지역사회 인사들도 학교운영에 참여하게 함으로써 이제까지 교육인적자원부, 시 · 도교육청, 시 · 군 · 구 교육청, 단위학교로 이어지는 중앙집권적 학교교육의 통제구조를 민주적이고 다원적인 체제로 전환하는 계기가 되었다(장영숙 · 김정희, 2004: 110).

그러한 의미에서, 학교운영위원회는 공급자 중심의 권위적이고 폐쇄적인 학교를 다양한 교육주체들이 참여하는 수요자 중심의 민주적이고 개방적인 교육공동체로 변화 · 개혁하고자 설치된 실험적 제도 중의 하나라고 할 수 있다. 무엇보다 학교운영위원회는 단위학교 운영주체들에게 학교운영에 관한 의사결정과정에 참여하여 영향력을 발휘할 수 있는 기회를 부여함으로써 '정치적으로는' 단위학교 의사결정과정을 민주화하고, '교육적으로는' 학교교육의 효율성을 제고하며, '사회적으로는' 단위학교 운영주체들에게 특정조치의 결정에 영향을 미칠 수 있는 기회를 부여함으로써, 의사결정과정에서 그들의 이익을 공정하게 고려하는 제도적 장치이다(김성열, 1995: 198).

이러한 학교운영위원회 운영 결과에 대하여 크게 세 가지 유형의 평가가 나오고 있다. 첫째, 학교운영위원회 운영 결과에 대한 부정적 평가로서, 학교운영위원회는 학교장의 권위의식으로 인한 위원들 간의 갈등 야기, 학교장의 책임의식 저하 및 학교운영의 지도성 약화, 교사 사기 저하, 학교운영위원과 학교 내의 교무조직 간의 갈등 야기, 법률적 · 제도적 장치 미흡, 운영위원들의 자질 및 전문성 부족, 각급 학교 경영의 독자성 · 특수성 부족, 위원회의 실질적 기능 및 역할에 대한 문제 노출, 위원 선출과정의 공정성 및 참여 여부, 재정확보 등과 같은 많은 문제점을 나타내 왔다는 지적이다(장영숙 · 김정희, 2004: 110).

둘째, 긍정적 평가와 부정적 평가가 혼재한 유형으로서, 학교운영위원회가 궁극적 목표의 구현에는 미흡하지만 특별한 이슈나 문제없이 평범하게(성공 또는 실패와 대비되는 개념으로서) 운영되고 있으며 학부모 · 지역사회의 요구에 부응하는 교육활동, 학교 내 의사결정의 민주성 · 투명성 확보, 교실수업 개선 및 학교교육의 질 제고에 대한 기여와 같이 나름대로 성과도 거두고 있다는 평가가 그것이다(정수현 · 박상완, 2005). 이들은 학교운영회가 평범하게 운영되는 이유로 학교의 자율성 부족으로 인해 중요하게 결정해야 할 사항이 없고 따라서 갈등이나 관심의 소지가 좁은 탓, 내지는 학교운영위원회가 위로부터 강제된 것이라는 점을 들고 있다. 즉, 학교가 필요에 의해 자발적으로 도입한 제도가 아니라 외부에서 강제된 것인 까닭에 학교가 그것을 교육활동의 촉진을 위해 건설적으로 활용하기보다 법령이나 지침에 순응하는 모습을 보여주는 데 활용하고 있다는 것이다

마지막으로 학교운영위원회 운영에 대한 아주 긍정적인 평가 유형이 있다. 예컨대, 학교운영위원회가 도입된 후 12년이 경과한 시점에서 국 · 공립학교 학교운영위원회의 성과를 분석한 김성열 · 공동배(2007)의 연구와 같이 학교운영위원들은 학교운영위원회가 학교구성원들의 참여 확대, 열린 구조로의 개편, 단위학교 자율성 확대, 학교운영의 투명성 확보, 학교운영의 민주화, 좋은 의사결정, 책무성 강화, 학교교육 프로그램의 다양화, 학교교육의 질제고, 교육공동체의식 고취 등과 같은 긍정적 효과가 많이 나타났다는 주장이 있었다.

그러나 이러한 연구들은 대체로 교육적, 사회적 관점에서 학교운영위원회의 운영 성과를 분석한 것들이라는 데 유의할 필요가 있다. 다시 말하여, 단위학교 조직의 정치적 지도자인 학교장들이 학교운영위원회가 운영되는 과정에서 느끼는 가장 예민한 측면, 즉 제도 운영의 정치적 파급효과에 대한 측면은 간과되고 있음을 알 수 있다. 물론, 학교장은 학교조직의 정치지도자이기 전에 수업

및 문화적 지도자이기도 하지만, 중등학교장의 경우 간접적 수업 지도자 역할을 많이 하고 문화 지도자의 역할은 장기적인 것으로 본다면, 중등학교장에게는 단기적인 정치적 역할이 중요해질 수밖에 없다. 그러한 의미에서, 학교운영위원회가 도입된 이후 학교장 문화에 가장 큰 영향을 준 것은 역시 학교운영위원회가 정치 세력화되는 과정이었다고 판단된다.

특히, 학교운영위원 전원의 선거에 의하여 교육감과 교육위원을 선출했던 지난 2001년부터 2006년까지 학교운영위원회는 그 본연의 교육적 기능보다는 정치적 기능이 더욱 강화된 인상을 준 것이 사실이다. 지방교육정책의 의제 설정, 결정, 집행과정에 결정적인 영향을 주는 교육감과 교육위원 선거에 이념이 다른 보수와 진보 정치세력의 개입이 노골화됨으로써 학교운영위원회가 교내 정치 장화 하는, 의도하지 않았던 부작용이 나타났다. 특히, 전교조를 중심으로 한 일부 진보 성향의 교사들이 교육감과 교육위원 선거에 영향을 미치기 위한 일환으로, 그리하여 지방교육정책에 영향을 미치고자 하는 정치적 의도로, 학교운영위원에 당선되기 위하여 적극 노력함으로써 학교 운영의 책임을 맡고 있는 학교장과 정치적 대립 전선을 형성했다. 학교운영위원회를 정치적 장치로 활용한 것은 진보와 보수 마찬가지였으며, 시간이 흘러도 이러한 현상은 변하지 않았다.

> 다음 달 11일 전국 시 · 도별로 일제히 실시되는 교육위원 선거가 정치판 뺨치게 과열 · 혼탁 양상으로 치닫고 있다. 아직 선거운동 기간(7월 1-10일)전인데도 식사 · 향응

제공, 사전 선거 운동, 현직 공무원의 음성적 선거 개입 등 불법행태가 곳곳에서 드러나고 있다. 특히 한국교총과 전교조 등 교원단체뿐 아니라 일부 학부모단체까지 이번 교육위원 선거에 '자기사람'을 심기 위해 적극 나서면서 이들 단체의 '대리전' 양상으로까지 번지고 있다(조선일보, 2002. 6. 29).

전교조 전북지부와 참교육학부모회 등 전북지역 8개 단체로 구성된 '민주적 교육감과 학교운영위원 선출 운동본부'는 11일 "학교운영위원 선출에 교장을 비롯한 교사들까지 개입해 과열 혼탁 양상을 보이고 있다"고 주장했다. 이들은 성명을 통해 "일부 교장과 교사들은 학부모들의 총의에 의해 선출돼야 할 학부모위원 선거에 학연 등을 내세워 개입하고 있다"면서 "교육감 선거를 앞두고 사전 줄서기에 편승하고 있는 교육 관료들은 즉각 제자리로 돌아가라"고 덧붙였다(동아일보, 2004. 3. 12).

교육감 선거인단인 학교운영위원을 뽑는 선거에 관권이 개입됐다는 의혹이 불거졌다. 울산시 교육위원회 모 위원은 최근 열린 임시회의에서 "학교운영위원 선거에 시 교육청 간부와 일선 학교 교장, 교감 등이 개입한 의혹이 짙다"며 "진상을 밝히기 위해 곧 검찰에 수사를 요구할 예정"이라고 밝혔다. 모 위원은 "시 교육청과 2개 지역 교육청의 일부 실·과에서 '현 교육감에게 우호적인 인사가 학교운영위원에 선출되도록 압력을 행사했다'는 증언이 잇따라 나오고 있다"고 주장했다. 이에 대해 시 교육청은 "교육 공무원의 학교운영위원회 진출을 제한하지 않고 있으며, 관권선거는 터무니없는 주장"이라고 말했다(동아일보, 2005. 4. 5).

학교운영위원회에 관한 대중언론의 보도 내용뿐 아니라, 학교운영위원회 운영과정의 특징적 양상을 미시 정치적 시각에서 분석한 오영재(2004)의 연구결과를 보아도 학교운영위원회의 정치장(場)화 현상은 더욱 분명하게 드러난다. 학교운영위원회의 정치적 양상은 그 구성 단계에서부터 전교조 출신 교사들을 대표하는 소위 진보적 인사와 학교장과 학부모들이 지지하는 보수 인사 사이에서 일종의 '자기 사람 심기'로 나타났고, 운영과정에서도 학교발전기금 조성 문제로 인한 지속적인 갈등상황이 연출되었다.

학교발전기금제도는 학부모의 음성적인 찬조금 문화를 없애고 건전한 기부문화를 정착시킨다는 취지로 1998년 도입됐다. 하지만 학교가 이 제도를 빙자해 학부모회 등을 통해 불법 찬조금을 모금하는 사례가 해마다 늘었다. 참교육을 위한 전국학부모회가 올해 3월 말부터 5월 초까지 각종 불법 찬조금 사례를 모은 결과 지난해 같은 기간(50여건)보다 곱절 이상인 112건이 접수됐다(동아일보, 2004. 7. 15).

학교운영위원회 운영과정에서 특히 학교장들의 전교조 교사들에 대한 불신과 반감이 컸던 사실은 눈여겨보아야 할 점이다. 전교조가 합법화된 이후 많은 학교장들이 전교조에 대한 반감과 불신을 가져왔다는 점에서, 전교조의 합법화는 교사문화에만 영향을 준 것이 아니라 교사들과의 '거리 유지', 행정에 있어서의 '안전 우선주의', '정치적 타협과 절충', '방관주의'와 같은 학교장 문화에도 큰 영향을 준 제도적 요인이었다.

> 요즘 대부분 교장의 경우 업무 스트레스는 교육청으로부터가 아니라 교원노조로부터 옵니다. 저희 학교도 강성 노조라 매우 불편한 상황이 있었지만 노사관계 연수를 받으면서 적대관계로 살 수는 없으니 마음을 바꾸기로 작정을 했습니다. 저희 학교는 다행히 교원노조에 나이가 좀 있는 비공식적 리더가 있는데 무시 못 할 영향력을 가진 분입니다. 그래서 그 사람에게 미리 얘기해 놓는 식으로 이 상황을 타개하고 있습니다(김혜숙, 2007: 112).

### 나. 개방형 교장공모제의 도입

학교장의 리더십이 단위학교의 풍토와 교육성과에 큰 영향을 미친다는 점은 분명하다. 좀 더 구체적으로, 학교장의 자질과 역할, 학교경영철학, 직무수행 상의 관심과 요구, 인간관계 등 많은 요인들이 학교의 문화 형성과 교육효과에 영향을 주는 요인들이다. 그러나 지난 긴 세월 동안 한국의 학교장은 교직 경력을 중시하는 학교장 승진 제도와 학교장 양성프로그램의 비체계성 및 교육내용의 학교현장 적합성 부족으로 인하여, 그 직무수행 능력과 리더십에 문제가 있다는 지적이 끊이지 않았다. 기존 학교장들에 대한 학계와 세간의 문제제기 핵심은 학교장의 전문성 부족과 혁신능력 부족에 있다.

학교장 공모제는 바로 이러한 기존의 학교장 선발체제를 획기적으로 바꾸어 학교의 변화를 도모하고자 하는 취지에서 비롯되었다. 학교장 승진 임용제 개선에 대한 논의는 2002년 제16대 대통령 선거에서 노무현 후보가 학교장 임용제도 다양화, 교원의 직급과 승진제의 합리적 개선 방안을 공약으로 제시하면서부터 쟁점화되었다. 2003년 대통령직인수위원회는 교육혁신위원회를 발족하여 능력 위주의 승진제 마련, 교장 초빙제, 보직제 도입 등 학교장 임용제도의 다양화를 발표한 바 있다. 정부는 교원인사제도 혁신을 위한 국민의견 수렴을 통해 교원정책 혁신방안을 마련하려고 하였으나, 교원단체 간 합의 도출에 실패했다. 그 후 2005년 교장 승진임용제도 개선방안으로 기존의 승진임용제도를 부분적으로 개선하여 초빙교장제도와 자격증 특례학교를 확대하는 것을 발표하였다.

2006년도 대통령 자문기구인 교육혁신위원회는 교원정책개선 특별위원회를 구성하여 교장임용제도 개선방안을 본격적으로 논의하였는데, 사회 각계 여론을 수렴하기 위하여 다양한 인사로 위원회를 구성하였고 교장임용정책에 대한 공론화를 시도하였다. 하지만, 각 단체별로 심각한 견해 차이를 보여 반발에 부딪쳤고 찬성 10, 반대 11명으로 특위위원들의 추인실패로 시안은 폐기되고 말았다. 결국 2006년 8월 교육혁신위원회에서는 교원정책개선특별위원회에서 논의된 내용을 기초로 하여 '교원정책개선방안'을 확정하고 2007년 9월부터 자율학교를 대상으로 학교장공모제 시범 운영을 추진하여 2010년 현재 6차 시범운영에 이르고 있다(백혜선 · 김성봉, 2010: 211).

학교장 공모제 유형은 후보자의 지원 자격 요건에 따라 내부형, 개방형, 초빙형으로 구분되는데, 그 가운데 내부형과 초빙형은 교육경력을 요구한다. 가령 내부형은 교장자격증이 없더라도 15년 이상의 교육경력을 가진 교육공무원, 또는 사립학교 교원에게 지원 자격을 부여하며, 초빙형은 교장자격증 소지자에 국한한다는 점에서 차별화되지만 두 가지 유형 모두 일반 초 · 중등학교에 적용된다. 한편, 개방형은 교육경력을 필수로 요구하지 않는다는 점에서 개방형이며, 특성화 중 · 고등학교, 전문계고, 예체능계고 등의 학교에 한하여 해당 학교의 교육과정과 관련된 기관이나 단체에서 3년 이상 종사한 경력이 있는 사람이 지원할 수 있도록 하고 있다(김이경 외, 2008: 366). 이 중 초빙형은 일부에서 임기가 만료된 학교장의 임기를 연장하는 수단으로 악용되는 사례가 있다는 비판이 제기되어 학교장초빙공모제로 바뀌게 된다.

> 9월 도입되는 교장초빙공모제 시범 적용 학교 가운데 2곳의 특성화고교 교장에 교장자격증이 없는 교육계 인사가 임용된다. 교육인적자원부는 교장초빙공모제 시범학교 51개교 중 특성화고인 대전 전자디자인고와 전북 줄포자동차고 등 특성화고 2곳의 교장에 교장자격증이 없는 노명철(56) 대전 문정중 교감과 박명규(56) 전북 군산교육청 장학사를 각각 임용할 계획이라고 7일 밝혔다. 교육부는 51개교 가운데 47개 일반 학교 교장은 지원 자격을 교장자격증 소지자로 제한했지만 특성화고 4개교는 교장자격증이 없어도 지원할 수 있도록 했다. 노 교감과 박 장학사는 교직 경력

이 32년이며 각종 자격증과 대학 강의 경력 등을 갖고 있다(동아일보, 2006. 8. 8).

평교사가 처음으로 일반 공립고의 교장으로 발탁됐다. 전북도교육청은 10월 개방형자율고(자율고) 시범학교로 지정된 전북 정읍시 정읍고의 공모 교장에 이 학교 소찬영(52 · 사진) 교사를 선정했다고 26일 밝혔다. 다른 학교 교감 한 명과 교사 한 명도 지원했으나 정읍고 학교운영위원회와 도교육청 인사위원회는 소 교사에게 가장 높은 점수를 줬다. 소 교사는 내년 2월부터 4년 동안 교장이 학생 · 교사선발 및 교육과정 운영 등에서 자율권을 갖는 정읍고의 운영을 책임지게 된다. 일부 특수목적고와 예체능계 특성화고에서 교장 자격증이 없는 사람이 교장이 된 적은 있지만 일반계 학교에서 평교사가 바로 교장이 된 건 이번이 처음이다. 소 교사는 공주사대를 졸업하고 1981년 정읍고에서 독일어 교사로 교직생활을 시작한 이후 26년간 전북지역에서 근무했으며 현재 사회과목을 가르치고 있다. 정읍고 근무는 이번이 3번째이고 전주고 전라고 등 다른 학교에서 12년간 3학년 진학 지도를 맡았다(동아일보, 2006. 11. 27).

이러한 학교장공모제의 유형 중 특히 내부형과 개방형 교장공모제는 30년 가까운 세월을 거치며 숱한 애환과 노력 끝에 교장의 자리에 오른 현재의 교장들에게는 불쾌감을 주는 정책으로 받아들여졌다. 15년이란 비교적 짧은 교육경력을 가진 교육관계자나, 해당 학교 교육과정과 관련이 있는 기업이나 다른 조직의 경영자로서의 경력이 있다면, 학교장이 되는데 문제가 없다는 인식이 전제되고 있기 때문이다. 내부형과 개방형 학교장공모제가 기존 학교장들에게 불쾌감을 주는 것은 두 가지 이유에서이다. 하나는 이 제도가 기존 학교장들의 무능과 무사안일 그리고 비효율을 가정하고 있다는 것이고, 다른 하나는 교육의 전문성과 창의성이 경시되고 있다는 점이다.

> 한국교원단체총연합회(교총)는 "교장초빙공모제를 통해 아무나 교장이 될 수 있도록 하겠다는 발상은 교원의 전문성을 훼손하는 일"이라며 "무자격자의 교직 개방은 학교 현장을 뒤흔들어 교직 사회의 황폐화를 가져올 것"이라고 지적했다(동아일보, 2005. 11.25).

> 교육당국이 교장공모제를 확대하고 있는 가운데 서울의 한 중학교가 교장공모제 시범학교 지정을 거부해 파장이 예상된다. 서울시교육청은 서울 강북구 수유동 강북중과 강서구 가양동 성재중을 각각 초빙형과 내부형 교장공모제 시범학교로 지정했지만 성재중 학교운영위원회가 이를 거부했다고 18일 밝혔다. 학운위가 교육과학기술부로부터 지정 권한을 위임받은 시도교육청의 시범학교 지정을 뒤집은 것은 이번이 처음이다. 이미화 학운위원장은 "교장자격증이 없는 교장이 학교를 이끌 경우 혼란이 일 것이 뻔하기 때문에 학운위원들이 거부한 것"이라며 "아이들이 안정적

인 환경에서 공부하는 것이 무엇보다 중요하다"고 말했다 (동아일보, 2008. 6. 19).

개방형 학교장 공모제가 기존 학교장들의 무사안일과 비효율을 일부 전제하고 있음은 이 제도의 도입목적에서 비교적 쉽게 확인된다. 교육과학기술부(2007)가 밝힌 학교장 공모제의 목적은 "투명하고 학교경영능력과 자질을 갖춘 적격자를 선발하여 해당학교에서 4년간 재임함으로써 새로운 리더십에 의한 학교혁신과 지역발전을 촉진코자하는데 있다." 이 제도 도입의 목적에서 알 수 있듯이, 학교장 공모제는 개방적 리더십을 통한 학교의 발전과 교직사회 활성화를 위해 도입되었다. 다시 말하여, 학교장 공모제는 학교 혁신을 위한 것이며, 이는 관료제도의 틀 내에 위치한 승진제 학교장 제도의 틀에서 벗어난 새로운 임용방식의 학교장을 통해 학교를 혁신해보겠다는 의지로 볼 수 있기 때문이다(김성천, 2009).

물론, 학교장 공모제를 시범운영해 본 결과 공모교장의 직무수행에 효과가 있고, 학교혁신을 성공적으로 이끈 사례도 있다. 예컨대, 시범운영 중인 학교장 공모제 학교의 효과를 실증적으로 분석한 나민주 외(2009)의 연구에 따르면, 공모교장은 전임교장에 비해서 학교발전 비전, 교수학습 지원, 교내 조직관리, 인적 자원관리, 물적 자원관리, 대외 협력 등 모든 직무영역에서 우수한 것으로 나타났다. 또한 평교사가 학교장이 된 한 중학교의 변화를 관찰한 김성천의 연구(2009)를 보면, 4년 중심의 장기적 비전 제시, 학교상황에 대한 정확한 분석과 처방, 컨설팅 성격의 자문기구 활용, 학교장의 실천적 리더십, 작은 학교의 특성 극대화, 교사 간 합의를 통한 비전 공유, 교사의 변혁적 리더십 형성 등과 같은 7가지의 시도와 변화가 나타났다. 언론의 지지 논조도 이어졌다.

> 교감이 아닌 평교사, 교사자격증이 없는 전문직 종사자도 교장이 될 수 있는 교장공모제가 9월 도입될 예정이다. 늦었지만 교육 현장에 새 바람이 불기를 기대한다. 교장공모제는 현 정부가 내건 교육 분야의 핵심 과제였지만 중진 교사들의 반발 때문에 도입이 미뤄져 왔다. 한국교원단체총연합회는 지금도 교장공모제가 교육의 전문성을 해치고 학교를 정치의 장(場)으로 변질시킬 것이라며 반대하고 있지만 과연 그럴까. 초중고교를 통틀어 공교육이 위기를 맞고 있는 지금, 학교경영에서 중요한 것은 자격증 유무가 아니다.
>
> 학교의 문제점을 정확히 진단하고, 학생과 학부모의 요구에 답하는 비전을 제시하며, 학교 구성원의 역량을 결집해 교육의 경쟁력을 높일 수 있는 리더십과 책임감이다. 별다른 아이디어도 없이 학교의 현상 유지나 꾀하는 무능, 무기력, 무책임한 사람은 아무리 교사 교감으로 오래 근무했어도 교장 적격자가 아니다. 교장공모제를 이미 시행 중인 개방형 자율학교를 보더라도 이 제도는 성공적이다. 교장공모제는 세계적 추세이기도 하다. 일본은 2000년 일반인도 교장이 될 수 있도록 관련법을 개정했다. 이에 따라 현재 92명의 일반인 출신 교장이 공립학교를 맡아 잘 운영하고 있다. 미국에서도 교장은 교사, 비 교사를 가리지 않고

> 공모를 통해 선임한다. 학교개혁에 대한 비전과 출중한 능력이 있는데도 교직 경력이 짧다거나 자격증이 없다고 해서 교장이 될 수 없는 폐쇄적 임용제도로는 교육경쟁력을 높이기 어렵다. 학교는 지금 헌신적이고 창의적인 리더십에 목말라 있다(동아일보, 2007. 4. 12).

학교장 문화와 관련하여 학교장 공모제에 대하여 주목할 점은 두 가지이다. 하나는 학교장 선발과정에 단위학교 구성원을 참여시키는 것이 구성원의 요구를 반영함으로써 그들의 만족도와 소유감을 증대시켜 궁극적으로는 학교개선을 유도할 수 있다는 긍정적 측면이 있는 반면 공개경쟁과 단위학교의 참여를 근간으로 학교장을 선발한다고 해서 선발과정의 투명성이 보장되고 교육적 책무성을 담보할 수 있는 학교장이 반드시 확보되지 않을 수도 있다는 외국 사례들이 주는 시사점이고(김이경 외, 2008), 다른 하나는 학교장 공모제를 보는 시각이 학부모나 여론은 긍정적인 반면, 교사나 기존 학교장들은 상당히 부정적으로 인식한다는 점이다.

다시 말하여, 학교장들은 한국 학교문화의 특성 상 학교장 공모제가 어떤 결과를 낳을 지에 대한 판단은 아직 이른데 반해 정부나 정책입안자 그리고 언론은 학교장 공모제가 기존 학교장 양성과 선발의 문제점을 바로잡을 수 있는 혁신적 패러다임인 것처럼 과장하는 경향이 있다고 보고 있으며, 나아가 현재의 학교장들이나 학교장 공모제가 가져 올 수 있는 부정적 측면에 더 주목하고 있다는 것이다. 또한 기존의 학교장들은 이 제도의 도입이 자신들의 학교장으로서의 자질과 능력 그리고 리더십의 부족에 대한 인식에서 출발하고 있다는 점에서 불쾌감을 느끼고 있다는 사실이다.

새로운 제도를 도입하는 입장이나 변화와 혁신을 중시하는 시각에서는 이러한 학교장들의 인식을 무능하고 무사 안일한 기득권 세력의 시대에 뒤떨어진 방어적인 현상으로 볼 수 있겠지만, 학교장들의 입장에서는 자신들을 교육경력 중심의 비체계적인 학교장 양성제도와 즉시적 업무수행 문화를 만들 수밖에 없는 행정관행의 희생양으로 생각할 수 있다고 본다. 자신들이 보여주고 있는 학교장으로서의 직무수행 능력은 물론 개인적인 능력과 노력에 기인하는 측면도 있지만, 제도와 정책집행과정의 산물일 수도 있기 때문이다. 학교장들이 '교육계에 헌신해 온 자신들의 삶을 인정하지 않으려는 사회에 대한 불만의 문화'를 갖게 된 연유의 일부가 바로 거기에 있다고 해석된다.

### 다. 학교장 선출 보직제의 도입 시도

21세기 학교개혁의 시대에 한국의 학교장들은 정부와 교원단체 모두로부터 비난과 공격을 받는 대상이 된 측면이 있다. 교장 초빙제나 교장 공모제 정책 도입 추진으로 정부로부터 불쾌감을 받더니 급기야 전교조로부터는 2002년 교장 선출 보직제 도입 주장으로 마음의 상처를 입었기 때문이다.

실제, 전교조가 초중고교 학교장을 학교운영위원회 등에서 투표로 선출하는 '교장 선출보직제' 도입을 위한 추진본부를 발족하고 본격 활동에 나서 이를 반대하는 교육인적자원부, 한국교원단체총연합회 등과의 갈등이 예상된 바 있다.

교장 선출보직제란 교원이 일정 기간 연수를 받은 뒤 교장 자격을 얻는 현행 교원 승진제도 대신에 교장직위를 선출 보직으로 바꿔 각 학교 단위에서 운영위원회 등을 통해 교장을 뽑는 제도이다. 즉, 교사들이 학교장을 뽑고 학교운영위원회가 이를 심의하며, 학교장 임기를 마치면 일반교사로 복귀하는 제도를 말한다.

전교조는 "현행 교원 인사 및 승진제도는 단위학교 책임경영이라는 명목 아래 교장에게 무소불위의 권력을 집중시켰다"며 "이 때문에 교육의 자율성이 침해되고 교단이 교사와 교장으로 갈라졌으며 학교가 관료적 통제의 대상이 됐다"고 주장했다. 전교조는 "교장 승진을 위해 초임부터 경쟁해야 하는 폐단을 없애기 위해서는 교장 선출보직제 도입이 필요하다"며 "교육부의 올 업무보고에서 교장 선출보직제가 실종되고 교사회와 학부모회의 법제화도 미뤄지는 등 교육개혁 의지가 크게 후퇴했다"고 지적했다. 이에 대해 한국교총 황석근 대변인은 "교장 선출보직제는 파벌 조성 등으로 교단 갈등을 조장하고 교장의 전문성이 확보되는 대신 학교 운영이 인기주의로 흐를 우려가 있어 반대한다"고 밝혔다(동아일보, 2003. 4. 19).

이에 대해 한국초등교장협의회는 학교 경영의 부실과 교육 현장의 혼란을 초래할 교장 선출 보직제 및 교원의 지방직화를 강력히 반대했다. 초등교장협의회는 결의문을 통해 "학교는 학교장 책임하에 자율적, 창의적, 민주적으로 운영되어야 하므로 교육현장의 갈등을 조장하는 교사회, 학부모회의 법제화를 단호히 반대한다"고 강조했다. 결의문은 이어 "교육현장에 영향을 미치는 교원단체와 단체교섭 및 단체협약 체결 시에는 반드시 학교장과 학부모의 의견을 수렴해 반영하라"고 촉구했다. 초등교장협의회는 교원 정년 원상회복 운동을 지속적으로 전개할 것을 선언하고 학교 안에서의 각종 불법행위에 대해 정부가 단호히 대처해 줄 것을 요구했다(동아일보, 2003. 7. 1).

이에 대해 한국교원교육학회의 2003년 춘계학술대회에서는, 교장·교감 보직제는 이들 학교행정직들의 전문성을 경시하는 장치가 될 수도 있다고 지적하고(진동섭, 2003: 86), 학교행정직도 계속적인 전문성의 신장과 축적이 필요한 전문직이라면 지속적이고 안정적인 신분으로 직무를 수행하도록 해야 한다고 하고 있다. 다시 말하여, 가르치는 일의 전문가인 교사가 일정한 기간 동안만 학교행정까지 맡도록 하는 것은 학교행정의 전문성을 존중하지 않는 것일 수 있다는 것이다.

이러한 학교장 선출보직제는 2004년 한국교육개발원이 주도하여 마련한 교원 인사제도 개선 방안에도 선택 가능한 정책 방안의 하나로 유지되었다. 한국교육개발원의 인사제도 개선 방안의 전제는 "학교조직의 관료화, 왜곡된 승진경쟁문화, 갈수록 떨어지는 전문성 때문에 학교교육이 부실해지는 결과를 초래했다"고 보고, 이를 개선하기 위한 교원인사제도 개선 방안의 하나로 학교장 초빙제·공모제·선출보직제 등을 확대하는 방안을 내놓은 바 있다(중앙일보, 2004. 4. 24).

2005년이 지나며 한국 교육계의 쟁점이 학교장 공모제의 실시, 교원성과급제 운영, 교원평가의 실시, 근무평정제도의 개선 등으로 집약된 이후에도(서정화·최재광, 2009: 104), 학교장 선출보직제는 그 추진 동력이 약화되기는 하였지만 전교조를 중심으로 여전히 주장되고 있는 교원인사정책 의제 중의 하나이다.

학교장 선출보직제가 2002년부터 2005년에 이르는 약 3년 동안 전교조를 중심으로 지속적으로 주장되어 왔을 뿐 아니라 한 때 일부 학계의 긍정적 검토 대상이 되면서, 기존 학교장들의 학교장 임용제도 변화 논의에 대한 일종의 '관망과 불만의 문화' 형성에 영향을 준 제도적 요인이 된 것으로 보인다.

물론, 학교장 임용제도 변화에는 서로 다른 시각과 방안이 거론될 수 있다. 예컨대, 같은 학교장 선출보직제에 대해서도 한국교총과 전교조의 입장이 다르다. 전교조가 학교장 선출보직제 도입에 강한 의욕을 갖은 반면, 한국교총은 학교장 선출보직제보다는 수석교사제 도입에 더 적극적이었다. 또한, 교육행정학계에서도 찬반이 팽팽하게 맞섰다. 학교장 공모제와 학교장 선출보직제를 전략적으로 활용하려는 정부의 접근은 정치적이었다.

이러한 맥락에서 단위학교의 경영을 책임지고 있는 학교장들은 학교행정가로서의 전문성이 존중되지 않는 현실에 실망하고, 이 제도의 도입에 반대 입장을 가진 학계에서는 학교장 선출보직제가 가져올 수 있는 긍정적인 측면보다 학교 구성원간의 분열과 갈등, 학교의 정치장화와 같은 부정적 측면에 더 주목한 것으로 보인다.

## 3. 미시적 요인

학교장 문화 형성의 미시적 영향요인은 '제한된 자율권의 직무여건', '관리 우선의 직무행동', '일류대 진학 지향의 학교 운영' 등 세 가지이다. 이들 학교장 문화 형성의 미시적 요인은 학교장 문화에 관한 연구 내용에서 비교적 잘 추출될 수 있는 요인들이다.

특히, 제한된 자율권의 직무 여건과 관리 우선의 직무 행동이 학교장 문화 형성에 대한 독립요인적인 성격이 강한 반면, 일류대 진학 지향의 학교 운영 요인은 학교장 문화 형성의 독립요인이자 맥락요인으로 해석할 수 있다는 점이 시사적이다. 즉, 학교장이 우수한 대학 진학 중심의 학교 운영을 하지 않을 수 없도록 하는 지역사회와 학부모들의 요구와 압력에 주목할 필요가 있기 때문이다.

### 가. 제한된 자율권의 직무여건

우리나라 중등학교장들은 "제한된 자율권을 행사"하며 학교를 운영하고 있다. 우선 학교장들은 기본적인 행정 영역인 인사와 재정 및 교육과정 관리 영역에서 제한된 자율권을 행사한다(김병찬, 2006a).

> "……사실 교장이 학교에서 다 할 수 있는 것처럼 보이지만 실제로는 권한이 많지 않아요. 가장 중요한 인사, 재정권이 교장에게 없습니다. 교장은 교사를 새로 영입해 올 수도, 쫓아 낼 수도 없습니다. 교육청에서 배정해주면 죽이 되든 밥이 되든 같이 지내야 해요. 재정권도 그래요. 교육청에서 배정해 준 예산 이외에는 특별히 교장이 더 충당하기는 어려워요. 발전기금이란 게 있는데, 그것도 있는 지역에서나 있지 다른 지역에서는 그림의 떡이에요. 그리고 교육청에서 내려온 예산도 기본적으로 들어가야 할 항목들이 있기 때문에 교장이 융통성 있게 쓸 돈은 많지 않습니다. 사실

몸으로 말하면, 손, 발을 제대로 쓸 수 없는 처지와 같습니다(김병찬, 2006a: 13)."

이처럼 인사, 재정, 교육과정 운영, 기타 교육활동 등 상당 부분이 국가나 교육청의 지시나 지침에 의해 이루어지고, 학교장들은 집행과정에서 약간의 자율성을 행사할 뿐이다. 그리고 학교장에게는 이와 같이 "상부에서 내려 준 일을 감당하기도 어렵기 때문에", "자율적으로 교육활동을 수행할 만한 여유가 나질 않는다."

그런데 이와 같은 상부에서 내려오는 각종 지시나 지침은 소위 공문을 통해 내려오는데, 학교장들에게 있어 이 공문 처리는 가장 우선적인 일이 되고 있다. 문제는 이 공문들에 담긴 지시와 지침의 내용인데, 상당한 지시나 지침이 학교의 자율적 운영을 어렵게 하고 교사들과 학교장에게 부담을 주는 내용이 많다는 사실이다. 예컨대, 홍창남 외의 연구(2009)에 따르면, 1년 동안 학교에서 처리한 총 3,954건의 공문 중 외부기관으로부터 수신한 공문이 2,981건으로 가장 많았으며 그 절반 정도가 지역교육청에서 발신한 공문이었다. 공문의 유형을 보면, 알림 · 홍보형이 45.2%, 정보제공형 공문이 약 16%로 나타나 전체의 61.3%가 보고를 필요하지 않으며, 실행의 강제성도 없는 것으로 나타났다.

학교장과 교사들이 가장 부담스러워하는 공문은 공문에서 요구하는 내용을 학교가 반드시 따라야 하고 그 결과에 대해 보고를 요구하는 보고형 공문으로 "정책 운영 실적 제출", "현황파악" 등이 이에 해당된다. 다음으로 공문에서 요구하는 내용을 단위학교가 반드시 따라야 하나, 그 결과에 대한 보고를 요구하지 않는 지시형 공문으로 "2008년 교육공무원 성과상여금 지급지침 알림", "학기중 재량휴업(단기방학) 운영 안내"등이 이에 해당한다. 보고형 공문과 지시형 공문은 전체 공문의 각각 약 12.5%, 11.2%에 해당하는 것으로 나타났다.

학교의 새로운 변화를 요구하는 보고 혹은 지시 공문에 대하여 학교장들이 갖는 인식은 끊임없이 내려오는 교육개혁 정책 시행 확인 공문에 대해서 '지시와 요구에 따라 시행했다'는 방어적 행동으로 대응한다. 교육정책이 학교현장에서 어떻게 시행되어 소기의 성과를 거두는지에 대한 관심은 다음 문제이다. 상급 기관의 지시에 따라 시행했다는 그 사실이 중요한 것이다. 따라서 이행한 내용을 결재하고 문서화하여 남기는 절차를 중시한다.

주로 공문을 통하여 내려오는 상급기관의 지시와 요구에 대하여 방어적으로 대응한다는 의미는 그 지시와 요구에 담긴 내용을 긍정적으로 인식하여 적극적으로 이행하려고 하기보다는, 학교현장의 여건을 도외시한 귀찮은 지시와 요구라 할지라도 그것을 이행하지 않았을 때 뒤따르는 책임과 감사에 대비하여 따른다는 의미를 갖는다.

사실 학교는 외부 환경의 변화에 취약한 조직이다. 단위학교의 자율적 운영을 위한 실질적인 자율권이 극히 제한되어 있는 것은 물론이고, 학교의 일상 교육활동은 법규와 상급기관의 지시에 의해 이루어지는 수동적인 조직이기도 하다. 이러한 상황에서 학교의 최고 행정가인 학교장이 그 구성원들을 장악하거나 통제하기 위하여 사용할 수 있는 효과적인 대안이 별로 없고, 상급 기관의 지시를 거스를 수 있는 힘이 있는 것도 아니다. 그렇다고 하여 상급기관이 요구하는 것들을 액면 그대로 실천하는 데도 어려움이 따른다. 교사들의 입장에서 정책적 요구와 지시를 고려해야 하는 경우도 적지 않다. 학교장의 방어적 행동은 이렇듯 복잡하게 얽힌 국면을 타개하는 나름의 전략이다.

### 나. 관리 우선의 직무행동

학교장은 교사가 승진할 수 있는 최고의 지위일 뿐 아니라 학교 전체 경영을 책임지는 권한을 가지고 있다. 또한 학교장이 되었을 때 누리게 되는 명예와 보상으로 인해 교장 승진 동기가 더 강해진다. 하지만, 교장 승진을 준비하고자 결심하기란 쉽지 않다. 교장 승진이 주는 장점이 많은 반면 학교장이 될 가능성이 너무 희박할 뿐 아니라 이를 위해 들여야 하는 노력과 희생이 매우 크기 때문이다(강일국 · 문희경, 2009: 471). 우리나라 전체 교원의 약 4% 정도가 학교장으로 승진하여 학교장 자리의 희소성이 매우 크다. 또한 교직 승진체제 자체가 병목구조로 이루어져 있기 때문에 여타 다른 직종 종사자들보다 승진을 위한 경쟁이 치열할 수밖에 없다. 승진을 포기한 사람이라면 몰라도 한번 뜻을 세운 사람은 승진요건을 기본적으로 갖추는 것은 물론 남들보다 조금이라도 점수를 잘 받기 위해서 각고의 노력과 희생을 감수해야 한다. 이 과정에서 학생들을 잘 가르쳐야 하는 교사의 본분보다는 가능한 많은 점수를 따서 빨리 승진하는 것이 우선되는 교직 수행의 본말전도현상이 나타나기도 한다(신현석, 2000: 77).

이렇게 치열한 경쟁을 뚫고 어렵게 학교장직에 오른 학교장들에게 있어 학교장 자리를 지켜내는 일은 중요한 목표가 될 수밖에 없다. 이때 중요한 점은 그 학교장직을 어떤 가치를 구현하며 지켜내느냐 하는 것인데, 우리나라 중등학교장들은 교장직을 '큰 잘못 없이 안전하게 지켜내는 일'에 관심을 가지고 있다고 해석된다. 즉, 해당 학교의 여건에 적합한 새로운 학교경영의 비전을 확립하고 창의와 혁신의 공동체적 학교경영보다는 안전과 무사고 의식이 더 우선하는 관리 중심의 경영을 하고 있다는 의미이다. 학교장들이 관리 중심의 직무의식으로 큰 잘못 없이 학교장 자리를 잘 지켜내고자 하고 있음은 〈표 VI-1〉에서 제시하고 있는 학교장의 하루 일과를 보면 잘 알 수 있다.

이렇듯 학교장들은 대부분의 시간을 시설관리, 갈등관리, 대외관계, 운영관리 등 행정관리 하는 일에 보내고 있다. 이 일이 우선 닥친 일이고 관심이 가는 일이기 때문이다(김병찬, 2006a: 10). 학교장의 이러한 일상적 직무수행 행동은 초임 교감시절부터 사회화된 것이다. 이러한 사실은 초임 교감들의 초기 적응과정을 연구한 김병찬(2006b)의 연구에서 잘 드러나고 있다.

> "학교에서는 현실이 우선이고 교육은 나중이야. 현실에서 부딪히는 일들을 먼저 해야지, 교육적인 것을 따지고 어찌해 볼 여유가 없어. 일단은 학교가 돌아가야 하니까……. 특히 교감들에게는 더 여유가 없는 것 같아. 교육청의 지침이나 교장선생님이 시키는 일들은 일단 해야 될 것 아니야. 그런데 그것 하기도 만만치 않아. 교사들이 도통 말을 듣나……. 그래서 어떤 때는 현실 굴리기도 벅차다는 느낌이

들어. 학교를 제대로 굴러가게 하는 것만도 학교경영 잘 한 거야(김병찬, 2006: 68)."

**<표 Ⅵ-1> 한 중등학교장의 일과**

| 시간 | 일과 |
|---|---|
| 아침(7:30-9:00) | • 출근<br>• 학교시설 순시<br>• 교감 및 교사들과 협의 |
| 오전(9:00-12:20)<br>(1-4교시) | • 수업시간 교실 복도 순시<br>• 연구수업 참관(비정기적)<br>• 공문결재<br>• 교육청 전화<br>• 점심 식사 |
| 점심(12:20-13:20) | • 급식실 순시<br>• 교실, 학교건물 순시 |
| 오후(13:20-15:10)<br>(5-6교시) | • 수업시간 교실 복도 순시<br>• 연구수업참관(비정기적)<br>• 타 학교 교장과의 전화<br>• 구청, 지역기관 연락 및 방문 |
| 방과후(15:10-16:30) | • 청소 후 학교 순시<br>• 방과후 활동 수업 순시<br>• 학교운영위원회 참석(월1회)<br>• 학생면담(비정기적)<br>• 위원회 참석(비정기적)<br>• 사안 있는 부서 및 교사들과 협의<br>• 업자(급식, 앨범 등)만나기<br>• 퇴근(17:00 무렵) |

자료: 김병찬(2006). p. 11.

교감의 일과도 학교장의 일과와 마찬가지로 학교를 순시하고, 관리하고, 점검하는 일이 대부분이다. 즉, 교감시절부터 어떤 목적 지향적이고 가치지향적인 과업을 수행하기보다는 학교가 '잘 굴러 가도록'하는 관리지향적인 과업 수행에 익숙해진 것이다. 나아가 중등교사들이 생각하는 미래의 바람직한 학교장의 자질에 관한 연구(오영재, 2010)를 보면, 현재의 평교사들도 학교장은 공사 구분, 행정에 있어서의 일관성과 원칙 중시 등과 같은 행정 관리적인 내용에 집중하고 있다고 인식하고 있는 것으로 나타났다. 이는 미래의 우리 중등학교 학교장 역시 오늘날의 학교장들과 다름없이 여전히 수업보다는 관리적인 일을 더 중시하는 학교장의 모습을 보여줄 것으로 예상하게 하는 내용이다.

### 다. 일류대 진학 지향의 학교 운영

5.31 교육개혁 정책 이후 정권이 바뀔 때마다 정부는 수많은 교육개혁정책을 쏟아냈다. 각 정권이 표방한 교육개혁의 내용은 다르지만, 일선 학교 현장에서 교육개혁 정책을 보는 시각이나 대응 행동에 따라 비슷하게 왜곡, 변질되곤 했다. 예컨대, 중등학교의 정상화, 과열과외 완화, 수험생의 학습 부담 감소, 전형방법의 다양화를 통해 획일화된 입시위주의 교육에서 탈피, 학생의 전인적 성장과 발달 등을 도모하고자 도입되었던 내신 강화정책과 학생생활기록부와 같은 다양한 전형자료 활용 등의 대학 입학 정책은 결과를 중시하는 학교문화와 대학 진학을 향한 도구적 욕망이 강한 교육열이 결합하여 정책의도와는 다른 모습으로 나타났다.

좀 더 정확하게 표현하면, 많은 교육개혁정책에도 불구하고 학교는 크게 달라진 것이 없다.

실제, 공문을 통해 교육개혁에 대한 학교현장의 반응을 연구한 송준수 · 신재영(2003)의 연구와 이해찬 1세대의 교육개혁 체험을 연구한 신재영(2005)의 연구에 따르면, 교육정책 목표에서 그토록 바꾸고자 했던 성적지상주의와 일류 대학 진학 우선주의가 크게 변하지 않았음을 잘 보여준다. 모든 학교현실은 수학능력시험과 교과 성적, 대학 진학과 관련하여 계획되고 운영되며, 이러한 것과 관련이 없는 활동은 무의미하게 인식되거나 하는 체 하는 위장된 모습으로 나타나고 있음을 알 수 있다. 송준수와 신재영은 이러한 내용을 '변하지 않는 입시준비를 위한 학교교육', '대입: 학교교육의 실제 목표'로 집약하고 있으며, 신재영은 이러한 확고부동한 틀 안에서는 어떠한 개혁도 수능성적 잘 받는 데 도움을 주지 못하는 한 성공하기 힘들다고 주장하고 있다.

학교현장이 다양한 교육개혁정책에 대해 어떤 양상으로 반응하고 있었는지는 교육개혁 정책을 독려하기 위한 각종 공문에서 현장의 문제점으로 지적한 내용과 그러한 교육을 체험한 세대들의 증언에 잘 나타나고 있다.

> 입시위주 교육과정으로 편법 운영; 일류대 합격자수에 의한 학교간 우열판정; 이중시간표 작성 운영; 일과 후 특별 합숙시설 및 특별학급 편성 운영; 도서관, 생활관 등의 변칙 운영; 특별활동을 자율학습으로 대체; 보충자율학습 희망학생 · 희망교과 지침 위배; 토요일 오후와 공휴일 등교 강요;

조조 및 심야 독서시간 등 무리한 운영; 반 강제적 획일적 자율학습 등 부정적 사례(송준수 · 신재영, 2003: 324-325).

"이런 말을 해도 될지 모르지만, 선생님들은 다른 학교도 모두 그런다면서 나올 문제를 몇 개씩 가르쳐주고 시험을 보게끔 했다. 당연히 시험성적은 너무나도 좋았고, 실수를 좀 했다 싶을 때면 전교 등수가 100등 이상 밀려나곤 했다." "학교생활기록부 내용 중 신체검사, 체력검사, 학교생활 등은 허위가 많다. 윗몸 일으키기의 경우 30초만 하고 ×2 하여 1분으로 기록한다. 기록하는 사람의 재량에 의해 몸무게, 키, 가슴둘레 등의 기록을 바꿔주기도 했다. 학교생활 기록 란에 적는 개개인의 평가는 미리 정해 놓은 몇몇 좋은 예시문에서 해당하는 구절을 찾아 적는 식이다. 학생들이 직접 자신에 맞는 구절을 고르게 하기도 했다. 고3때 특별 부서가 농구부로 되어 있어서 짐짓 놀랐다. 우리 학교에는 농구부가 없었다." "봉사활동은 학생생활기록부를 위한 봉사활동이었다. 가정이나 미술, 음악 시간은 시간표에만 기재해 놓은 채 주요 과목으로 수업을 대신하기도 해서 하루에 영어 수업만 3시간씩 하는 날도 있었다. CA 시간은 특기를 계발하는 시간이 아니라 단순히 '때우는' 시간이었다." (신재영, 2005)

송준수 · 신재영(2003)과 신재영(2005)의 연구에서 밝혀진 것과 같이 일선 학교에서는 지난 교육개혁 과정에서 교육과정의 편법 운영, 이중시간표 작성, 무리하고 반 강제적인 자율학습, 학교생활기록부의 허위기록, 형식적 봉사활동과 CA 시간 운영 등 다양한 형태의 위법 내지는 문제 사례들이 나타났다. 이렇게 각종 교육개혁정책이 학교현장에서 다양한 형태로 왜곡, 변질되어 일종의 위장된 순응행동으로 나타나는 이유가 여러 가지 있겠지만, 그 중의 하나가 학교장의 요구, 지시, 혹은 묵인이 없이는 불가능하다고 본다. 학교를 그 누구보다 큰 잘못 없이 안전하게 운영하고, 보수적으로 관리하는 한국의 학교장들이 자신의 직무수행 평가에 직결되는 교육개혁정책에 대한 학교 차원의 대응을 자신의 의지와 무관하게 이루어지도록 방관한다는 것은 사실상 불가능하기 때문이다.

그러한 의미에서, 학교장들이 교육개혁정책들에 대한 학교 차원의 상황적 순응, 즉 학교 간 성적 경쟁의 환경에서 살아남기 위해 취할 수밖에 없는 불가피한 대응으로 인정했을 가능성이 크다. 중등학교장들은 자신들의 과거 경험에 비추어 특정 정권기의 교육개혁정책은 일종의 '지나가는 바람'이며 정권이 바뀌면 또 다시 바뀔 것으로 인식하고, 결국 학교는 그러한 개혁정책과는 별 상관없이 오랜 관성대로 흘러갈 것이란 믿음을 가지고 있다고 보기 때문이다.

학교장들의 교육개혁정책에 대한 상황적 순응행동은 그들 자신이 교육개혁정책을 하나의 결국 바뀔 '지나가는 바람'으로 인식하는 측면도 있다. 하지만, 다른 또 하나의 중요한 이유는 지역사회의 교육풍토와 학부모들의 교육열 내지는 대학 진학에 대한 압력과의 결합기제에서 비롯되는 경우도 생각할 수 있다. 학교장의 상황적 순응행동은 학력을 중시하는 학부모들의 도구적 일류 대학 진학열과 지역사회의 미래를 이끌어갈 인재를 육성해야 한다는 지역민들의 지역인재 육성 열망과 결합하여 "대입: 학교교육의 변하지 않은 목표"를 실천하는 숨겨진 리더십으로 해석할 수도 있다는 의미이다. 다시 말해서, 단위학교마다 표방하고 있는 외부전시용 공식적 교육목표와는 달리 '우수한 대학 입학 성적 달성'이라는 내부 구성원용 실제 목표를 최대로 달성하기 위한 필요에 의해 학교장 차원에서 나타난 행동이라 해석된다.

Chapter Ⅶ

# 요약, 결론 및 제언

1. 요약
2. 결론
3. 제언

# VII 요약, 결론 및 제언

## 1. 요약

본 연구의 목적은 한국 중등학교 문화 형성과정을 신제도주의 분석 틀에 따라 해석하는 것이었다. 이러한 연구목적을 달성하기 위하여 질적 연구방법을 사용하여 한국 중등학교 학생, 교사, 학교장의 문화를 연구한 약 30편의 학술논문, 중등학교 문화와 관련하여 지난 10여 년 동안 교육 관련 학회와 단체에서 발간된 각종 학술대회 및 세미나 자료집, 한국교육개발원을 비롯한 연구기관에서 발간한 연구보고서, 정부 기관에서 발간한 홍보 자료집, 시사잡지와 신문기사 등을 본 연구에서 수립한 해석의 틀에 따라 해석하였다. 또한 연구결과의 타당도를 높이기 위해 교육학 전공 교수 2인과 문화사회학 전공 교수 1인, 교육학 석사학위를 가진 현직 중등교사 3인, 현직 학교장 2인에게 의뢰하여 정독하게 한 후 본 연구자와 협의회를 통해 연구내용을 부분적으로 수정 보완하였다. 연구의 주요 결과는 [그림 II-4]로 제시한 바 있다.

[그림 II-4]에 제시된 바와 같이, 한국 중등학교 학생문화는 '대학가기 위해 건너야 할 귀찮고 피곤한 징검다리와 같은 곳, 그렇지만 친구들 만나서 좋은 곳(학교)으로 인식하는 학력 지향 문화', '성적 향상에 도움이 되며 재미있는 족집게 수업(선호하는 수업)',

'성적에 관련된 사항이 아니면 무관심의 대상, 자신들을 통제하는 사람(교사), 일부의 경쟁자를 제외하고는 학교에 가는 재미를 주는 사람(친구)', '미래의 성공을 위한 순응(환경변화)' 등과 같은 특징을 가지고 있었다.

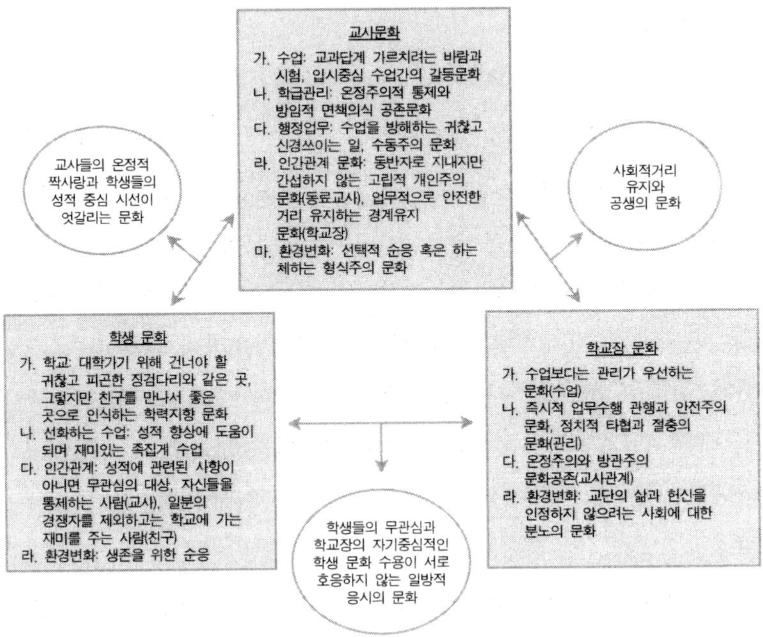


**[그림 Ⅱ-4] 한국 중등학교의 문화적 특징 종합**

중등교사들은 '교과답게 가르치려는 바람과 시험, 입시중심 수업간의 갈등문화(수업)', '온정주의적 통제와 방임적 면책의식 공존문화(학급관리)', '수업을 방해하는 귀찮고 신경 쓰이는 일, 수동주의 문화(행정업무)', '동반자로 지내지만 간섭하지 않는 고립적 개인주의 문화(동료교사), 업무적으로 안전한 거리를 유지하는 경계유지 문화(학교장 인간관계)', '선택적 순응 혹은 하는 체 하는 형식주의 문화(환경 변화)'와 같은 문화적 특징이 있는 것으로 해석되었다.

또한 한국 중등학교 학교장들은 '수업보다는 관리가 우선하는 문화(수업)', '즉시적 업무수행 관행과 안전주의 문화, 정치적 타협과 절충의 문화(관리)', '온정주의와 방관주의 문화공존(교사관계)', '교단의 삶과 헌신을 인정하지 않으려는 사회에 대한 불만의 문화(환경변화)'의 문화적 특징을 가지고 있는 것으로 밝혀졌다.

마지막으로 학생과 교사와의 관계에는 '교사들의 온정적 짝사랑과 학생들의 성적 중심 시선이 엇갈리는 문화'가 나타나며, 교사와 학교장 사이에는 '사회적 거리 유지와 공생의 문화'를 형성하고 있는 것으로 해석되었다. 그 외 학생과 학교장은 '학생들의 무관심과 학교장의 자기중심적인 학생문화 수용이 서로 호응하지 않는 일방적 응시의 문화'가 있는 것으로 나타났다.

한편, 본 연구에서는 지난 15여 년의 세월이 흐르며 어떤 요인에 의해 이러한 중등학교 문화가 형성되었는지를 해석하기 위한 이론적 틀로서 신제도주의를 채택하고, 신제도주의 각 분파의 논리를 살핀 후 본 연구에서 적용할 [그림 Ⅲ-2]와 같은 해석 모형을 제시하였었다.

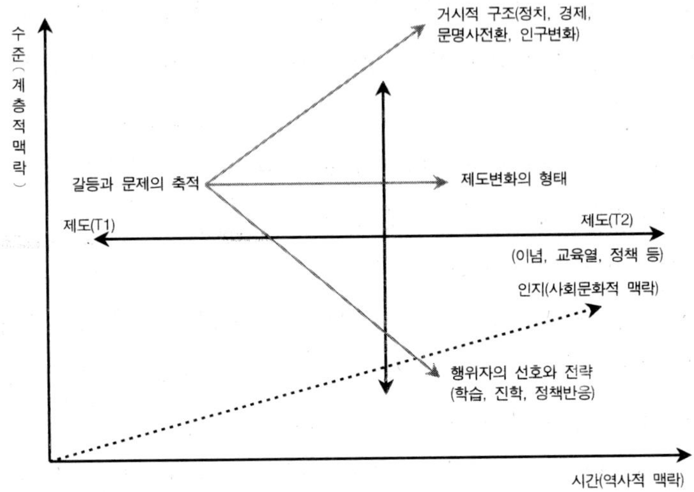


**[그림 Ⅲ-2] 본 연구의 해석모형**

[그림 Ⅲ-2]와 같은 해석모형에 의해, 한국 중등학교 학생, 교사, 학교장 문화 형성 요인을 각각 해석한 내용을 종합하면 다음 〈표 Ⅶ-1〉, 〈표 Ⅶ-2〉, 〈표 Ⅶ-3〉과 같다.

〈표 Ⅶ-1〉 한국 중등 학생문화 형성과정의 영향요인 종합

| 구 분 | 수준 | 영향요인 | 문화적 특징 |
|---|---|---|---|
| 학생문화 | 구조 | • IMF 외환위기<br>• 저출산율 | '대학가기 위해 건너야 할 귀찮고 피곤한 징검다리와 같은 곳, 그렇지만 친구들 만나서 좋은 곳(학교)으로 인식하는 학력 지향 문화', '성적 향상에 도움이 되며 재미있는 족집게 수업(선호하는 수업)', '성적에 관련된 사항이 아니면 무관심의 대상, 자신들을 통제하는 사람(교사), 일부의 경쟁자를 제외하고는 학교에 가는 재미를 주는 사람(친구)', '미래의 성공을 위한 순응(환경변화)' |
| | ↕ | | |
| | 제도 | • 사회의 도구적 학교관<br>• 신자유주의 교육이념<br>• 대학의 다양한 학생선발 정책 | |
| | ↕ | | |
| | 미시 | • 학력주의적 학습 동기<br>• 사교육 의존 행동의 확산<br>• 안정위주의 직업관과 대학 선택 성향 강화 | |

〈표 Ⅶ-1〉에 제시된 바와 같이, 한국 학생문화는 구조적 수준의 IMF 외환위기와 저출산율, 제도적 요인의 사회의 도구적 학교관, 신자유주의 교육이념, 대학의 다양한 학생선발정책, 미시적 요인의 학력주의 학습동기, 성적과 다양한 능력 중시 가치관, 사교육 의존 행동 확산, 안정위주의 직업관과 대학 선택 성향 강화 등 총

9가지 요인에 의해 형성된 것으로 해석된다.

이때 주목되는 점은 구조, 제도, 미시적 수준의 요인들이 상호 연관되어 영향을 미치고 있지만, 각 수준의 영향요인 중 타 요인에 비해 상대적으로 더 큰 영향력을 미친 요인들이 있다는 사실이다. 예컨대, 구조 수준의 영향요인에서는 IMF 외환위기가 큰 영향을 준 것으로 판단된다. IMF 외환위기는 우리 사회 구성원들의 직업관과 미래 삶에 대한 가치관을 크게 바꾸어 놓은 구조 요인이며, 실제 IMF 외환위기로 인하여 사회와 직업의 안정성에 대한 신뢰가 무너지고 그로 인하여 공부와 대학진학의 도구화가 더욱 강고해졌다.

다음으로 제도수준에서 학생문화 형성에 보다 큰 영향을 미친 요인은 학부모를 비롯한 사회의 도구적 학교관이다. 제도수준에서 대학의 다양한 학생선발 정책도 의미 있는 영향요인이지만, 교육의 내재적 가치에 의해 확립된 교육정책의 목적과 취지가 우리 사회에 폭 넓게 만연된 도구적 교육열에 의해 번번이 퇴색되거나 왜곡되고 있다고 보기 때문이다.

미시적 수준에서 학생문화 형성에 가장 큰 영향을 주는 요인은 학력주의 학습동기이다. 대학 진학과 사회적 지위 획득에 도움이 되는 정도에 따라 수업과 인간관계의 가치를 판단하는 가치관이 형성되고 있다고 보기 때문이다.

종합하면, IMF 외환위기는 자녀수가 적어 교육열이 높은 학부모들과 학생들로 하여금 불확실한 미래에 대한 대응행동으로 안정 위주의 직업을 찾게 하였다. 또한 제도수준의 도구적 학교관은 경쟁과 효율을 우선하는 신자유주의 교육정책, 개인 차원에서 대응하기 어려운 대학의 복잡한 학생 선발체제와 맞물려 학력주의 학습동기와 사교육 의존 행동을 더욱 확산시킨 것으로 해석된다.

<표 VII-2>한국 중등 교사문화 형성과정의 영향요인 종합

| 구 분 | 수준 | 영향요인 | 문화적 특징 |
|---|---|---|---|
| 학생 문화 | 구조 | • 정보화 사회의 도래<br>• 정치체제의 영향 | '교과답게 가르치려는 바람과 시험, 입시중심 수업간의 갈등문화(수업)', '온정주의적 통제와 방임적 면책의식 공존문화(학급관리)', '수업을 방해하는 귀찮고 신경 쓰이는 일, 수동주의 문화(행정업무)', '동반자로 지내지만 간섭하지 않는 고립적 개인주의 문화(동료교사), 업무적으로 안전한 거리 유지하는 경계유지 문화(학교장)(인간관계)', '선택적 순응 혹은 하는 체 하는 형식주의 문화(환경 변화)' |
| | | ↕ | |
| | 제도 | • 교사들에 대한 언론 매체의 보도코드<br>• 전교조의 합법화<br>• 교원정년단축정책<br>• 교원성과급제의 도입<br>• 교원평가제 시행<br>• 하향식 교육개혁정책 | |
| | | ↕ | |
| | 미시 | • 꿈과 현실이 크게 다른 학교현장<br>• '교실붕괴'의 위기적 증후 현상<br>• 줄지 않는 행정업무 | |

한편 〈표 VII-2〉에 제시된 바와 같이, 한국 중등 교사문화 형성에 영향을 미친 구조, 제도, 미시 수준의 요인들은 약 11가지 정도로 매우 다양하게 나타나고 있다. 주목되는 점은, 중등 학생문화가

구조, 제도, 미시 각 수준의 영향을 고르게 받은 반면, 중등 교사문화는 제도수준의 요인과 미시 수준의 요인들에 더 많은 영향을 받은 것으로 판단된다는 점이다. 제도수준에서 중등교사들의 문화 형성에 영향을 미친 요인들은 교사들에 대한 언론매체의 보도코드, 전교조의 합법화, 교원정년단축정책, 교원성과급제 도입, 하향식 교육개혁정책 등이다. 교사들의 바람과 기대를 반영하지 못한 일부 정책들이 교사들의 방관과 냉소주의를 낳고, 이에 대한 또 다른 반작용으로, 교사들을 개혁의 대상 집단으로 인식하는 정책이 출현하는 과정이 반복된 것으로 해석된다. 특히, 사회의 교사들에 대한 적지 않은 부정적 언론 보도코드 즉, 중등교사들을 촌지나 받는 비효율적 집단으로 보는 듯한 여론의 정제되지 않은 논지, 경륜 있는 교사들에 대한 일종의 무능함을 가정하고 있는 정년단축 정책, 그리고 사회적 존경심을 중시하는 보상심리에 부응하지 못한 교원성과급제가 많은 영향을 주었다.

미시적 수준에서 중등 교사문화에 영향을 미친 요인은 꿈과 현실이 크게 다른 학교현장, 위기 증후가 나타나고 있는 교실 상황, 줄지 않는 행정업무 등이다. 중등교사들은 자신들이 변화하지 않는다고 비난하는 정부가 여전히 하향식, 일방적, 통제 중심의 과거로부터 비난받아 온 잘못된 교육행정을 하고 있다고 보고 있다.

정리하면, 중등 교사문화는 시장-경제 논리 중심의 정권들이 만들어낸 다양한 효율 중심의 제도적 환경과 자신들의 삶의 터전인 바뀌지 않는 답답한 작업 환경이 상호 작용하여 형성된 것으로 해석된다.

<표 VII-3>한국 중등 학교장 문화 형성과정의 영향요인 종합

| 구 분 | 수준 | 영향요인 | 문화적 특징 |
|---|---|---|---|
| 학교장 문화 | 구조 | • 세계화<br>• 학교장 인력구조의 변화 → | 수업보다는 관리가 우선하는 문화(수업), 즉시적 업무수행 관행과 안전주의 문화, 정치적 타협과 절충의 문화(관리), 온정주의와 방관주의 문화 공존(교사관계), 교단의 삶과 헌신을 인정하지 않으려는 사회에 대한 불만의 문화(환경변화) |
| | | ↕ | |
| | 제도 | • 학교운영위원회 설치<br>• 개방형 교장공모제의 도입<br>• 교장선출보직제의 도입 시도 → | |
| | | ↕ | |
| | 미시 | • 제한된 자율권의 직무여건<br>• 관리우선의 직무행동<br>• 일류대 진학 지향의 학교 운영 ← | |

〈표 VII-3〉에는 한국 중등 학교장 문화 형성에 영향을 준 구조, 제도, 미시 수준의 요인들이 제시되어 있다. 중등 학교장 문화 형성에 영향을 준 요인들을 보면, 학교운영위원회 설치, 개방형 교장공모제나 교장 선출제와 같은 제도적 요인과 제한된 자율권의 직

무여건, 관리 우선의 직무행동과 같은 학교장의 직무에 관련된 미시적 요인이 많은 것으로 해석된다.

중등 학교장 문화 형성과정에서 주목되는 점은 구조, 제도, 미시 수준의 영향요인 중 제도와 미시 수준에 해당하는 요인들의 영향력이 거시적 구조 요인보다 크고, 학교의 중핵 활동인 수업과 관리 영역은 미시적 수준의 요인들의 영향이 더 큰 것으로 해석된다는 점이다. 예컨대, 개방형 교장공모제나 교장 보직선출제와 같은 제도는 기존 학교장들에게 불쾌감을 주고, 그것들이 학교장들의 마음 한 편에서 삭여야 하는 응어리로 남았지만, 현재의 교장직을 수행하는 데 직결되는 미시적 요인들은 조직의 리더로서 당장 수행해야 하는 행정행위로 표출되었다는 의미이다.

## 2. 결론

본 연구에서 얻어진 결과들을 중심으로 몇 가지 결론을 내리면 다음과 같다.

첫째, 한국 중등학교의 학생, 교사, 학교장 문화는 구조, 제도, 미시 수준을 합하여 각각 9-11개 정도의 다양한 요인들에 의해 형성되었다. 이는 한국 중등학교 문화 형성과정의 복잡성과 그 영향요인 간의 연관성을 시사한다. 해석적 연구방법을 사용한 본 연구의 특성상 그 영향요인 간의 연관성을 실증적 증거로 제시하기는 어렵지만, 최소한 그 요인들 중에는 상대적으로 유난히 더 큰 영향을 준 요인들이 있다는 주장은 할 수 있다. 예컨대, 중등 학생문화 형성에는 IMF 외환위기와 같은 거시적 구조요인이, 교사의 경우에는 전교조 합법화, 교원정년단축, 교원평가 및 성과급제와 같은 제도적 요인이, 학교장 문화는 학교장 직무여건과 학교장직 수행행동과 같은 미시적 요인 혹은 지역사회와 학부모의 교육문화 같은 맥락적 요인이 상대적으로 더 큰 영향을 준 것으로 해석되었다.

학생, 교사, 학교장 문화 형성에 영향을 주는 수준이 다르게 나타난 이유에 대해서는 좀 더 후속연구가 필요하지만, 한 가지 가정할 수 있는 점은 학교 구성원들이 각각 살아야 할 시간적 공간의 차이에서 비롯되는 것으로 보인다. 즉, 미래의 불확실한 삶의 공간을 바라보며 지내는 학생은 그 미래 삶의 공간형태에 가장 큰 영향을 주는 구조 수준의 영향을 더 많이 받았다. 또한 직업적 기득권을 가지고 좀 더 가시적인 현재의 시간적 공간에서 일상을 유지하고 있는 교사와 학교장은 보다 가깝게 느끼는 제도와 미시 수준의 요인들로부터 상대적으로 더 큰 영향을 받은 것으로 판단된다.

둘째, 중등학교 문화는 학생과 학부모와 같은 교육의 수혜집단, 교육의 주도집단인 교사, 교육의 관리집단인 학교장들 사이에 분절적으로 형성되었다. 교육의 수혜집단인 학생과 학부모는 IMF 외환위기, 신자유주의 교육이념, 대학의 다양한 학생선발정책 등과 같은 구조와 제도 변화에 대하여 자신들의 이익과 선호체계에 따라 학력 지향적 문화와 성적 경쟁에서 우위를 점하기 위한 사교육 의존행동을 적극적으로 강화하였다. 그 결과 대학 진학과 성적 가치 중심의 수업과 인간관계 행동 문화를 형성했다.

반면, 교육 주도집단인 교사들은 불만족스러운 제도적 환경과 힘든 미시 요인들의 영향 속에서 좋은 수업과 온정적 학생지도에 대한 가치를 보존하고 자족적 직무환경에 적합한 인간관계 문화를 형성했다. 그리고 학교장들은 자신들의 직위 유지와 담당 학교의 지역사회 및 학부모들의 사회적 압력 맥락에 따른 대응문화를 형성하였다.

바로 이러한 학교 구성원간의 분절적 문화형성 과정이 교사와 학생 간에 '교사들의 온정적 짝사랑과 학생들의 성적 중심 시선이 엇갈리는 문화'를, 교사집단과 학교장 간에는 '사회적 거리 유지와 공생의 문화'를, 학교장과 학생들 사이에는 '학생들의 무관심과 학교장의 자기중심적인 학생문화 수용이 서로 호응하지 않는 일방적 응시의 문화'를 형성했다고 해석된다.

셋째, 우리나라 중등학교 문화는 학생문화의 경우에는 나선형으로, 교사 및 학교장의 경우에는 시간의 흐름에 따라 누적적인 양상으로 형성되었다. 학생문화가 나선형으로 형성되었다는 의미는 성적 향상과 사회적으로 서열이 높은 대학 진학을 겨냥한 학력주의적인 도구적 교육관을 축으로 하여 대부분의 구조 및 제도 요인들이 받아들여지고 대응행동으로 나타났다는 의미이다. 또한 교사와 학교장 문화 형성이 누적적인 특징을 드러냈다는 뜻은 이들 두 집단의 문화 형성과정에서 한 요인의 영향이 소멸하고 다른 요인이 영향을 미치는 형국이 아니라 한 요인의 영향력이 살아 있는 상황에서 시간이 흐르며 다른 요인의 영향이 덧씌워지고 그 상태에서 또 다른 요인이 영향을 주는 형태로 형성되었다는 의미이다.

그러한 의미에서 학생문화는 단절적 균형 유지 양상으로 변화되었으며, 교사와 학교장 문화는 점진적이며 지속적인 변화를 보이며 일정한 경로의존성을 보였다고 판단된다. 다시 말하여, 학생문화는 1990년대 후반의 IMF 외환위기와 같은 외생적 요인으로 인하여 경쟁적 학력지향성 강화와 안정 지향적 직업문화에로의 결정적 변화 분기점이 만들어졌고 그 문화적 성향은 2010년에 이른 오늘에 이르기까지 지속되고 있다. 그에 반해 교사와 학교장 문화는 정보화와 국제화, 정치권력의 부침, 신자유주의 교육이념에 따른 다양한 경쟁과 효율 중심의 개혁정책들의 영향을 받으며, 또한 한국 사회의 교육의식과 교육관행 그리고 학교 수준의 미시적 요인들의 영향을 받아 점진적이고도 지속적인 변화를 하여왔다.

넷째, 학생문화 형성 과정에 학생과 학부모들은 자신들의 이익과 효용을 극대화하기 위해 사교육 의존 행동을 강화하고 안정적 직업과 그러한 직업군에 관련된 대학 전공을 선호하는 전략을 구사함으로써, 조직문화 형성과정에 대한 합리적 선택 제도주의의 적용가능성을 보여준다.

이는 제도 결정론적 시각에서 제도의 제약성을 중시하는 역사적 신제도주의의 한계를 보완하여 줄 것이다. 즉, 역사적 신제도주의에서는 미시 수준의 행위자들이 주어진 자원을 가지고 이념의 재정립이나 권력관계를 활용하는 전략을 통해 기존 제도를 재정립하거나 새로운 제도를 형성한다고 주장한다. 그러나 한국 중등학교 문화형성과정에서 이러한 행위자들의 시도를 찾기는 어려운 반면, 자신들의 이익과 효용을 극대화하기 위한 방어적 대응행동은 지속적으로 나타나고 있다. 이는 신제도주의 분파의 이론적 상호 기여와 결합 가능성을 엿보이게 하는 부분이다.

다섯째, 중등학교 문화 형성과정에서 학교 수준의 맥락 요소가 제도의 목적과 영향력을 변형, 왜곡한 경우가 많았다. 사실, 지난 1990년대 후반 이래 다양한 교육개혁정책에 대한 단위학교 수준의 반응은 호의적이지 못하며, 학교현장에 맞지 않은 하향식 개혁 요구에 대하여 학교 구성원들 특히 교사와 학교장들은 형식주의와 위장된 순응의 형태를 자주 보이곤 했다. 이러한 형태의 반응은 신제도주의에서 말하는 자신들의 이익과 효용을 극대화하기 위한 것이라기보다는 교사와 학교장의 학교맥락에 대한 문화적 신념체계에 따른 것으로 이해된다. 이는 행위자에 대한 제도의 영향력에 제한을 가하는 학교조직 맥락의 중요성을 시사하는 것이다.

## 3. 제언

한국 중등학교 문화의 형성과정에서 나타난 특성들과 본 연구에서 내린 결론에 기초하여 정책적, 문화변화 전략 등에 관한 몇 가지 제언을 하면 다음과 같다.

첫째, 한국 중등 학생문화의 나선형적 특성에 비추어 볼 때 다양한 교육개혁정책의 영향력은 비교적 제한적일 것으로 예상된다. 실제 1995년 이후 15여년에 걸쳐 학생의 다양한 잠재력 계발, 창의적이고 자기 주도적 학습 능력 향상, 민주 시민적인 품성과 자질 함양 등과 같은 교육개혁정책을 통해 구현하고자 했던 교육적 가치들의 성취 효과는 상대적으로 미미해 보인다. 반면에 사교육과 학력 중심의 경쟁 풍토는 시간이 갈수록 강화되는 현상을 초래하였다. 또한 미래의 경제 사회적인 불안정성이 더욱 높아지고 있는 상황을 고려해볼 때 이러한 비교육적 상황은 수그러들 가능성이 낮다.

이는 한국 중등 교육과정 운영정책의 타당성과 대학 입학 정책에 대한 세밀한 분석과 검토가 요구되는 부분이다. 무엇보다 중등 교육과정 운영에 관한 국가적 책무성을 강화하여야 한다. 국가 수준에서 국민기본공통과정에 대한 최소한의 성취지표를 개발하고 이를 평가하여 공개하고 학교를 평가할 뿐 아니라 그 결과에 따라 학생을 졸업시켜야 한다. 중등 교육이 충실히 이루어지고 있다는 신뢰 구축이 절실한 것이다. 중등학교 교육의 정상화가 대학입학 정책에 좌우된다는 가정을 다시 생각해 볼 필요가 있다. 중등교육 기관은 중등교육기관으로서의 수행해야 할 교육목표가 있는 것이다. 일견 국가 수준의 성취목표를 세우면 중등교육이 사교육 열풍에 휩싸일 것이란 주장이 있을 수 있지만, 이의 사실 여부는 확인된 것이 아니다.

대학 입학 정책에 있어서는 국가 통제, 좀 더 엄격하게 말하여 교육관료 집단 주도의 대학 선발정책의 한계성에 대한 반성이 필요하며, 새로운 정책 패러다임이 절실하다. 중등교육의 질적 통제에 관한 믿음이 형성되면 각 대학들은 보다 다양한 선발유형과 평가지표를 활용하는 대학 입학 정책을 모색할 것이다. 그러한 믿음을 확고히 갖지 못한 대학들은 제도권 내에서 가능한 모든 방법을 통원하여 대학수학능력을 보완하려고 하며, 대학의 고유한 건학이념과 교육철학에 따른 인재선발은 다음 문제로 인식되고 있는 것이다.

둘째, 중등교사의 문화 형성과정이 교육제도나 정책에 의해 영향을 많이 받아 왔다는 사실에 비추어 볼 때, 긍정적 성과를 낸 정책과 부정적인 성과를 보인 정책 간의 영향요인을 숙고해볼 필요가 있다. 예컨대, 10여년 가까운 논쟁과 준비 끝에 2010년부터 전면 시행되고 있는 교원평가제도는 교육학계와 시민사회단체, 학부모 등으로부터 거의 전폭적인 지지를 받아온 반면 일부 교사들의 제도상의 문제 제기와 정서적인 망설임이 작용하여 지연되어 왔다.

교원평가제도는 교사들이 보완을 요구할 수는 있지만 회피하기에는 그 명분이 너무 뚜렷하고 사회적 압력이 강했기 때문에, 그 지연과 갈등 상황 속에서도 시간을 갖고 인내하며 절충과 협상으로 제도를 보완하여 성공적으로 시행을 할 수 있었다. 이러한 사실은 향후 한국 교육정책의 수립과 시행에 좋은 시사점을 주는 사례가 될 것으로 판단된다. 또한 교원평가제도가 시간이 갈수록 한국 교단에 정착하여 질 높은 교실수업과 학생 지향적 봉사문화를 만들 정책이 될 것이란 믿음이 생기는 것은 그와 같은 정책형성과정의 정당성에서 비롯되는 것이다.

반면, 교원성과급제는 교사들의 직업적 욕구와 동기에 관한 정책 수립의 이론적 근거가 충분하지 않고, 심리적 보상과 헌신적 삶을 중시하는 한국 교사들의 교육자적 가치관을 경시하였기 때문에 실패한 정책이라 할 수 있다. 교사들의 사기와 직무만족도를 높이기 위한 정책이, 궁극적으로는 막대한 국가예산을 들여 교사들의 마음에 상처를 주는 정책이 된 것과 진배 없다.

결국, 세계사적 흐름과 사회적 지지를 기반으로 교육의 공공성과 책무성을 강화하고자 한 교원평가정책과 교사들의 마음을 움직여 신바람 나는 교단을 만들고자 시도된 교원성과급제는 그 제도와 정책의 시행전략이 달라야함에도 불구하고, 하향식이고 일방적인 관료 주도의 구태의연한 정책행동을 보인 문제점이 있었다. 이러한 점에 비추어, 향후 교육정책의 성공 가능성을 높이기 위해서는 정책의 대상과 내용에 따른 이론적 근거를 강화하고 유연한 전략적 사고와 현장중심의 실천능력을 강화하여야 한다.

셋째, 중등학교장들이 형성하고 있는 문화를 압축적으로 표현하면 소외와 불만의 문화라 할 수 있다. 기존 학교장들의 전문성과 교육자적 삶을 존중하지 않는 듯한 정책적 발상은 옳지 않다. 학교장들이 그 자리에 오르기까지 겪어야했던 어려움과 노력, 그리고 지금의 비효율과 부족한 전문성에 대한 세간의 지적도 사실 한국 학교장 양성 제도와 행정환경에서 일단의 원인을 찾을 수 있기 때문이다. 유능하고 존경받는 학교장이 되는데 필요한 교육과정이 제대로 마련되어 있는지, 일선 학교장들이 교육 지도자로서의 역할을 소신 있게 펼칠 수 있는 자율적인 행정환경을 제공하고 있는지, 그들의 애환을 이해해보려는 사회적 공감대가 형성되고 있는지, 이 모두가 반성이 필요한 부분들이다.

학교장 자격이 없어도 교육경력 15년 이상이면 학교장이 될 수 있고, 수석교사제가 법제화되고 있는 현실에서 이제 학교장 양성과 임용에 대한 새로운 제도적 틀이 필요하다. 평교사에서 이행할 수 있는 학교장 승진 트랙과 수석교사 승진 트랙을 구분하고, 이 두 트랙을 가고자 하는 조건과 양성 프로그램을 구체적으로 구분해야 한다. 지금과 같은 일정 교단경력 이상으로 학교장이 되는 정책은 4년제 대학교육을 받은 사람 중 일정기간 학생을 가르쳐 본 경험이 있는 사람에게 교사를 하게 하는 것과 다를 바 없는,

교단의 전문성을 경시하는 정책이다. 오히려 교단의 전문성을 강화하는 정책을 모색해야 한다.

넷째, 한국 사회의 도구적, 학력주의적 교육열의 본질을 밝히고, 그것을 승화시킬 수 있는 이론과 전략이 모색되어야 한다. 사실, 학교는 사회라는 문화적 토양에서 운영되는 공교육기관이라는 점에서, 학생과 학부모의 학력주의 동기나 사교육행동의 확산 현상들도 우리 사회의 도구적, 학력주의 교육문화와 불가분의 관계가 있다.

최근 한국사회는 사교육을 받지 않으면 불안한, 남들보다 더 비싼 사교육을 받는 것이 교육경쟁에서 이길 수 있는 첩경이라는 믿음이 강화되는, 하나의 거대한 사교육 의존주의가 창궐하고 있다. 과도한 자녀교육비로 인하여 중산층의 가계가 위협받는 상황이 지속되고 있다.

다섯째, 학교문화 변화에 대한 중 · 장기적인 접근과 전략이 필요하다. 학교조직문화는 단기간에 변하지 않는다. 교육의 보수성은 그러한 특성을 더욱 강화시킨다. 그렇다고 하여, 학교가 변하지 않고 있는 것은 아니다. 정권 차원의 실적 차원에서 조급하게 추진된 지난 교육개혁정책들이 학교현장에서 소기의 성공을 거두지 못했다고 평가되는 가장 큰 원인이 효과적인 학교문화 변화 전략과 함께 하지 못했다는데 있다.

학생들의 다양한 능력이 존중되는 창의적 교육, 자기주도적인 생애학습능력 개발, 자주적이고 도덕적인 민주시민교육, 민족의식과 세계시민의식의 계발 등과 같은 지금의 교육적 가치에 대한 학문적 이견이 거의 없다. 문제는 한국사회의 변화에 대한 조급증,

시각의 차이를 참지 못하는 문화적 배타성, 정치적 이념에 너무나 많은 영향을 받는 교육의 정치화 특성, 학교교육에 대한 검증되지 않는 막연한 불신과 불만을 극복하고 이상적인 교육적 가치와 목표를 추구해가는 노력과 전략에 대한 사회적 인내와 기다림을 어떻게 발휘할 것인가 하는 것이다.

# 참고문헌

강보길(2007). 정책혁신가와 학교선택제. 교육행정학연구, 25(3). 57-83.

강성주(2003). 정보화책임관 제도의 정착과정에 관한 연구: 신제도주의적 접근방법. 한국행정학회 동계학술대회 발표자료.

강일국 · 문희경(2009). 승진준비과정에 나타난 중등교원의 행동 특징 연구. 교육행정학연구, 27(3). 471-496.

강정인(1998). 세계화, 정보화 그리고 민주주의. 서울: 문학과 지성사.

강창동(2000). 한국 교육열의 편집증적 성격에 관한 사회학적 연구-들뢰즈와 가타리를 중심으로. 교육학연구, 38(3). 159-177.

강창동(2007). 한국 대학입시제도의 사회사적 변천과 특징에 관한 연구. 교육문제연구, 제28집. 83-113.

권대봉(2003). 한국의 교육문제와 노무현 정부의 교육혁신 과제. 한국교육학연구, 9(1). 117-140.

권이종 외(2004). 신교육사회학탐구. 서울: 교유과학사.

김경근(2003). 한국사회의 교육열과 청년실업. 교육학연구, 41(4). 87-105.

김경미(2004). 중등학교 교직문화 특성에 관한 연구. 석사학위논문. 창원대학교.

김경자(2002). 교육과정 측면에서 본 세계화 · 정보화 환경에서의 학교교육의 수월성. 교육학연구, 40(3). 21-46.

김경화 · 김재웅(2003). 교원정책 개혁과제에 대한 초등교원의 인식분석: 이해정도와 추진성과 인식정도를 중심으로. 교육행정학연구, 21(2). 307-327.

김덕근(2006). 교육정책참여자들의 이슈네트워크 분석. 교육행정학연구, 24(2). 81-102.

김동석(2000). 과열과외에 대한 정부정책, 헌법재판소 해석법리 및 교육적 대책의 논리. 교육행정학연구, 18(2). 1-37.

김동석(2000). 학생 선발정책과 2002 대입제도의 쟁점 분석. 교육문제연구, 제13집. 19-49.
김명수(2004). 교장임용제도의 쟁점과 개선 방안(2004). 교육행정학연구, 22(4). 131-148.
김미경(2001). 고등학교 학생들의 생활만족도와 그 결정요인. 아주대학교. 석사학위논문.
김미숙(2010). 2008 내신강화정책이 단위학교에 미친 영향. 교육사회학연구, 20(2). 25-52.
김미영(2004). 학교와 학생의 대중문화 수용의 차이에 관한 연구. 석사학위논문. 한국교원대학교.
김 민(2005). 21세기 청소년문화와 학교교육. 순천향대학교 인문과학연구소, 15.
김민호(2007). 세계화에 따른 지역교육의 변화에 대한 비판적 분석. 교육사회학연구, 17(2). 23-48.
김병찬(2003). 중학교 교사들의 교직문화에 관한 질적 사례연구. 교육행정학연구, 21(1). 1-27.
김병찬(2005). 예비교사들은 교육실습을 통해 무엇을 경험하는가? 교육행정학연구, 23(4). 49-76.
김병찬(2006a). 교장의 직무수행 과정에 대한 질적 분석 연구. 교육학연구, 44(3). 1-30.
김병찬(2006b). 학교행정가 되어가기: 초임 교감의 적응과정 연구. 교육행정학연구, 24(2). 55-80.
김복순(2008). 학교생활을 통해 본 면단위 인문계 고등학교 학생문화 연구. 석사학위논문. 경상대학교.
김부태(1999). 신문의 교육론 코드 분석. 교육사회학연구, 9(2). 47-64.
김석연(2003). 공업계 고등학교 학생문화 연구. 박사학위논문. 영남대학교.
김선명(2007). 신제도주의 이론과 행정에의 적응성: 역사적 제도주의를 중심으로. 한독사회과학논총, 17(1). 211-239.
김선혁(2004). 비교정책학의 현재와 미래-신제도주의, 사회적 구성주의, 신비교행정학을 중심으로. 한국정책학회보, 13(3). 259-307.

김성식 · 송혜정(2009). 학교 불만족과 특목고 진학 경쟁이 사교육 시간과 비용의 변화에 미치는 영향. 교육사회학연구, 19(4). 21-46.
김성열(1995). 학교운영위원회의 설치와 단위학교 의사결정체계의 재구성. 교육행정학연구, 13(4). 193-206.
김성열(2005). 학교혁신을 위한 교사와 교장의 역할. 지방교육경영. 9.
김성열 · 공동배(2007). 국 · 공립학교 학교운영위원회 성과 분석. 교육행정학연구, 25(4). 163-184.
김성천(2009). 학교 혁신의 핵심 원리: 교장공모제를 실시한 D중학교를 중심으로. 교육사회학연구, 19(2). 59-89.
김이경(2005). 교원평가제도 개선방안에 대한 토론. 교육인적자원부. 교원평가제도 개선방안 공청회 자료집.
김이경 외(2008). 교장공모제 쟁점 및 만족도에 대한 집단 간 인식 차이 분석. 교육행정학연구, 26(4). 363-384.
김소희(1990) 인문계 고등학교 학생의 생활과 성적의 의미. 석사학위논문. 서울대학교.
김소희(2004). 학부모 교육열의 내러티브적 접근. 교육학연구, 42(2). 271-313.
김승훈(2008). 교육정책 평가의 전건모형에 관한 탐색연구. 교육행정학연구, 26(2). 207-227.
김영찬(1995). 학교문화의 개념과 연구과제. 교육이론, 9(4).
김영화(2004). 사교육 선호 경향 및 선호 요인 분석 연구. 교육학연구, 42(2). 335-365.
김이경 · 한신일 · 김현철(2008). 교장공모제 쟁점 및 만족도에 대한 집단 간 인식 차이 분석. 교육행정학연구, 26(4). 363-384.
김인희(2007). 학교의 형식주의와 학교혁신의 관계에 관한 연구. 교육행정학연구, 25(3). 29-56.
김일동(2004). 농업계 고등학교 학생들의 입학동기와 학교만족도, 진로의식 분석. 영남대학교. 석사학위논문.
김용일(1997). 교육개혁에서 세계화 담론의 정책적 귀결. 교육행정학연구, 15(2). 269-288.

김용일(1999). 신자유주의 교육개혁과 행정의 권위주의화. 교육행정학연구, 17(4). 21-38.

김용일(1999). 신자유주의 교육개혁의 성과와 한계. 교육학연구, 37(3). 433-457.

김용일(2006). 5.31 교육개혁의 현황과 전망. 교육문제연구, 제24집. 127-145.

김용호(1992). 공업계 고등학교 수업의 의미에 관한 문화기술적 연구. 박사학위논문. 한양대학교.

김윤권 (2005). 제도변화의 통합적 접근-역사적 신제도주의를 중심으로. 한국정책학회보. 14(1). 299-329.

김정원(2002). 학교는 붕괴하고 있는가: 학교의 일상을 통해 본 학교붕괴의 실체. 교육학연구, 40(3). 271-298.

김정원(2004). 일반계 고등학교 학교규율(생활지도)의 의미. 교육사회학연구, 14(2). 53-79.

김정한(1996). 효과적인 학교를 위한 수업지도성의 과제. 교육학연구, 34(5). 121-142.

김지수(2002). 대안학교 학부모의 교육열에 관한 연구. 석사학위논문. 서울대학교.

김지숙(2005). 학교의 경계와 그 해체: 학부모 학교 참여에 관한 문화기술적 사례연구. 서울대학교. 석사학위논문.

김천기(1997). 세계화를 위한 시장 논리적 교육개혁에 관한 비판적 고찰. 교육사회학연구, 7(3). 219-238.

김천기(2009). 이명박 정부의 공교육정책 지배담론에 대한 비판적 고찰: 공교육부실담론을 중심으로. 교육사회학연구, 19(1). 81-102.

김철(2004). 교육개혁이념에 대한 철학적 접근. 교육문제연구, 제21집. 27-52.

김철훈(2001). 한국 학교문화와 입시드라마. 서울: 문음사.

김현준(2008). 이명박 정부 영어공교육완성정책 변화과정의 정치성 분석-정책결정자의 비난회피전략 사용을 중심으로. 교육정치학연구, 15(2). 27-49.

김혜숙(2007). 교원노조 합법화 이후 교육 현장의 변화: 공립 단위학교 사례를 중심으로. 교육정치학연구, 14(1). 101-122.

김홍주 외(1998). 한국 중등학생의 의식 및 생활실태 조사연구. 서울: 한국교육개발원.

고전(1999). 교원노조 법제화의 의의와 쟁점. 교육행정학연구, 17(3). 191-216.

고형일 · 이두휴(1997). 장거리 통근교사의 교직문화에 관한 연구. 교육사회학연구, 7(2). 23-53.

교육부(2005). 교원평가제도 개선방안. 공청회자료집.

교육인적자원부(2005). 취업통계분석자료집.

교육과학기술부(2007). 교장공모제 시범운영 보도자료. 서울: 교육과학기술부.

나민주 외(2009). 교장공모제의 공모교장 직무수행에 대한 효과 분석. 교육행정학연구, 27(3). 297-320.

노상우(1998). 김영삼 정부의 교육개혁 이념의 문제와 한계, 그리고 대안적 담론 모색. 교육학연구, 36(1). 53-71.

남정걸(1999). 한국 교육개혁의 전개과정에 대한 평가적 연구. 교육행정학연구, 17(4). 41-70.

노명순(2005). 대학입시정책 변화요인의 역사적 신제도주의적 분석. 석사학위논문. 고려대학교.

노명순(2006). 대학 입학 정책 변화요인의 역사적 신제도주의적 분석. 교육행정학연구, 24(3). 241-264.

노종희 · 박정애(2002). 교원 승진 제도 연구. 교육행정학연구, 20(1). 97-118.

노종희(2002). 교원정책 개혁과제의 추진 평가. 심포지움 교육개혁의 평가와 향후 과제. 교육개혁포럼.

류민영 · 신상명(2010). 정책네트워크와 갈등관리가 교원평가정책 추진과정에 미치는 연향. 교육행정학연구, 28(3). 55-77.

류방란(2001). 교사의 권위와 학교교육의 위기. 교육사회학연구, 11(3). 57-77.

박길성(2008). IMF 10년, 한국사회 다시보다. 서울: 나남.

박균열(2009). 옹호연합모형을 활용한 교원성과급 정책변동 분석. 한국교육, 36(1). 217-242.

박균열(2010). 학교자율경영제 관점에서의 학교 자율화 정책 분석. 교육행정학연구, 28(2). 1-25.

박미옥(2003). 중등학교 여교사들의 삶과 문화에 대한 연구. 석사학위논문. 한서대학교.

박선웅(2002). 학생다운 몸의 규율과 학교 위기. 교육사회학연구, 12(3). 75-99.

박영신(2007). 한국 청소년의 삶의 질과 인간관계. 2007년도 한국 교육심리학회 연차학술대회 자료집.

박우진(2004). 학교경영에서의 통제성과 자율성. 교육행정학연구, 22(4). 67-84.

박윤배 · 김경식(2002). 학교교육 주체들이 지각하는 교실붕괴 현상의 원인. 교육사회학연구, 12(3). 101-120.

박은실(2002). 단위학교의 효율적 운영을 위한 학교 조직문화 특성에 관한 질적 탐색. 교육행정학연구, 20(2). 77-96.

박종렬(1996). 중등학교의 단위학교 책임경영을 위한 학교평가 기준 개발. 교육행정학연구, 14(2). 166-206.

박효정 · 연은경(2003). 한국 중등학생의 생활 및 문화 실태 분석 연구(Ⅰ). 서울: 한국교육개발원.

박후남(2005). 중학교 젊은 교사의 학교생활 연구. 석사학위논문. 인제대학교.

반상진(2003). 새 정부의 고등교육 개혁과제. 교육행정학연구, 21(1). 169-191.

배미라(2006). 학교규모에 따른 교사문화의 차이에 관한 질적 연구. 석사학위논문. 고려대학교.

백순근(2001). 한국교육의 위기-국가의 기대수준과 학생들의 성취수준간의 괴리. 교육학연구, 39(4). 333-348.

백승관(2001). 교육정책 수용영역에 따른 참여와 평가간의 관계. 교육행정학연구, 19(2). 327-349.

백혜선 · 김성봉(2010). 교장공모제를 둘러싼 쟁점 해결방안으로서 조례 제정방안 연구. 교육행정학연구, 28(4). 209-231.

변수용 · 김경근(2008). 부모의 교육적 관여가 학업성취에 미치는 영향: 가정배경의 영향을 중심으로. 교육사회학연구, 18(1). 39-66.

서경혜 · 유신영(2004). 좋은 수업에 대한 교사와 학생 및 학부모의 관점. 교육학연구, 42(4). 285-315.

서은국(2007). 한국 청소년의 주요 생활경험과 행복감. 2007년도 한국교육심리학회 연차학술대회.

서정화 · 최재광(2009). 교직단체의 활동 진단 및 새로운 활동 패러다임 탐색. 교육행정학연구, 27(3). 99-119.

신동원(2005). 교장의 직무 수행에 관한 문화 기술적 연구. 박사학위논문. 창원대학교.

신상명(1999). 교사의 교장평가 참여: 한 · 미 초등학교 사례 비교 연구. 교육행정학연구, 17(2). 209-228.

신인숙(2003). 학교장의 직무행위에 대한 사례분석 연구. 석사학위논문. 고려대학교.

신인영(2002). 한국의 신자유주의 교육개혁 비판과 교육공공성 논리의 정당성 탐구. 교육학연구, 40(6). 73-94.

신재영(2005). 교육개혁 체험 연구-이해찬 1세대의 내러티브를 중심으로. 교육사회학연구, 15(1). 163-187.

신정철 · 박환보(2007). 대학에 대한 정부의 다양한 간섭 형태에 관한 연구. 교육행정학연구, 25(4). 315-339.

신중식 외(1996). 교육개혁 조치의 구현을 위한 추진 방안 연구. 교육행정학연구, 14(3). 305-357.

신현석(1996). 현 정부의 교육개혁의 정치학: 5.31 교육개혁안의 형성과정을 중심으로. 교육정치학연구, 3(1). 92-122.

신현석(2000). 교장직 연임제 정책 방안의 비판적 고찰. 교육문제연구, 제13집. 73-88.

신현석(2000). 세기적 대전환과 미래지향적 교육행정의 탐색. 교육행정학연구, 18(3). 111-132.

신현석(2000). 교장직 연임제 정책 방안의 비판적 고찰. 교육문제연구, 제 13집. 73-88.

신현석(2003). 국민의 정부 교육개혁 평가. 교육문제연구, 제18집. 35-78.

신현석(2006). 교육개혁업무의 추진과정에서 나타난 학교조직에서의 행정행태 분석연구. 한국교육학연구, 11(1). 121-150.

신현석 · 전상훈(2007). 교원승진제도 변화에 대한 역사적 신제도주의적 분석. 교육행정학연구, 25(3). 129-149.

심성보(1999). 교육개혁의 오류와 교실붕괴의 공동체적 극복. 참교육 토론회, '학교를 어떻게 살릴 것인가?'. 전국교직원노동조합.

손경애(2000). 학급붕괴 현상 발생요인 분석연구. 충북교육학연구, 3(1). 67-88.

손준종(1996). 90년대 교육개혁의 사회적 성격에 대한 논의. 교육학연구, 34(1). 149-167.

손준종(1997). 정보사회에서의 교육적 의미: 그 가능성과 한계. 교육사회학연구, 7(3). 199-218.

손준종(2001). 교육사회학. 서울: 문음사.

손준종(2005). 누가 교육을 위해 한국을 떠나려고 하는가?-교육 관련 탈한국 현상의 사회적 성격 분석. 교육사회학연구, 15(2). 95-120.

손준종(2010). 한국 고등학교의 수평적 계층화에 관한 이해와 비판. 교육사회학연구, 20(4). 139-169.

손홍숙(1998). 마산과 창원지역 학부모의 고등학교 선택 과정과 결과 분석. 교육사회학연구, 8(1). 57-74.

손희권(1999). 능력에 따라 교육을 받을 권리에 관한 헌법재판소 판례분석. 교육행정학연구, 17(2). 185-207.

손희권(2001). 평등권 관점에서의 초 · 중등교원정년단축 합법 판례 분석. 교육행정학연구, 19(4). 157-173.

송광용 · 김수윤(2004). 교육행정정보시스템 도입과정에서 교육부와 전교조의 갈등 상황 분석. 교육행정학연구, 22(4). 193-212.

송기창(2003). 참여정부의 교육행 · 재정 개혁과제. 교육행정학연구, 21(2). 359-388.

송준수 · 신재영(2003). 캐비닛 속의 개혁: 공문을 통해 본 현장의 교육 개혁. 교육학연구, 41(4). 311-339.

안계춘(1988). 현대 사회학의 이해. 서울: 법문사.

안길훈(2007). 학생들의 선호-교사상(選好-教師像)에 대한 내용분석적 연구. 교육행정학연구, 25(4). 117-140.

안선회(2009). 2008대입제도 정책주장에 관한 실제적 타당성 분석. 교육정치학연구, 16(1). 165-196.

안선회(2009). 사교육비 경감정책 평가연구-참여정부를 중심으로. 박사학위논문. 고려대학교.

안우환(2003). 공교육체제의 재구조화를 위한 총체적 가정-학교 협력체제 모형 탐색. 교육행정학연구, 21(2). 109-128.

안희남(2002). 국가개념의 역사적 성격: 국가에 대한 신제도주의 접근. 복지행정논총, 12(2). 99-126.

안효근(2003). 일반계 고등학교의 수업문화에 관한 질적 연구. 고려대학교. 석사학위논문.

양성관 · 전상훈 · 이일권(2008). 새 정부의 학교정책 방향과 과제: 고교 다양화 300 프로젝트 사례분석을 중심으로. 교육행정학연구, 26(2). 181-206.

양정호(2004). 한국 교육부장관에 대한 연구: 장관, 그들은 누구인가? 교육행정학연구, 22(4). 213-229.

양정호(2005). 사교육비 지출에 대한 종단적 연구. 교육사회학연구, 15(2). 121-145.

이건만(1999). 학교교육과 청소년 저항문화에 관한 연구: 청주지역의 고등학생을 중심으로. 교육학연구, 37(2). 29-61.

이건만(2007). 한국사회의 학벌주의와 계급갈등: 학벌자본의 이론화를 향해. 교육사회학연구, 17(4). 63-85.

이기운(2007). 실업계 고등학교 교사의 일상행위를 통해서 분석한 교사문화의 특성에 대한 질적 연구. 석사학위논문. 카톨릭대학교.

이두휴(2008). 자녀지원활동에 나타난 학부모 문화 연구. 교육사회학연구, 18(3). 135-165.

이민경(2007). 중산층 어머니들의 자녀교육 담론: 자녀교육 지원태도에 나타난 의미 분석. 교육사회학연구, 17(3). 159-181.

이민원(2007). 중등 중견 남교사들의 승진문화에 관한 문화기술적 연구. 석사학위논문. 고려대학교.

이상우(2009). 중소도시 사립중학교 학생들의 순응, 저항, 그리고 희망: 학생문화에 대한 문화인류학적 접근. 박사학위논문. 영남대학교.

이상철 · 주철안(2007). 실업계 고등학교 교사의 3월의 교직문화에 대한 질적 연구. 아시아교육연구, 8(3). 137-158.

이쌍철 · 홍창남(2008). 교원성과급 정책집행의 순응 및 불응 요인 분석. 교육행정학연구, 26(4). 217-240.

이석열 · 신붕섭(2004). 교사발달의 구성 요인에 기초한 장학의 방향 탐색. 교육행정학연구, 22(3). 35-54.

이수정(2007). 명문대 중심 대입관과 사교육비 지출간의 관계 분석: 사교육 원인에 대한 사회심리적 접근. 교육행정학연구, 25(4). 455-484.

이영호(1998). 한국인의 교육열과 학력사회 상관성에 대한 분석. 교육사회학연구, 8(1). 75-95.

이옥자(2000). 초등학교 교사문화에 관한 사례연구. 석사학위논문. 대진대학교.

이윤식 · 박안수(2000). 교사발달을 저해하는 조직적 · 개인적 요인에 관한 연구. 교육행정학연구, 18(1). 97-126.

이인효(1990). 인문계 고등학교 교직문화 연구. 박사학위논문. 서울대학교.

이정선(2002). 초등학교문화의 탐구. 서울: 교육과학사.

이정훈(2004). 학교갈등에 대한 교사와 학부모들의 인식 분석. 교육행정학연구, 22(2). 1-21.

이재열(1994). 개인의 합리성에서 제도의 신화까지. 사회비평, 11. 34-64.

이정규(2001). 유교의 정(情)의 개념이 한국 고등교육 조직문화에 끼친 부정적 영향. 교육행정학연구, 19(1). 195-213.

이정표(2001). 국민의 학력관에 나타나는 학력의 사회적 함의에 관한 연구. 교육사회학연구, 11(1). 55-75.

이종각(1997). 교육인류학의 탐색. 서울: 도서출판 하우.

이종재 · 정제영(2003). 학업부실학교의 규모와 특성에 관한 연구-중 · 고등학교를 중심으로. 교육행정학연구, 21(3). 237-254.

이주호(2001). 학교 정책의 개혁 의제. 교육행정학연구, 19(3). 79-98.

이차영(1998). 수요자 중심 교육개혁 논리의 타당성 검토. 교육학연구, 36(2). 127-143.

이향숙(2008). 전문직 학부모들의 교육문화에 관한 질적 연구. 석사학위논문. 고려대학교.

이혜영 외(2001). 중등학교 교사의 생활과 문화. 연구보고 RR 2001-4. 한국교육개발원.

임연기(2002). 학부모의 학교운영 참여 논리 연구. 교육행정학연구, 20(1). 257-280.

임연기(2004). 충청남도 교육행정체제의 진단과 혁신. 지방교육행정체제 혁신 방향 탐색 공청회.

임연기(2004). 학교평가문화의 진단과 발전과제 탐색. 교육행정학연구, 22(4). 45-66.

임용수(1996). 한국 학력주의의 이데올로기적 성격에 대한 고찰-M. Harris의 문화적 유물론의 관점에서. 교육학연구, 34(5). 465-486.

임준희(2006). 고교 평준화 정책과 교육이해관계자들의 정책연합. 교육행정학연구, 24(2). 125-148.

오영재(2000). 고등학생들의 문제행동 속에 담긴 문화적 의미. 충북교육학연구, 3(1). 51-66.

오영재(2001). 교단일기를 통해 본 중등교사들의 삶과 문화. 교육학연구, 39(4). 207-230.

오영재(2004). 사립고등학교의 학교운영위원회 운영과정에 관한 미시 정치적 사례연구. 교육학연구, 42(1). 339-367.

오영재 · 박행모(2004). 농촌 소규모 중학교의 행정인력 운영구조 개선에 관한 연구. 한국교육학연구, 11(1). 99-119.

오영재 · 박주용(2005). 학교장의 지도성 행동과 단위학교 교사문화 간의 관계에 관한 사례연구. 교육학연구, 43(2). 259-287.

오영재 · 정지선(2006a). 실업계 고등학교의 교사문화에 관한 질적 연구. 교육행정학연구, 24(1). 69-96.

오영재(2006b). 중등 중견교사들의 교직발달유형 변화양상에 관한 사례 연구. 교육학연구, 44(1). 143-169.

오영재(2006c). 한국 학교조직 질적 연구. 서울: 학지사.

오영재(2009). 한국의 중등학교 문화와 교육정책. 서울: 문음사.

오영재(2010). 미래 중등 학교장의 자질과 역할에 관한 연구. 한국교육학연구, 16(1). 61-82.

오욱환(1999). 한국사회의 교육열에 대한 고유 이론모형의 탐색. 교육학연구, 37(4). 1-28.

오욱환(2008). 교육정책에서 공적 가치와 사적 자유의 딜레마. 교육사회학연구, 18(1). 93-109.

오욱환(2009). 한국 교육정책 실패 원인의 간파를 위한 상상력. 교육학연구, 47(4). 98-117.

오욱환(2008). 교육격차의 원인에 대한 직시: 학교를 넘어 가족과 사회로. 교육사회학연구, 18(3). 111-133.

오정란(2001). 교직사회 개혁정책의 이데올로기적 성격, 논쟁점, 그리고 과제. 교육사회학연구, 11(1). 1-31.

유길한(2010). 우리나라 정부 시기별 교육개혁 정책에 대한 교사의 정책 실천 효과성에 대한 구조분석. 교육행정학연구, 28(4). 109-137.

유은정(2008). 외국인학교의 교사문화에 관한 질적 연구. 고려대학교 석사학위논문.

유평수(2004). 초·중등학교의 의사결정 내용 분석. 교육행정학연구, 22(3). 159-178.

유현옥(2008). MB 정부 교육자율화 정책에 관련된 쟁점과 과제에 대한 일 고찰. 교육학연구, 46(4). 109-131.

윤성원(2008). 기독교계 인문계 고등학교 교사문화 연구. 석사학위논문. 경희대학교.

윤정일(2003). 학교교육 붕괴위기의 종합적 분석과 대책에 관한 연구. 교육행정학연구, 21(2). 1-30.

장경숙·김정희(2004). 학교운영위원회의 심의안건 실태분석과 개선 방안. 교육행정학연구, 22(2). 109-134.

장덕호(2009). 대학입학사정관제 제도화 과정 분석 연구: 신제도주의 동형화 이론의 적용. 교육행정학연구, 27(3). 121-144.

장석원(2007). 문민정부 이후 대학 정원정책 분석. 교육행정학연구, 25(4). 389-412.

장하소(2004). 교사문화와 교사 직무만족과의 관계 분석 연구. 박사학위논문. 충북대학교.

정경순(2006). 제도주의 관점에서의 평생교육의 제도화 탐색. 평생교육학연구, 12(3). 1-22.

정기섭(2001). 학교개혁과 학교교육학의 과제. 교육학연구, 39(1). 249-266.

정기오(2007). 3不 정책 논란의 정책담론 분석. 교육행정학연구, 25(2). 45-69.

정동섭(2005). 경쟁을 원리로 하는 교원평가는 성공할 수 없다. 박도순 외. 공교육 내실화 및 학교교육력 제고를 위한 교원평가제도 개선 정책연구(pp. 77-94). 한국교육학회 · 한국교육행정학회 · 한국교육평가학회.

정바울(2001). 정보 기기가 도입된 학교에서의 교사생활 연구. 교육행정학연구, 19(4). 175-200.

정병호(2006). 공 · 사립계 인문계고등학교 교사문화 비교. 박사학위논문. 경상대학교.

정성수 외(2010). 교육정책담당자의 순환보직이 정책집행에 미치는 영향. 교육행정학연구, 28(4). 381-404.

정수현 · 박상완(2005). 학교운영위원회 운영 실태 및 성과 분석. 교육행정학연구, 23(2). 303-328.

정용덕 외(1999). 신제도주의 연구. 서울: 대영문화사.

정진환 · 박병진(2001). 학교장의 공직윤리에 관한 교원의 인식. 교육행정학연구, 19(4). 363-391.

진동섭(2001). 학교장과 학교평가. 교육행정학연구, 19(2). 223-238.

진동섭(2003). 교원 승진과 학교장 임용. 한국교원교육학회 춘계 학술대회.

조동섭(2003). 참여정부의 학교교육 개혁의 방향과 과제. 교육행정학연구, 21(2). 389-405.

조미경(2006). 한국 학부모의 교육열 연구: 평생교육 차원에서의 분석. 석사학위논문. 아주대학교.
조석훈(2000). 교육기본법의 입안과 제정과정. 교육행정학연구, 18(1). 181-203.
조혜진(2007). 교원평가제와 교원성과급제 정책 결정의 딜레마 연구. 교육행정학연구, 25(1). 185-208.
조용환(1983). 문화개념의 교육적 적합성에 관한 연구. 석사학위논문. 서울대학교.
조용환(1999). 질적 연구: 방법과 사례. 서울: 교육과학사.
조홍순(2006). 대학 구조조정 정책의 제약요인에 관한 신제도주의적 접근. 교육문제연구, 25. 165-197.
조홍순(2009). 한국 교원평가정책의 변동 분석-옹호연합 과정모형의 적용. 교육행정학연구, 27(2). 151-176.
최낙관(2004). 제도개혁을 위한 신제도주의 이론의 탐색. 현대사회와 행정, 14(1). 47-72.
최만덕(2009). 학교자율화 추진방안에 관한 교원 인식 분석. 교육행정학연구, 27(4). 109-138.
최소영(1996). 인문계 고등학교 학생문화의 이중성 연구: 입시문화와 대중문화의 갈등적 공존. 석사학위논문. 숙명여자대학교.
최지현(2005). 일반학교와 대안학교의 학교 내 학생문화에 대한 비교분석. 석사학위논문. 경희대학교.
통계청(2000). 한국의 사회지표.
통계청(2004). 한국의 사회지표.
하병수(2005). 교원에 대한 새로운 노동통제방식, 평가 계량화를 경계한다. 박도순 외. 공교육 내실화 및 학교교육력 제고를 위한 교원평가제도 개선 정책연구(pp. 95-132). 한국교육학회 · 한국교육행정학회 · 한국교육평가학회.
하봉운(2005). 교사성과급 지급을 위한 교사평가에 대한 교사들의 반응분석 연구. 교육행정학연구, 23(1). 239-259.
하연섭 (2003). 제도분석. 서울: 다산출판사.

하태수(2001). 제도변화의 형태: 역사적 신제도주의를 중심으로. 행정논총, 39(3). 113-137.

한국교육개발원(2006). 한국의 교육·인적자원지표.

한용진 외(2006). 교육학개론. 서울: 학지사.

한진상(2005). 학습기피현상과 학교규율 간의 상관성에 관한 연구. 석사학위논문. 연세대학교.

허병기(2000). 교육행정의 새로운 패러다임 탐색. 교육행정학연구, 18(1). 205-232.

허병기(2000). 학교와 교사: 이상과 실상의 대조. 교육행정학연구, 18(4). 203-247.

허병기(2001). 수업과 학교장의 지도성. 교육행정학연구, 19(3). 53-77.

허 숙(1999). 새 학교문화 창조와 교수-학습의 질적 개혁. 교육과정연구, 19(1). 31-43.

황갑진(2002). 학생의 학교불신 원인에 관한 연구. 시민교육연구, 34(2). 255-278.

황기우(2002). 교사문화의 생성과정 분석. 교육문제연구, 17집. 고려대교육문제연구소. 213-228.

황석도(2002). 교육활동을 통해 본 고등학교 교사들의 교사문화에 대한 질적 연구. 석사학위논문. 경상대학교.

현 주·이재분·이혜영(2003). 한국 학부모의 교육열 분석 연구. 연구보고 RR 2003-6. 한국교육개발원.

홍창남 외(2009). 초등학교의 공문서 처리 실태 분석. 교육행정학연구, 27(4). 277-301.

Barnard, C. I.(1938). *The Functions of the Executive.* Mass: Harvard University Press, Cambridge.

Cibulka, J. G.(1995). The Institutionalization of Public Schools: The Decline of Legitimating Myths and the Politics of Organizational Instability. In R. T. Ogawa (ed.). *Advances in Research and Theories of School Management and Educational Policy.* Vol. 3. Greenwich. London: JAI Press Inc.

Deal, T. E. and Kennedy, A. A.(1982). *Corporate Cultures: The Rites and Rituals of Corporate Life.* Reading, MA: Addison-Wesley.

DiMaggio & Powell(1991). The Iron Cage Revisited: Institutional Isomorphism and Collective Rationality in Organizational Fields. In Powel and DiMaggio(eds.). *the Institutionalism in Organizational Analysis.* 63-82. Chicago: Univ. of Chicago Press.

Hall, P. A. & Taylor, R. C. R.(1996). Political Science and The Three New Institutionalism. Political Studies. 44. 936-957.

Hoy, W. K. and Miskel, C. M.(2005). *Educational Administration: Theory, Research, and Practice*(7th ed.). Boston: McGraw-Hill.

Immergut, Ellen M. (1998). The Theoretical Core of the New Institutionalism. *Politics & Society 26*(1). 5-34.

Krasner, Stephen D.(1984). Approaches to the State: Alternative conceptions and historical dynamics. *Comparative Politics*, 16. 223-246.

Lowndes, V.(1996). Varieties of New Institutionalism: A Critical Appraisal. *Public Administration.* 74(2). 181-198.

Lunenberg, F. C. and Ornstein, A. C.(2004). *Educational Administration: Concepts and Practices*(4th ed.). Australia: Thomson Wadsworth.

Mahoney, J. & Snyder, R. (1999). *Rethinking agency and structure in the study of regime change.* Studies in Comparative International Development. New Brunswick.

March & Olsen(1984). The New Institutionalism: Organizational Factors in Political Life. *American Political Science Review.* 78. 734-749.

Meyer, J. W. & Rowan, B.(1978). The Structure of Educational Organizations. In J. W. Meyer(ed.). *Environments and Organizations.* San Francisco: Jossey-Bass.

Myer, J. W., J. Boli and G. M. Thomas(1987). Ontology and rationalization in the western culture account in G. M. Thomas J.W.

Meyer, F.O. Ramirez, and J. Boli(eds.). Institutional structure: Constituting state and individual Beverly Hills. CA: Sage.

Murphy, J.(1999). New Consumerism: Evolving Market Dynamics in the Institutional Dimension of Schooling. *Handbook of Research on Educational Administration.* San Francisco: Jassey-Bass Publishers.

Orren, Karen & Stephen Skowronek(1996). Institutions and intercurrence: theory building in the fullness of time. in Ian Shapiro and Russell Hardin(eds.), *Political Order.* New York: New York University Press.

Peters, B. Guy & John Pierre. (1998). Institutions and Time: Problems of Conceptualization and Explanation. *Journal of Public Administration Research and Theory* 8(4). 565-583.

Pierson, P.(2000). Increasing Returns, Path Depence, and the Study of Politics. American Political Science Review. 94(2). 251-267.

Powell. W. W. and DiMaggio, P. J.(1991). *The new institutionalism in organizational analysis.* Chicago: The University of Chicago Press.

Rowan, B. & Miskel, C. G. (1994). Institutional Theory and the Study of Educational Organizations. In J. Murphy and K. S. Louis(eds.). *Handbook of Research on Educational Administration*(2nd ed.).

Schein, E. H.(1985). *Organizational Culture and Leadership.* San Francisco: Jossey-Bass.

Steinhoff, C. R. and Owens, R. G.(1989). The organizational culture assessment inventory: a metaphorical analysis in educational setting. *Journal of Educational Administration,* 27. 17-23.

Thelen & Steinmo(1992). Historical Institutionalism in Comparative Politics. In Structuring Politics: Historical Institutionalism in Comparative Analysis(2nd ed.). Cambridge and New York. Cambridge University Press.

# 색 인

## 인명 색인

## 내용 색인

ㅈ



ㅊ

## 저 자 소 개

**오 영 재**


- 고려대학교 졸업
- 고려대학교 교육학박사(교육행정)
- 고려대학교 인문대학장 겸 인문정보대학원장
- 한국청소년복지학회 회장
- 한국교육행정학회 편집위원
- (현) 고려대학교 세종캠퍼스 인문대학 교직 교수
  고려대학교 행정대학원장
  안암교육학회 회장
  세종특별자치시 교육발전자문단장



저자와의 협의하에 인지 생략

**한국 중등학교 문화형성과정의 신제도주의적 해석**

2013년 2월 20일 인쇄
2013년 2월 25일 발행

저 자 오 영 재
발행자 박 준 식

발행처 도서출판 원미사
서울 성북구 장위 2동 65-192호 우남빌딩 202호
전화 : 02) 919-9630, 942-1276
등록 : 1994년 1월 18일(제6-192호)
E-mail : wonmisa9630@daum.net

※ 잘못된 책은 교환해 드립니다.

정가 16,000원

ISBN : 978-89-5544-184-0